U0506015

复旦公共行政评论

FUDAN PUBLIC ADMINISTRATION REVIEW
Vol.18/2018

《复旦公共行政评论》第十八辑 ／ 2018 年
FUDAN PUBLIC ADMINISTRATION REVIEW Vol.18/2018
主办单位：复旦大学国际关系与公共事务学院

第十八辑

中文社会科学引文索引（CSSCI）来源集刊

公民资产与财政国家

上海人民出版社

目 录

书评

学者访谈

会议综述

CONTENTS

network car

编前语 "有产社会"的治理新挑战

张 平 敬乂嘉*

随着中国经济的快速增长,社会结构也随之发生了剧烈变化。年收入在 10 万元以上的家庭数量迅速增长,使得居民持有的财富也迅速增加。大多数家庭进入了拥有相当资产的时代,而这些资产中近 70% 以房产的形式持有。公民资产拥有量的变化带来了对居民和政府两方面的影响。对于居民来说,不同收入群体的消费偏好差异很大。跨入中产收入以上的群体不再满足于基本生活需求,他们往往要求更高质量的公共产品和服务,如高质量的基础教育、道路设施、社区环境等。这对现代政府提出了更高的要求,提高治理能力和水平刻不容缓。十八届三中全会适时提出,推进国家治理体系与治理能力现代化。对政府来说,公民拥有相当数量的资产和财富直接改变了税制要素中税基的结构。很多研究的测算表明,我国的财富分布不平等程度远远高于收入的不平等程度。原有的以间接税为主的税制结构已经很难真正起到调节资源分配和维护社会公平的作用。间接税的纳税人与负税人可以分离,纳税人可以转嫁税负,且会损害自由竞争和交换。而直接税可转嫁的空间比间接税小得多,因此税收的痛苦指数高,但同时也带来了更高的纳税人意识,对政府提供的服务有更高的期望。

以公民资产增长为代表的社会基础变革,经济增速下行背景下的

---

* 张平,复旦大学国际关系与公共事务学院公共行政系副教授;敬乂嘉,复旦大学国际关系与公共事务学院公共行政系教授,国际公共管理研究学会(IRSPM)副会长。

结构转型,以及财政制度体系的调整与完善,是正在发生的紧密联系的变革。财政制度的变革应该适当超前,为相应的社会经济改革做好前瞻性的铺垫。完善税制的最终目的应是增进全社会和每个纳税人的福祉。我国的多数地方政府向来以重视发展型支出和轻视服务型支出而著称,忽视了地方政府的主体功能应该是为居民提供良好的公共产品和服务。而政府要担负起相应的公共服务供给功能,稳定的财力至关重要。尽管房地产税是否能够作为地方政府主体税种仍存争议,但在各界的努力下,房地产税改革的思路已渐趋明晰,改革步伐也逐步加快。中国的经济社会发展到今天,进一步完善政府职能、改进政府治理手段正当其时。经济社会的发展进入新的阶段,社会面临着新的挑战,公共管理和政府治理也需要新的模式和发展。

基于这一变化,我们于 2016 年 11 月 5—6 日召开了主题为"公民资产与财政国家"的学术会议,对相关问题进行了深入有益的讨论。本辑在会议的基础上集结而成,相关论文集中讨论了"有产社会"中的房地产税改革、土地财政问题、住房问题、运动式治理和民生财政等方面的议题。社会经济经过几十年的快速发展,房地产市场在过去 20 年里出现了房价的快速上涨,这也导致家庭财富的快速积累。即便收入水平在不断提高,家庭财富的积累(房产价值的存量)与收入的差距却越拉越大,这使得房价相对收入(房价收入比)也变得越来越贵。但这一趋势将如何持续,未来将如何演变?在国家治理体系和治理能力现代化的过程中,财富分布、社会阶层将如何变迁,中国的税制改革将在其中起到什么样的作用?我们正在试图对相关领域进行研究与探讨。在改革开放 40 周年之际,这是我们关注"有产社会"治理新挑战的初步尝试,希望本集刊中相关论文的讨论能够对新形势下关注公共管理和政府治理的新模式和新发展的学术同仁提供一些拙见与思考。

房地产税在美国地方政府中的财政作用 *

莱瑞·施罗德　著　李　倩　译　张　平　校 **

[内容提要]　房地产税的实施需要采取若干政策决策,这些政策会对税收公平、效率和收入提高能力产生巨大影响。这些政策包括:哪些类型的财产需要纳税,如何确定财产的应税价值,这些应税价值的税率是多少,以及如何征收税款。本文阐述了美国地方政府在(房地产税)决策方面所采用的多种方法,并讨论了这些政策对税收效力的影响。

[关键词]　房地产税,房地产估价,美国地方政府收入

[Abstract] Implementation of property-based taxes requires several policy decisions to be made that can greatly affect the equity, efficiency, and revenue raising capabilities of the tax. These decisions include what types of properties are to be taxed, how taxable values of those properties are determined, what rates are to be imposed on those taxable values, and how are the tax liabilities to be collected. This paper describes the variety of approaches used by sub-national governments in the United States with regard to the decisions and discusses the implications of those policies on the efficacy of the tax.

[Key Words] Property taxes, Property Valuation, Local Government Revenues in the US

* 本文为莱瑞·施罗德专为本集撰文,经作者授权刊发。

** 莱瑞·施罗德(Larry Schroeder)美国锡拉丘兹大学公共管理与国际事务荣休教授;李倩,复旦大学国际关系与公共事务学院博士研究生;张平,复旦大学国际关系与公共事务学院副教授。

在中国,房地产税或至少是住宅税有望在不久的将来成为现实。近年来上海和重庆两个城市的房地产税改革试点表明中央政府对这一问题的高度重视。侯一麟等学者对房产税改革试点项目的广泛分析得出以下结论:在全国范围开征房地产税将成为大势所趋。[①]

在某种程度上讲,经济理论和国际经验表明房地产税是一项合理的政策。关于转型国家与发展中经济体房地产税的相关研究指出,房地产税特别是地方政府对房地产税的征收主要基于以下原因(Bahl, et al., 2008:3):

(1)在许多国家,房地产税的税基宽且不断扩大,具备成为地方政府财政收入有效来源的潜能,且其税收收入稳定,弹性较小。

(2)房地产税可以通过税制设计使得拥有较多房产的业主承担更多的税收负担,其税收归宿是累进的。

(3)房地产税的税收负担可能与地方政府提供公共服务的收益正相关。

(4)与高层级政府相比,地方政府在获取房地产位置与价格信息方面具有信息优势。

(5)事实上,大多数中央政府青睐税基更加宽泛的税收(如增值税、所得税),因而愿意放弃通过房地产税获取的潜在收入。

(6)不同于其他税基,征收房地产税不会直接导致纳税人为逃税而迁移至别处,因为不动产的地理位置固定。

因此,政府尤其是地方政府具有很强的激励征收房地产税。然而重要的是应意识到,开征房地产税(适用于所有税种)需要对税制设计进行大量思考。需要回答以下问题:哪些财产需纳税,而哪些财产是免税的? 如何为实现税收目的对应税财产进行估价? 使用什么税率对应税价值进行征收? 是否给予不同类型的财产以税收减免,如果是,优惠适用于什么条件? 如何征税? 如果纳税人未依法缴纳税款,将产生怎

---

① 侯一麟等在《房产税在中国:历史、试点与探索》一书中第31—47页提供了中国房地产税长期的历史资料。另一个有趣的研究是康宇雄(2008)对中国自黄帝时期到清朝(前2697—1911)土地使用税的研究。

样的后果？

房地产税长期以来一直是美国地方政府重要的收入来源，因而在回答以上问题时，理应考察美国征收房地产税的具体实践。中国可以积极采纳美国所采用的部分方法，而产生不良影响的做法则应避免，这在后文的讨论中将更加清晰可循。

本文余下部分的结构安排如下：许多读者可能对美国政府结构的部分细节不甚了解，因此我首先简要介绍政府结构能够并且确实影响房地产税管理方式的原因。然后依次考察以下相关议题：(1)确定税基；(2)确定税基价值；(3)征收的税率；(4)税收征管。任何国家考虑征收房地产税，都必须对这些步骤加以认真考量。最后，简要评估美国房地产税的总体状况，并作出简要总结。

一 美国的政府结构

作为一个联邦制国家，美国政府由联邦政府和五十个州政府构成。美国宪法中并未提及地方政府，由此使得每个州都有权利按照自身需求和条件组织地方政府，因而地方政府的税收权力由各州政府作出规定和界定。这也意味着地方政府的收入构成会因州而异。

美国各州都有各种类型的地方政府。如表1所示，美国的地方政府主要包括：(1)县(郡)政府；(2)市政府(从小村庄到大城市)；(3)乡镇

表1　2012年美国地方政府的类型和数量

地方政府类型	数　量
县(郡)	3 031
市(自治市)	19 522
乡　镇	16 364
学　区	12 884
特　区	37 203
总　计	89 004

政府(存在于多数州但并非所有州);(4)学区,其运作独立于其他类型的地方政府,唯一目的在于提供小学和中学教育;(5)特区,多数情况下只提供单一的公共服务。以上五种类型的地方政府有权征收税款、发行债券,并在其边界范围内提供公共服务。地方政府的这些权力取决于所在州的授权,同样也可能受到其限制。

美国地方政府拥有多种可用的收入激励手段。然而所有地方政府的特定税收及其他收入都取决于其所在州的具体规定。在某些州,地方政府个人所得税的征税对象为当地居民,而在某些情况下,个人所得税的征税对象为在当地工作的个人。在某些州,地方政府可以对辖区内零售销售额征收税款。美国几乎所有的地方政府都对特定公共服务用户收取使用者费(user fee),最常用的是对水资源收取使用者费。最后,地方政府的财政收入并不完全依赖自身,在一定程度上依赖政府间转移支付,其中大部分是来自州政府的财政转移。表2的数据(关于地方政府财政收入最新的、可用的完整信息)①表明2012年所有地方政府超过1/3的财政收入以转移支付的形式获取。然而,地方政府通过征收税款获取的收入所占比例更高。

表2　2012年美国所有地方政府的收入来源

收入来源	占总收入的百分比
政府间转移支付	37.04
税　收	40.42
使用者费	17.34
其　他	5.20

表3的信息表明房地产税对美国各类地方政府的重要性。事实上,乡镇政府和地方学区几乎所有的税收收入都来自房地产税。城市化地区(即市政府)具有一系列更加宽泛的税收工具安排,但其略多于

---

① 美国在年份尾数逢2逢7时开展"政府普查",即每5年开展一次。尽管目前正在收集2017年的数据,但最新的数据是2012年的。

一半的份额的税收收入来自房地产税。(需要注意的是,表中的数据是全国的百分比,各州的数据可能与表3大不相同。)

表3 2012年美国地方政府不同税种税收收入的构成

税收来源	县(郡)	市	乡 镇	学 区	特 区
房地产	71.73%	51.73%	92.21%	95.61%	66.91%
零 售	16.36%	17.24%	0.02%	2.35%	26.61%
针对某些商品的消费	4.45%	10.69%	0.99%	0.20%	1.23%
个人所得	3.59%	9.47%	2.67%	1.03%	—
企业所得	0.04%	3.62%	—	—	—
其他税收	3.83%	7.24%	4.11%	0.81%	5.26%

注:由于数值四舍五入,总和可能不是100。

二 房地产税的税基

"财产"一词的常见的法律定义是"个人或实体所拥有的事物"。(见 http://legal-dictionary.thefreedictionary.com/property)这一宽泛的定义有时被进一步划分为"不动产"和"动产",其中前者仅限于土地和对土地的改善,包括建筑物和种植植物(如树木),而后者则是指所有其他类型的财产。实际上,不动产至少在短期内是不可移动的,而动产(如车辆、衣物等)则容易在各地移动。

实际上,不动产和动产的区分对于税收目的尤其重要。如上所述,房地产税的优点之一在于税基的空间固定性和不可移动性而产生的难以逃避性。然而,这通常只适用于不动产。在美国,不动产包括土地和附着在土地上的建筑物(包括住宅、工厂和商店等),这类资产都被视为房地产税税基的一部分。此外,公司和工厂的设备通常也包含在房地产税税基范围内。

各州在处理企业库存方面做法各异。严格来讲,企业库存确实是企业资产的一部分，可以被包含在房地产税的征税范围内。然而，如果要在特定日期(如 6 月 1 日)确定该项资产的估值，那么企业将有动机在该特定日期之前减少库存以实现避税。①此类行为在经济上被认为是无效率的。不同类型企业存货资产的数量、价值可能存在巨大差异，进而将造成不同类型企业待遇的不平等。

其他动产也可征税。财产税的税基中最常见的动产可能是个人或企业拥有的车辆，船只有时也被征税。由于车主通常每年必须进行许可证年检，可以在年检过程中同时征收财产税，这是将车辆纳入税基的一个重要优势。由于车辆上必须展示许可证，因而检测纳税遵从或不遵从相当容易。

在个人层面，家具、衣物甚至金融财产(如储蓄账户、股票和债券等)都可以被纳入财产税的征税范围。对此类财产进行检测和估价的行政成本通常是较高的。

虽然在理论上，国家的所有财产都负有税收责任，但美国的州政府免除了某些类型不动产的税负。例如，联邦(中央)政府拥有的土地和建筑不需缴纳房地产税，州政府和地方政府拥有的土地与建筑物也享有房地产税的税收豁免权。宗教组织、慈善组织、大学和其他教育机构的财产通常也豁免征收房地产税。同样，墓地、公园和其他开放空间通常不征收房地产税。许多州也免除了医院和医疗机构的房地产税。

诚然，上述税收豁免会降低房地产税应纳税总额，这意味房地产税税收收入将减少，或者其他纳税人需要承担更重的税负——与所有房地产均需纳税相比。例如，最近的一项研究估计，康涅狄格州首府哈特福德的免税房地产占该市所有房地产总价值的 60%(Bell，2015)。

因此，任何国家在开展房地产税立法工作时，应考虑各种形式的豁免对房地产税预期收入所产生的影响。豁免财产中的多数，特别是与大学、非营利组织等相关的房地产仍享受地方政府提供的公共服务。

---

① 有必要记住，所得税等税收是对收入"流量"进行征税，是对一段时间(如一个月或一年)收入的测量。而房地产税则是对存量进行征税，这一存量必须在征税部门确定的时间点进行衡量。

因此,税收豁免将导致房地产税的税负不平等。其他的豁免类型以及基于房地产所有或使用情况而给予的优惠待遇,下文中将有所考察。

三　应税房地产的估价

对美国及其他征收房地产税的国家而言,税收管理方面最关键和最具争议的部分是房地产价值的确定。尽管各州在房地产价值估计和最终纳税等方面的规定有所不同,但通常情况下,最初的步骤都是估计在房地产所有权转移过程中买卖双方共同认可的价格。这被称为公平交易,此类交易中不存在任何可以影响交易价格的例外情况,如买卖双方之间的个人关系。①

由于多数房地产不会在每年出售,所以必须采用其他方法估计房地产实际销售的价格。在房地产估值过程中有三种普遍接受的方法,其中之一被称为市场比较法。市场比较法隐含的思路是观察过去一两年内以公平交易出售的房地产实际支付的价格,并将其主要特征与未出售的房地产进行比较。这些特征包括房地产年限、房屋面积、建筑类型和位置等。若两个房地产的相关特征恰好相同,即可假设已售出和未出售的房地产价值是相同的。在同一地区范围内,经验丰富的专业评估师②可以对市场上可能出售的相似但不相同的房地产进行准确估价。

若区域内出售房地产和未出售房地产的物理特征和位置等相关信息可以获取,则可以使用静态技术估计未出售房地产的市场价格。对于所有已出售的房地产,可以通过房地产特征与销售价格之间的回归

---

① 房产价值并不是估计房地产税税基的唯一方法。有些国家仍然使用"年租金"。租金是对承租人向出租人支付租金的估计值(或实际计量)。印度的某些城市使用房屋面积(平方米)来估算应税价值。参见 Rao(2008)对替代方式的讨论。

② 在美国,"评估师或评估员"是指承担资产价值评估任务的专业人员。"评估师"通常是政府内部负责确定资产应税价值人员的头衔。

分析进行估价,则在回归方程中可以利用未出售房地产的相关特征预测其销售价格。由于此种统计分析包含随机误差项,官方资产评估师的任务是利用他的判断对未出售房地产进行最终估值。

对于考虑使用市场比较法对房地产进行估价的辖区,必要条件是纳税清册上所有房地产的相关特征信息是可用的,这些特征信息是估计房地产市场价格的主要决定因素。因此,对具有大量应税房地产的辖区而言,采用市场比较法的成本可能相对较高,因为它需要收集所有相关信息。

某些情况下不适用市场比较法,比如在征税辖区内某些财产比较独特,几乎没有"可比较"的财产,或某些地区一两年内出售的房地产数量不足。若某房地产(如一个有多个租户的公寓)会产生收入,可以使用收益还原法进行估价。收益还原法基于以下假设:房地产的潜在买家具有特定的目标收益率,因而他们愿意为房地产支付的最高价格就是至少获取目标收益率的价值。若通过审查房地产所有者的利润表可以获知房地产的年度净收益,则评估师可利用以下公式对房地产的市场价格进行估价。

$$(1)\ CV = AV/r$$

其中,CV 是"资本价值",或卖家愿意支付的最高价格;AV 是该房地产的预计年度净收益;r 是"收益率"。

当然,收益率主要依据当前的市场状况。假设具有相似风险特征房地产的当前必要报酬率是 10%,若业主能够从该房地产中获取 10 000 美元的净收益,则潜在买家愿意支付的最高金额为 100 000 美元。因为若净收益在未来持续,新业主将从此项投资中获取 10% 的必要报酬。

收益还原法假设市场上确实存在风险可比的不动产,同时不存在对该资产的投机需求。在投机动机的驱动下,潜在买家实际上可能愿意支付超过 100 000 美元的价格,如果买家预期该房地产的价值很快超过这一数额。最后,假定的收益率对房地产估价的准确性至关重要。

第三种房地产价值估算方法称为重置成本法。重置成本法的基本思想是，一项资产的当前价值取决于重置该资产所需的费用。为确定这一价值，评估者需要确定替换该房地产所需的全部成本。但由于现有资产至少已存续若干年，受通货膨胀的影响，房地产的重置成本将比初始成本高得多。此外，该方法主要是估计在现实条件下重新购置或建造一个全新状态的评估对象所需的全部成本，需要评估者利用资产存续年限对其重置成本进行折旧。对于40年前建造的建筑物，评估者首先估计在现实条件下重建相同建筑物的重置成本，然后对该成本进行折旧处理（就如它将再存续40年）。显然，折旧率的选择对使用重置成本法估算房地产价值十分关键。

因此，应税房地产估价的第一步是估计房地产的市场评估价格。在某些州，市场评估价格构成房地产适用税率的应税价格。然而，许多州则通过房地产的市场估价乘以一定比例得到应税价格。在这种情况，一个州可以根据资产使用类型适用不同比例。美国最常见的是给予农业用地优惠待遇，其市场估价适用比例可能远低于非农业用地。但是，即使是非农业用地亦因使用类型不同而待遇不同。例如，在堪萨斯州，住房的应税价格为市场估价的11.5%，而商业和工业用地则按其估价的25%进行征税。

美国还拥有对房地产评估价格进行调整的其他手段。其中之一是对业主居住者使用的"宅地豁免"（homestead exemption），它将在房地产应税价格基础上减少特定数额。这项政策的目的显然是鼓励自置居所，尽管更可能是由于政治目的而施行该政策——业主更可能投票支持实施这项政策的政治家。美国武装部队的退伍军人，特别是遭受残疾的退伍军人，其房产价值的一部分往往会获得税收豁免。

农业用地，特别是位于城市附近的农业用地也可能被区别对待。若将这些土地转换成诸如住宅区、工厂或零售购物区等用途，每公顷的单位价值可能很高，但在农业用途中其价值将会低得多。假如以最佳潜在用途进行估价，这类土地的应税价格将大大超过其作为农业用地的价格。在许多州，政府允许这类房地产以其"当前"而非"最佳"（由市场确定）用途进行估价。由于这一政策限制了城市用途的土地使用数量,将提高城市上地价格,但许多川仍然倾向于保留更多农业用途的土地使用数量。

四 估 价 过 程

房地产的估值是在地方政府层面进行的,即中央政府在这一过程中不起作用,部分州政府在评估过程中比较活跃,而其他州则赋予地方政府较大自主权。前文提及的估价方法表明,房地产的估价是一个相当复杂的技术性过程。美国拥有训练有素的资产评估师队伍,他们自身多数是专业协会和国际估税官协会的成员。但是,地方政府资产评估机构的领导仍是由当地居民选举产生的。相关研究并不意外地得到了以下结论:与地方政府任命的评估者相比,由选举产生并谋求连任的评估者会使评估价值低估(Ross,2011)。要使产生的房地产税的税负结果公平,价值估就就应该是一个纯粹的、不受政治影响的技术过程。

每项房地产的应税(最终评估)价格一经确定,政府将通过邮件通知业主。该通知可能包括也可能不包括房地产税的应税总额,因为税务管辖区尚未确定使用的税率。邮件同样为业主提供在特定日期(通常是从邮件寄出之日起的几周)对房地产估价提出异议的机会。业主需要提供证据说明为何认为他的房地产估价过高。美国房地产税的一个重要方面是房地产估价的相关信息可供公众查阅。近年来多数评估机构都以电子形式提供估价信息。因此,提出异议的业主可以利用邻近房地产估价的相关信息作为辅助以降低房地产的过高估价。

对估价提出异议的业主若未达到降低应税价格的目的,且仍对估价结果不满意的,可以诉诸司法机关。然而,这种选择可能代价高昂,在此期间业主必须继续按照较高的应税价格缴纳税款。

理想状况下,每年都应对房地产进行重新估价,以确保业主权益。然而,重新估价的成本较高。在不切实际的假设下,若房地产未发生物理变化,即未建造新的建筑物或存在对现有建筑物的扩展,则重新估价的任务及其成本较低,特别是在所有的物理信息都已可用的情况下。然而,大多数地区在税务管辖区内的房地产实际上都会发生变化,因此,房地产的重新估价至少要根据资产的外部审查,以及在更理想的情况下,对房屋内部进行调查以更新原有信息。①最近纽约市外围一个县房地产重新估价的费用为每个地块 100—150 美元(如果进行内部审查将更加昂贵)。

因此,许多地方政府不能每年都对房地产进行重新估价,作为替代,他们可以使用基于可比销售数据的统计技术,按比例提高(降低)同类房地产的估价。而在其他辖区内,房地产的估价每年基本都没有变化。若所有房地产的价格随着时间的推移成比例地提高或降低,如果允许改变税率,则不对房地产进行重新估价将不会产生严重的税收不公平现象,税收的净收入仍可能会持续增长。然而,在美国许多税收管辖范围内,部分区域的房地产价值快速增长,而其他区域则呈现下降趋势或保持缓慢增长。房地产价值重估的长期滞后意味着在有效税负方面可能产生相当严重的不公平问题。相对于房价稳定或下跌的纳税人而言,房产快速增值的业主将获益。

在美国,房地产价值重估造成的不公平现象被称为"欢迎陌生人"。此种情况下,房地产通常不是定期重新估价的;然而当新业主购买房地产时,该房地产评估价格可以通过销售价格加以调整。因此,针对两个原本完全相同的建筑物,若其中一个多年未出售,而另一个被多次出售,则两者的估价结果将显著不同,其中被多次出售的建筑物的估价将经过多次调整(通常是向上)。

五 确定纳税义务

当然,房地产所有者的纳税义务取决于房地产应税价格与法定税

---

① 美国面临的一个问题是,房地产税稽查员没有进入私人建筑物的法定权利。因此,内部检查需要业主的合作。

率的乘积。在本部分我们首先考虑与法定税率设定过程相大的问题，然后再分析"有效"税率（"effective" tax rate）的关键问题。

美国多数税收辖区内，所有类型和价格的房地产适用的法定税率都是相同的。然而，这种普遍现象存在例外。例如，华盛顿哥伦比亚特区①政府具有多重税率结构，住宅的应纳税率为 0.85 美元/100 美元（应税价值），价格低于 300 万美元的商业房地产的应纳税率为 1.65 美元/100 美元，而价值更高的商业房地产的税率则为 1.85 美元/100 美元。尤其有趣的是，在华盛顿哥伦比亚特区，空置房产的税率为 5 美元/100 美元，"损坏"房地产的税率为 10 美元/100 美元。这种税率结构安排旨在鼓励空置房产的开发利用，并对被遗弃和损坏的房产进行改造。②

法定税率的一个重要方面是，在财政分权体制下，地方政府应该有设定其认为合适税率的自由和权利。如果中央政府设定全国统一的税率，那么房地产税无法为财政分权（有时称权力下放）所必须的财政自主决策能力提供支持。不过，美国的一些州会设定法定税率或年增长率的上限。

考虑到前文对某些税收辖区内房地产估价过程的讨论，以及会以房地产市场价格的不同比例进行征税，仅比较法定税率可能容易令人产生误解。例如，假设辖区 A 以房地产市场价格的一半进行估价，而辖区 B 则以房地产的市场估价作为税基，若辖区 A 的法定税率是辖区 B 的 2 倍，则不能断定辖区 A 的房地产税更高。这两个辖区的有效税率实际上是相同的。

有效税率可被定义为应纳税额相对于房地产的市场价格的比率。该税率主要与辖区间（甚至国家间）房地产税的税收负担比较有关。在

---

① 哥伦比亚特区不同于美国其他城市/州，它兼具两者的特点。它是一个城市，为其居民提供正常的公共服务，它并不是一个州，在空间上既不位于弗吉尼亚州也不位于马里兰州。它在美国参议院或众议院都没有投票权，但中央（联邦）政府保持对其监管的责任。

② 受损坏的房产可能对临近房屋产生负面影响，即负外部性。

估价差异修正以后,美国住宅房地产税的有效税率差异很大。最低有效税率是夏威夷的 0.28%,即拥有价值 10 万美元房产的业主每年将缴纳 280 美元的税款,而新泽西州的平均有效税率为 2.29%,即拥有同样价值房产的业主每年需缴纳 2 290 美元的房地产税。①毫无疑问,夏威夷州比较独特,距离美国大陆有距离,在美国本土州中阿拉巴马州的有效税率最低,为 0.43%。(见 https://wallethub.com/edu/states-with-the-highest-and-lowest-property-taxes/11585/♯real-estate)估值率(评估值/市场价值)不同的辖区自然有不同的实际税率。因此,在对商业地产使用较高(相对于住宅)估值率的地区,商用地产的有效税率将比住宅更高。

六 税 务 征 缴

法定税率与税基估值的乘积决定了房地产所有者的应纳税款。邮寄给纳税人的税单包括纳税时间、地点等信息,不包括额外的利息或罚金等信息。税款可以按半年(每年纳税两次,每次缴纳一半税款)或按季度缴纳。

纽约市为房地产税纳税人提供了不同的纳税选择。房地产估价低于 25 万美元的纳税人可以按季度缴纳税款,若估价超过这一限额,则需要每半年缴纳一次税款。在这两种情况下,首次纳税应在 7 月 1 日之前。但所有纳税人也可以选择一次缴纳总税款,并在税收总额的基础上取得一定优惠。按季度纳税的业主可以享受以下优惠:

● 若在 7 月 1 日前缴纳全年应纳税款,则全年的房地产税总额可享受 0.5% 的优惠;

---

① 请注意,这些是州的平均值,且仅限于住宅;这些州内部的某些辖区的房产所有者将以更高的有效税率纳税,而其他辖区房地产税的有效税率将低于平均水平。对地方政府公共服务要求更高的城市居民希望有效税率更高。

● 若在 10 月 1 日前缴纳全部剩余税款,则全年后三个季度的税款可享受 0.25% 的优惠;

● 若在 1 月 1 日前缴纳全部剩余税款,则过去 6 个月的税款可享受 0.125% 的优惠;

● 对于每半年缴税一次的纳税者,若在 7 月 1 日前缴清全部税款,则可享受 0.5% 的优惠。

美国地方政府对逾期缴纳房地产税的纳税人征收罚金和利息费用。罚金没有标准,也没有全国范围统一的利率。在纽约州,多数地方政府每月收取包括罚款的滞纳税额的 1%(复合率)。得克萨斯州特拉维斯县(Travis County)依据表 4 中的罚金和利率表向 1 月 31 日应缴却未缴纳的税款收取罚金和利息费用。可以看出,不按规定缴纳房地产税后果较严重。

表 4　得克萨斯州特拉维斯县罚金和利息一览
(截至 1 月底的应纳税款)

若缴税时间在	罚　　金	利　　息	罚金与利息总计
2 月	6%	1%	8%
3 月	7%	2%	9%
4 月	8%	3%	11%
5 月	9%	4%	13%
6 月	10%	5%	15%
7 月	12%	6%	18%
8 月	12%	7%	19%
9 月	12%	8%	20%
10 月	12%	9%	21%
11 月	12%	10%	22%
12 月	12%	11%	23%
次年 1 月	12%	12%	24%

资料来源:https://tax-office.traviscountytx.gov/properties/delinquent-taxes。

更严厉的处罚是,若纳税者长期不依法缴纳房地产税,税务管辖区有权通过拍卖出售拖欠税款的不动产。这就是所谓的"税收留置权"(tax lien)销售。①地方政府要求拍卖财产的中标者必须(至少)能够证明自身没有滞纳税款。

虽然房地产税是按年度、半年或季度缴纳,但用按揭方式购买房产过程中,房屋抵押权持有人(贷方)每月将抵押贷款和房地产税年度税额的 1/12 一起支付。缴纳的金额被称为"托管"支付,由贷方累积并在法定期限内向税务管辖机构缴纳。这种安排使业主不用一直记着纳税时间,可以将税收缴纳扩展至整年,而不用一次性缴纳全部税款。

七 税 收 绩 效

罚金、利息和税收减免机制的有机结合是美国房地产税征收效率较高的主要原因。如表 3 所示,许多地方政府高度依赖房地产税,因此税收征缴是地方政府提供公共服务能力的关键。②

评估税收时需要考虑的一个重要因素是税收的收入增长能力,以应对收入提高、人口增长和通货膨胀恶化等状况。随着一个地区居民收入的增长,公共服务需求可能会增加。如果这些公共服务由房地产税税款提供,则税收收入应承担相应责任。类似地,人口的增长将需要更多公共服务,通货膨胀意味着公共服务供给成本将会上升。这再次说明,房地产税对这些变化的积极回应至关重要。

从经济学角度来看,理想状况下,我们期望房地产税的收入弹性等于 1。房地产税的收入弹性是指收入(可能是当地居民的个人收入)变

---

① 在某些州,地方政府可以向私营企业或个人出售税收留置权证书。地方政府可以从证书购买者处获取收益,然后有权向拖欠税款者收取未缴税款和利息与罚金。

② 有关美国房地产税收入效益的概况,包括各县有效住宅税率的详细情况参见 Harri 和 Moore(2013)。

动与房地产税税收收入变动之间的关系,主要以相对数(百分比)计算,同时应确保包括税率在内的其他所有变量保持不变。如果税率保持不变,则导致税收收入增长的唯一因素就是税基值的变动。税基增长的唯一原因是应税房地产估价的上涨。如果评估师对房地产的估价保持全面了解,则这种情况可能会成为现实。然而,一般地,在美国房地产价格的变动和估价的变动之间存在差距。因此,房地产税的收入弹性通常比 1 小得多。

税收弹性系数(*tax buoyancy* coefficient)是解释房地产税和收入之间关系的另一个指标。它与收入弹性的差异在于不试图控制包括税率、常量在内的其他变量。根据这一构想,如果地方政府在房地产应税价格增长幅度较小的情况下提高税率,则税收弹性系数通常会更接近1。但这要求地方政府官员有提高税率的意愿和能力。

正如 Belinga 等人(Belinga et al.,2014)所指出的,经合组织国家房地产税的弹性系数大大低于国内其他主要税种(个人所得税和企业所得税、商品及服务税、消费税)的弹性系数。事实上,房地产税的短期弹性系数(收入变动对税收变动的"直接"影响)基本为零。

美国地方政府有时可能会为至少两个意图实施税收减免,其中之一会影响由税收所产生的财政收入。地方政府可能通过免除数年(如10 年)房地产税吸引新企业落户该地区。当然,这会导致房地产税收入的降低。然而,如果享受税收减免的企业与仍需纳税的本地企业相互竞争,可能会引起税收不公平。

税收减免的另一种方法是"断路器"(circuit breaker)税收减免计划,目标在于确保房地产税的税负对于支付能力较差的纳税人而言并不过分。尤其值得关注的是部分老年人的房地产税负担,他们退休后收入较低,但其所居住的房屋的税负仍然较重。基于这个原因,"断路器"计划往往只限于老年人,尽管从概念上讲可以适用于所有纳税人。这项政策规定了房地产税和住宅业主收入的比例上限。如果房地产税与收入之比超过这一比例(可能是 100%),则超过该比例的部分将退还给纳税人。地方政府并不会损失这部分收入,这项政策是在州政府层面实施的,所以州政府会补偿当地纳税人的损失。

八　税收及其管理的整体评估

公共经济学家主要根据创收质量、经济效益、公平性、行政成本和政治上的接受程度来评估税收。在美国,房地产税可被视为一种很好的、可靠的但不是特别有弹性的收入来源。对土地而不是土地的改善(地上建筑物等)征税的效率最高,因为纯土地税没有超额税收负担。在美国,土地被征税,但是农业用地往往享受税收优惠,这与理论要求相悖。当前对谁支付房地产税的理论预测是,在多数国家全国统一的房地产税将由资本承担,这意味着高收入者将承担更多税负,即房地产税是所得累进的。然而同样的理论认为,偏离国家统一税率将会对住宅租赁者带来更大(更小)的负担,并将该负担转嫁给商业地产的消费者。美国已实施的其他政策可能使房地产税在产生收益的基础上变得更加累进(累退程度不断下降)。毫无疑问,良好的税收管理成本高昂,这一代价使得对税收管理的追求相对消极。

最后,从政治可接受性的视角来看,与美国收入和消费为基础所征收的税种相比,房地产税是最不受欢迎的(在国家和州两个层面)。原因是多样的,部分与税收管理有关。不同于其他税收,房地产税的税基是"估计"的,而非通过观察得到。通过托管账户缴纳房地产税类似于"即赚即付"的所得税预扣法;然而,对于未选择使用账户托管方式纳税的业主(例如房屋没有抵押贷款),需要按要求积累资金,每年一次(或两次)缴纳税款,将减少房地产税比其他税收(如增值税)所隐藏的部分。同样情况下,如果对房地产进行改善(本身就有成本),则会提高房地产的估价,将加重业主的纳税负担。最后,如果地方政府提供服务的质量或数量低于纳税人的期望水平,他们将为必须纳税感到不快。

总 结 与 结 论

引言中房地产税的属性清单是地方政府征收房地产税的有力论据。如前所述，美国的地方政府高度依赖房地产税。然而，很明显，若想实现税收公平并使收入逐步上升，地方政府税收管理可能代价高昂。因为政府必须收集所有应税房地产的相关数据并每年进行更新，若对某些财产类型实行税收豁免，则必须检查其使用豁免的合法性。在大城市，房地产税纳税单位的数量相当庞大，应税房地产的数量可能会超过所得税纳税人的人数，超过增值税纳税单位的数量，而这些纳税单位的应税价格每年都需要重新估算。美国的经验表明，尽管面临这些挑战，房地产税能够产生足够收入为地方政府公共服务提供支持。

参考文献

Bahl，R.，J.Martinez-Vazquez，and J.Youngman.(2008)."The Property Tax in Practice," pp.3—16 in *Making the Property Tax Work：Experiences in Developing and Transition Countries*, ed. by R.Bahl，J.Martinez-Vazquez，and J.Youngman. Cambridge，MA：Lincoln Institute of Land Policy.

Belinga，V.，D.Benedek，R. de Mooij and J.Norregaard.(2014). *Tax Buoyancy in OECD Countries*. IMF Working Paper WP/14/110. Washington DC：International Monetary Fund.

Bell，M.(2015). "Properties Exempt From Paying Property Taxes in Connecticut," Paper Prepared for the Connecticut Tax Study Panel. Available at https://www.cga.ct.gov/fin/tfs%5C20140929_State%20Tax%20Panel%5C20151027/Prop%20Tax%20Exempts%20Bell.%20Draft.pdf.

Harris，B.H. and B.D.Moore.(2013). *Residential Property Taxes in the United States*.

Urban-Brookings Tax Policy Center. Washington DC：The Urban Institute.

Hong，YH.(2008). "Taxing Land without Market Value in Ancient

China," pp. 315—333. in *Making the Property Tax Work: Experiences in Developing and Transition Countries*, ed. by R. Bahl, J. Martinez-Vazquez, and J. Youngman. Cambridge, MA: Lincoln Institute of Land Policy.

Hou, Y., Q.Ren, P.Zhang.(2015). *The Property Tax in China: History, Pilots, and Prospects*. Cham Switzerland: Springer.

Rao, U. A. V. (2008). "Is Area-Based Assessment an Alternative, an Intermediate Step, or an Impediment to Value-Based Taxation in India?" pp.241—267, in *Making the Property Tax Work: Experiences in Developing and Transition Countries*, ed. by R. Bahl, J. Martinez-Vazquez, and J. Youngman. Cambridge, MA: Lincoln Institute of Land Policy.

Ross, J. M. (2011). "Assessor Incentives and Property Assessment," *Southern Economics Journal* 77(3) January. pp.776—794.

统一比例房地产税是否会拉大基层财力差异
——基于山东省的模拟分析 *

任 强 段 乐 **

[内容提要] 就一些发达国家财政实践看,宽税基房地产税为基层政府的重要税收收入。然而,在一些已经开征宽税基房地产税的国家,居住分割、基层政府的碎片化和对房地产税的过大依赖等因素叠加与基层财力差异有很大关系。本文以山东省区县级数据为基础进行静态模拟,研究宽税基房地产税的开征是否会加剧山东各区县的财力差异。主要结论是:统一比例宽税基房地产税的开征没有扩大各区县的财力差异。

[关键词] 宽税基,房地产税,基层财政

[Abstract] Real property tax is an important revenue source for localities in some developed countries. While in countries like US, excessive depending on property taxation plus other reasons like residential segregation and fragmentation of local governments etc. related to the disparity of fiscal revenue and public services among localities. Thus, taking example of Shandong Province, we want to simulate the relation of the levy of broad-base real property tax with a unified effective tax rate and the disparity of revenue of county-level government. The results shows that the levy does not enlarge the disparity.

[Key Words] Broad Tax Base, Real Property Tax, Local Government

---

* 本文系 2014 年度国家社会科学基金项目“小学教育投入和受益的匹配机制及房产税问题研究”(项目批准号:14BJY166)、2014 年度北京市社会科学基金项目“基于‘经济公平’的小学教育融资机制研究:海淀区的案例”(项目批准号:14JYB019)和中央财经大学中国财政发展协同创新中心资助课题“房地产税改革与基层财政建设”的阶段性成果。

** 任强,中央财经大学财政税务学院教授、副院长;段乐,中国民生银行北京万柳支行。

一 引 言

在我国,有关对居民住房开征房地产税的话题讨论已久。2003 年中共十六届三中全会时就提出"实施城镇建设税费改革,条件具备时对不动产开征规范统一的物业税,相应取消有关收费"。自此之后,我国的学术界和政府部门相继开始物业税空转以及房地产税改革等方面的研究。2011 年 1 月,我国上海和重庆相继进行房产税改革试点。

鉴于对居民住房开征房地产税的改革尚在讨论中,同时,试点也仅仅在上海和重庆两市,所以,国内相关研究主要是一些讨论和模拟为主,同时辅之个别的政策效应评估。具体来看,国内学者对房地产税的研究有的关注上海和重庆房产税试点对房价的影响(刘甲炎、范子英,2013;Bai、Li、Ouyang,2014;Du、Zhang,2015);也有的关注房地产税收入模拟(刘蓉、张巍、陈凌霜,2015)、税率和房地产税税基及减免问题(郑思齐、孙伟增、满燕云,2013;侯一麟、马海涛,2016);还有不少研究房地产税与纳税能力的关系(张平、侯一麟,2016);也有一些研究宽税基房地产税与价值捕获之间的关系(任强、侯一麟、马海涛,2017)。房地产税是一种从价税,价值评估是个前提,有不少机构和学者正在从事评估问题的研究。基于二手房个人所得税和增值税批量评估的理论及实践比较成熟的是深圳市房地产评估发展中心的做法。

本文同样是基于国内问题的研究,但是,研究视角略有不同,想研究宽税基房地产税开征会对基层政府的财力差异会有什么影响。具体来说:以山东省为例,假设宽税基房地产税实行全省统一比例税率,同时,假设房地产税政策不再实行任何减免。另外,还假设房地产税收入完全归属区县级财政。在这种情况下,通过收入模拟,观察房地产税政策实施在多大程度上影响县级财力分布。

内容主要安排如下:第二部分是文献综述。从国外文献来看房地产税作为基层财政重要收入对基层政府间财力和公共服务差异的影响。第三部分是相关假设、数据说明及描述统计。第四部分是模拟结果及分析。最后一部分是结论及政策建议。

二　文　献　综　述

在英语文献中对房地产税的研究，主要以美国居多。本文则主要以美国的文献为主，同时，加入日韩等国的相关文献。房地产税体系的形成与一国特定的政治和财政体制及历史文化密切相关，因此，具体政策实施情景也有所不同。

（一）Tiebout-Oates-Hamilton 模型、房地产税与财力差异

虽然房地产税的征收由来已久，但是其理论文献的系统形成是从Tiebout（1956）"用脚投票"的公共产品供给模式开始的。Tiebout 认为目标是效用最大化的消费者会利用居住地选择的方式来表达自己对地方政府所提供的公共产品及公共服务的需求。Oates（1969）则在Tiebout 假说的基础之上更进一步研究了房地产税与生均教育支出对房地产价格的影响。根据其研究结果，房价和房地产税的实际税率是负相关的，但是和生均教育支出是正相关的。除此之外，税率升高对房地产价格带来的负面效应将会被生均教育支出提高带来的正面效应所抵消。Oates 的研究结果与 Tiebout 假说是一致的。在选择居住地时，理性的消费者将会权衡享受基层政府公共服务的税负成本和收益。Hamilton（1975）解释并延伸了 Tiebout 模型中存在的搭便车现象。他理论上分析了美国基层政府的财政分区（Fiscal Zoning）现象，从而形成了完善的解释美国基层政府的财政运行模式。以上三人发表的代表性文章被后人简称为"Tiebout-Oates-Hamilton 模型"

了解了"Tiebout-Oates-Hamilton 模型"也就基本理解了美国基层政府的财政运行特征。这一运行模式符合公平和效率（Fairness and Efficiency）原则。居民选择偏好的辖区居住，不同辖区根据居民公共服务需求确定房地产税税率，从而产生相应的税收成本。这符合居民

居住选择的一般规律。但是,若辖区间财力及公共服务差距过大,也会产生过度不均(Inequality)的问题。

(二)房地产税、学区碎片化及基础教育财力差异

学区税收收入主要依赖房地产税是美国基础教育体系(小学、初中和高中)的显著特征。房地产税收入在不同的学区之间存在着差异。富有学区的房地产税收入多,该学区公立学校的公共资源更优,学校教育水平更高。富有学区与贫穷学区的教育差距不断拉大,教育质量进一步资本化到了房价之中。鉴于此,各州政府为促使学区财力均等化做出了很多努力。

美国学区财力均等化改革中最有名的当属加利福尼亚州对"塞拉诺诉普列特"(Serrano v.Priest)案件的回应措施。1971年,在"塞拉诺诉普列特"案中,加利福尼亚州最高法院裁定,将房地产税作为学区重要税种会导致学区间的财力差异,这违反了加州宪法规定。根据加利福尼亚州宪法的规定,州政府应当保证最基本的基础教育服务水平。之后,加利福尼亚州财政加大了对财力较弱学区的转移支付。

加利福尼亚州这种情况在其他州也不同程度上存在,不少州政府加大对学区的转移支付,希望扶助财力较弱的学区。密歇根州在1994年通过了A提案(Proposal A),该提案意欲削弱学区财政对房地产税的依赖,并加大对财力较弱学区的转移支付。Chakrabarti(2014)研究了密歇根州1994年的A提案改革对各学区房价、社会经济因素和居住分离现象的影响。研究结果表明A提案改革对财力较弱学区的房价有积极影响。

(三)日韩等国房地产税与区域财力差异

韩国政府对房地产保有征收房地产税(韩国政府英译文中将其称为Local Property Tax)以及综合不动产税(Comprehensive Property Tax)。房地产税归属于三级政府中的最基层政府,其征收目的主要是为了筹集基层政府的财政收入;综合不动产税归属中央政府,立足于调控房地产市场。中央政府将房地产税界定为基层政府税源的同时,又限定了房地产税的税率和税基。这样,不同区域在房地产税政策制定

万面缺乏灵活性的情况下,逐步出现了基层政府财力拉大的情况。为了缩小首尔市25个区之间的财力差异,首尔市于2007年开始采取房地产税的分享机制,房地产税由区税改为首尔市政府和下辖各区的共享的形式。在实施的第一年即2008年将区与市对房地产税的共享比例设为60%∶40%,第二年即2009年设为55%∶45%,最后于2010年固定为50%∶50%。通过实施房地产税分享制度并进一步改革转移支付制度,各区之间的财力差距有较大改善(申锦美,2014)。

自日本在第二次世界大战后部分接受Shoup劝告(1949)并改革财税体系后,房地产税(日本政府英译文中将其称之为"Fixed Assets Tax",直译过来为固定资产税)税制及收入在政府层级中归属的雏形基本奠定。房地产税收入归属于三级政府的最基层政府,标准税率为1.4%,同时,房地产税的税基评估办法由中央政府制定。根据《日本统计年鉴(2018)》的统计数据,2014年固定资产税占市町村级政府税收收入的42%。①若严格按照中央政府的税率、税基评估办法,房地产税收入会在不同基层政府之间产生不小的差异。Ishi(1991)统计,平均来看1991年市町村级政府征收房地产税实际按照日本国税厅评估标准的36.3%作为依据征税。并且,越是房价高的地方,这种计税依据"打折"的行为越明显。在大阪市,可以低至14.6%。不少基层政府官员认为,如果严格按照中央政府规定来征税,一来会横向加大财力差异,二来房地产价格的较大波幅也会影响纳税人周期间的税负差异。

在美国为代表的房地产税征管模式下,基层政府在较大的权限内确定税率。英国、加拿大和澳大利亚与美国类似。在日本模式下,尽管房地产税收入归基层政府,中央政府在很大程度上决定税率和税基。韩国与日本的模式类似。尽管两种模式存在的背景不同,都会存在基层财力的不均。正是基于此,本文想验证:若我国未来征收宽税基房地产税,基层财力差异会否拉大?希望模拟的结论能为我国未来的房地产税政策提供一定的支持。

---

① http://www.stat.go.jp/english/data/nenkan/67nenkan/1431-05.htm,表5-14。

三　相关假设、数据说明及描述统计

（一）相关假设

对房地产税类型的设定是模拟的出发点。从主要类型上看，可以将房地产税分为两种。一种是作为基层政府重要收入的房地产税；另一种是作为调控手段的房地产税。前一种类型要求房地产税的税基较宽，少设置减免；后一种类型如韩国的综合不动产税、日本的不动产空置税和我国 2011 年在上海和重庆试点的房产税。本文的模拟是基于第一种类型的房地产税。

1. 关于税率设定的假定

房地产税税率有名义税率（Nominal Tax Rate）和实际税率（Effective Tax Rate）之分。名义税率是法律（法规）中税率表上规定的税率；实际税率往往指某处具体房地产对应应纳税额与房价之间比值。关于名义税率的确定各国有不同的办法。美国基层政府主要采用以支定收的方法确定，即用本辖区财政支出需求减掉其他来源的财政收入的余额作为分子，使用该辖区所有房地产计税价值总和作为分母，进而测算出房地产税的税率。日本则由中央确定一个标准税率（近年来为 1.4%），市町村级政府可以根据实际情况浮动。

使用房地产的市场价值作为计税依据是一个基准状态。然而，实际情况下只能使用接近市场价值的评估值作为初始的依据。绝大多数国家在制定税收政策时为体现一定的政策目的，往往区别不同房地产税类型，给予不同比例的"折扣"（下文将其称之为"评估率"）。这样使得，房地产税的实际税率和名义税率差异很大。如日本对于住宅占地面积小于 200 平方米的部分，按照其评估值的 1/6 作为计税依据。

本文在实际测算过程中，不考虑上述的"折扣"因素。因而，设定的名义税率基本上就是实际税率。国内不少学者对未来开征的房地产税进行税率测算，结论各异。根据美国税收基金会（Tax Foundation）的

27

统计,美国各州房地产税实际税率的算数平均数为 1.04%[①]。我们可以美国的实际税率作为一个"武断"的参照。然而,即便我国开征房地产税,也不可能一下达到美国的实际税率水平,这需要考虑我国的特殊情况。经过综合考虑,我们假设被考察省省内所有区县的税率都一样,并且设置了 0.1%、0.5%、0.8% 及 1% 四档税率。

实际上,对各区县都设定按照某一固定税率征收房地产税有一些简单。毕竟,房地产税是一个地方税。一般逻辑上认为,房地产税的筹集以提供基层公共服务为己任。即便有一些国家实行了全国统一的法定税率,历史上或实践中,基层政府不同程度对房价"打折"进行征税。鉴于考察房地产税实施与财力差异的关系。假如房地产税税率各地(省、市或区县)差异过大,则测算就失去了基准依据。因而,本文还是采用统一比例税率进行测算。

2. 关于计税依据的假定

为了计算简便以及考虑对农村的相关优惠,不考虑将农村房地产纳入征税范围,仅仅对城镇房地产征税。如上文所述,本文是建立在不减免的基础之上进行测算,城镇区域所有房地产均按照其接近市场价值的评估价值作为计税依据依照名义税率缴纳税款。评估率(Assessment Ratio)简单来说是从评估价值到计税依据"打折"的比率。譬如评估价值是 100 元,评估率为 40%,则计税依据为 40。在实际计算房地产税的时候,使用 40 乘以名义税率得到房地产税应纳税额。我国 2011 年上海试点的房产税使用了评估率的概念(按应税住房市场交易价格的 70% 计算缴纳)。在很多征收房地产税的国家不少都有评估率的应用。评估率的使用有的是出于降低实际税率或者出于让纳税人接受的需要,或者出于对不同类型房地产用途调控的需要。本文在模拟过程中采用 100% 作为评估率。

3. 征管方面的假定

房地产税收入还受到征收率的影响。鉴于税收征管部门税收征管

---

① http://taxfoundation.org/article/property-taxes-owner-occupied-housing-state-2004-2009。

能力的限制,且纳税人还存在着不同的税收遵从程度,所以,房地产税一般不可能完全"应收尽收"。本文在对房地产税进行模拟测算的过程中,假设征收率为 100%。

4. 房地产税收入归属的假定

假设征收房地产税后的全部税收收入均归入区县级财政收入,并不与省级、市级分享。除此之外,征税后区县级政府原有的收入也并不会发生任何改变,不影响征税前本来存在的收入规模及结构。

结合实际情况,最终设置的某区县的房地产税收入公式为:

房地产税收入=城镇人均建筑面积×房价×城镇人口×税率

(二)数据来源及说明

以山东省各区县为例,模拟宽税基房地产税开征后的结果。

各县区一般公共预算收入数据均来源于 2014 年《山东统计年鉴》,均为 2013 年数据。

各县区城镇人均建筑面积数据来源于各县区所在市的 2013 年统计年鉴,指的是城镇人口平均的建筑面积,包含住宅、商业、写字楼以及工业等各种形式的房地产。区县面积数据来源缺失则参照全市平均值计算。市级数据缺失则参照全省平均值计算。

房价数据来源于 58 同城网与安居客房产信息网①。统一使用的是住宅用房的价格,由于 2013 年房价数据搜集困难,使用 2015 年 9 月至 2016 年 2 月房价的平均值。月份数据缺失则只取其余月份平均值,区县数据缺失则取全市平均房价。

城镇人口本文选取的是非农业人口数据,以城区常住人口为统计口径。由于 2013 年的数据无法获取,所以选用 2012 年的数据。资料来源于《2012 年中华人民共和国全国分县市人口统计资料》。

(三)简单描述统计

图 1 是山东省各区县人均财力分布图。山东省 138 个区县财力分

---

① http://qd.58.com/等和 https://qd.anjuke.com/等。

布并不均匀，大多数区县人均财力在 2 500 元以下。人均公共预算收入最低的是莘县，为 780 元；最高的是青岛市的崂山区，达 33 904 元。最大值是最小值的 40 倍。

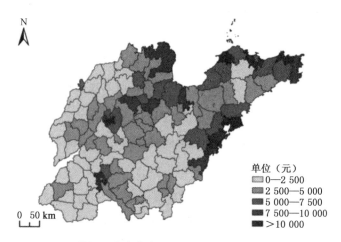

图 1　山东省各区县人均财力分布图

　　图 2 是山东省各区县的房价分布图。统计区间内整个山东省的平均房价为 5 120 元，多数区县的房价分布在 4 000 元到 5 000 元之间。房价最高的是青岛市的崂山区，平均每平方米达 21 000 元；最低的是菏泽市的东明县，为 2 386 元。最高值是最低值的近 8 倍。

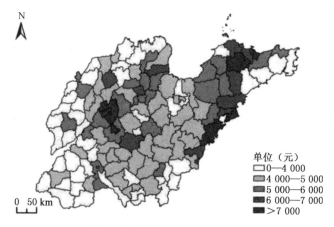

图 2　山东省各区县房价分布图

四 模拟结果及分析

（一）对区县房地产税收入的模拟

尽管设置了四种房地产税税率,图 3 仅描述按 0.1% 税率征收房地产税的情况。当按照 0.1% 的税率征收房地产税时,大多数县区人均房地产税应纳税额在 50 元以下。最多的是青岛市崂山区,为 598 元;最少的是菏泽市的东明县,仅为 13 元。最高值是最低值的 45 倍。

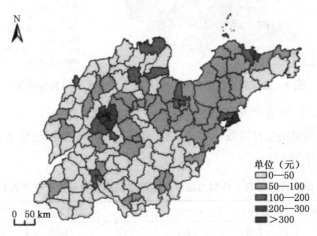

单位（元）
□ 0—50
▨ 50—100
▦ 100—200
▩ 200—300
■ >300

0 50 km

图 3 山东省各区县人均房地产税收入(0.1%)分布图

在静态测算各区县人均房地产税后,直接将该数额叠加到原各区县人均财力上便得到了新的人均财力。①图 4 为征收房地产税后各区县的人均财力分布图。征收房地产税后各区县人均财力最低的是聊城

---

① 测算包含住宅、商业、写字楼以及工业等各种形式的房地产,而目前一般公共预算收入的口径也包含 1986 年版的房产税收入,简单相加会有一定的重复。鉴于 1986 年版房产税对地方财政和基层财政贡献度比较低,所以文中忽略了相应重复的问题。如以枣庄市为例,2016 年全市一般公共预算收入为 147 亿元,其中房产税收入 9 亿元,占 6%;具体到区县一级,如薛城区,全区一般公共预算收入 15 亿元,房产税收入 0.3 亿元,占 2%。有鉴于此,本文忽略了相应重复问题。

市的莘县,仅为 803 元;最高的是青岛市的崂山区,达 34 502 元。从上面两图直观对比看,征收房地产税前后,县区的人均财力分布并未发生大的变化。

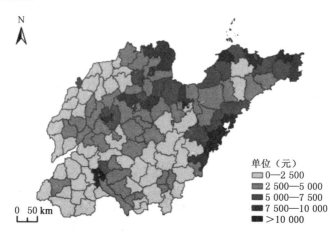

图 4　山东省各区县征收房地产税之后的人均财力分布图

（二）房地产税征收前后区县财力差异的变化

继续使用变异系数和基尼系数,考察房地产税征收前后区县人均财力差异的变化。

表 1　山东省区县级人均财力征收房地产税前后变异系数及基尼系数变化

征税税率	征税前	0.1%	0.5%	0.8%	1%
CV_i	1.06	1.06	1.05	1.05	1.04
$GINI_i$	0.46	0.46	0.46	0.45	0.45

从表 1 可以看出,征收房地产税前后的变异系数和基尼系数并没有发生大的变化,甚至随着房地产税率的提高,变异系数和基尼系数也随之降低。

五　结论及政策建议

房地产税改革是我国税制改革的重要组成部分。自 2011 年起我国开始在上海和重庆进行房产税试点。假设新的房地产税是宽税基的,且全省实行统一比例税率,并着眼于区县级政府看其实施是否会拉大人均财力差异。从结果看:房地产税的开征并未拉大山东省各区县的财力差异。

当然,假设在没有任何减免、全省统一税率情况下测算区县财力差异问题。在这种情况下,人均财力的差异也就演化成各区县人均房地产价值的差异。就各国房地产税征收实践来看,即便是在房地产税税权较为集中的国家,也逐步在税率和税基确定上逐步放权,给予基层政府更多的灵活性。在一些通过以支定收方法确定房地产税税率的国家更是如此。因而,简单按照上述方法进行测算必定会显得单薄。这也是下一步研究需要深入改进的地方。

选题的视角来源于对一些发达国家尤其是美国的观察。基层政府财力差异来源于多个方面。这种差异究竟是因为居住分割导致的?还是基层政府碎片化导致的?还是因为房地产税收入为基层政府重要收入导致的?还是因为多种因素的叠加?这需要更多的理论和实证分析。

尽管如此,借鉴已经开征房地产税的国家的经验和教训仍是非常必要的。为了防止房地产税的实施后基层财力有更大的区域间或周期间差异,有必要在税率或计税依据设计上给予基层政府一定的设定权限。或者在次优选择上,设置基层政府与上级政府共享税收并完善转移支付制度帮助弱者。

参考文献

侯一麟、马海涛:《中国房地产税设计原理和实施策略分析》,《财政研究》2016 年第 2 期。

刘甲炎、范子英:《中国房产税试点的效果评估:基于合成控制法的研究》,《世界经济》2013 年第 11 期。

刘蓉、张巍、陈凌霜:《房地产税非减(豁)免比率的估计与潜在税收收入能力的测算——基于中国家庭金融调查数据》,《财贸经济》2015 年第 1 期。

任强、侯一麟、马海涛:《公共服务资本化与房产市值:对中国是否应当开征房地产税的启示》,《财贸经济》2017年第12期。

申锦美:《对于韩国房地产保有税的考察》(2014年,待出版)

张平、侯一麟:《房地产税的纳税能力、税负分布及再分配效应》,《经济研究》2016年第12期。

郑思齐、孙伟增、满燕云:《房产税征税条件和税收收入的模拟测算与分析》,《广东社会科学》2013年第4期。

Bai, C., Li, Q., & Ouyang, M.(2014). "Property taxes and home prices:A tale of two cities," *Journal of Econometrics*, *180*(1), pp.1—15.

Chakrabarti, R., & Roy, J.(2015). "Housing markets and residential segregation:Impacts of the Michigan school finance reform on inter-and intra-district sorting," *Journal of Public Economics*, *122*, pp.110—132.

Du, Z., & Zhang, L.(2015). "Home-purchase restriction, property tax and housing price in China:A counterfactual analysis," *Journal of Econometrics*, *188*(2), pp.558—568.

Hamilton, B.W.(1975). "Zoning and property taxation in a system of local governments," *Urban studies*, *12*(2), pp.205—211.

Ishi, H.(1991). "Land Tax Reform in Japan," *Hitotsubashi journal of economics*, pp.1—20.

Oates, W.E.(1969). "The effects of property taxes and local public spending on property values:An empirical study of tax capitalization and the Tiebout hypothesis," *Journal of political economy*, *77*(6), pp.957—971.

Shoup, C.S.(1989). "The Tax Mission to Japan, 1949—50," *Tax Reform in Developing Countries*, *111*, p.232.

Tiebout, C.M.(1956). "A pure theory of local expenditures," *Journal of political economy*, *64*(5), pp.416—424.

房地产税适宜充当地方主体税种吗?

——基于国家治理风险视角的分析*

刘金东　岳　军　景明禹**

[内容提要] 从国家治理风险角度分析房地产税充当地方主体税种的可行性。首先,从政府内部治理角度,房地产税充当地方主体税种会同时削弱中央政府的财政支配份额和宏观调控能力,是对"分税制"改革方向的背离。其次,从社会公共治理角度,房地产税要充当地方主体税种必须是宽税基、高税率征收方案,由于中国极高的房价收入比,将出现10%以上无力支付税款的纳税人家庭。相比独立的主体税种,以共享税为地方主要税收来源是未来地方税收体系建设的最优选择。

[关键词] 房地产税,地方主体税种,治理风险

[Abstract] This paper analyzes the feasibility to be the main local tax of the new real estate tax from the perspective of national governance risk. First, from the perspective of internal governance, real estate tax as the main local tax will weaken the central government's fiscal dominance and macro-control capacity, which contradicts the direction of the 1994 reform. Secondly, from the perspective of public governance, the new real estate tax as the main local tax must be designed to be wide tax base and high tax rate. Due to China's high price-income ratio, there will be more than 10% taxpayer families unable to pay taxes. Comparing with the independent mode, taking a sharing tax between central and local governments as the main source of local revenue is the best choice in the long run.

[Key Words] New Real Estate Tax, Main Local Tax, Governance Risk

　* 本文感谢国家社科基金项目"地方政府社会治理创新对公共服务的影响研究"(项目编号:14BGL148)和山东省高等学校优势学科人才团队培育计划的资助。

　** 刘金东,山东财经大学财政税务学院讲师、经济学博士;岳军,山东财经大学财政税务学院教授;景明禹,山东财经大学财政税务学院硕士研究生。

一 引 言

中共十八届三中全会通过的《中共中央关于全面深化改革若干重大问题的决定》明确提出"加快房地产税立法并适时推进改革"。同时，房地产税已列入全国人大常委会立法规划。尽管如此，从 2011 年在上海、重庆试验性质的房产税扩围改革距今已经六年有余，房地产税征收方案却迟迟没有落地，其中一个重要原因就在于职能定位不清。根据冯海波和刘勇政(2012)等学者的总结，房地产税主要着眼于三大职能：一是调节财产分配差距的公平职能，二是规范房地产业平稳健康发展的矫正职能，三是充当地方主体税种的财政职能。三个职能之中，公平职能符合传统财政学理论中的受益原则和支付能力原则，属于财产税体系的题中应有之义；矫正职能是房地产税的非典型职能，至少来说，中国房价的"刚性泡沫"问题有多种因素，不能简单归结于某一个税种的缺失，已经有部分学者从理论及实证角度质疑了矫正职能的可行性(如 Bai et al.，2014 等)，即使是房地产税已经有百年历史的美国，最初开征房地产税也是为了便于地方政府筹集资金提升公共服务，进而提高本地区房屋价值(Fisher，2002)；反而是充当地方主体税种的财政职能，关乎未来房地产税征收方案中税基宽窄、税率高低的选取问题(李文，2014)，显得尤为重要，在房地产税方案最终形成之前，财政职能更应成为当前的研究重点。将房地产税设计为地方主体税种的思路由来已久，其中一项重要原因在于"营改增"造成的地方主体税种缺失。地方主体税种的缺失带来两大问题：一是税种过于分散，影响了征税效率；二是地税部门的存在价值大打折扣，负责的税种虽多，但由地税部门负责征收的税收收入占全国税收收入的比例尚不足 26%，与国税部门相比严重失调。

已有的研究主要是从规模充分性上分析房地产税充当地方主体税种的可行性，如安徽省财政厅财政科学研究所课题组(2013)根据沪渝两市的宏观数据、李文(2014)利用全国城镇的宏观数据、司言武等(2014)利用浙江省某县的中观数据、刘金东和王生发(2015)利用中国家庭营养健康调查(CHNS)家户微观数据进行了不同角度的测算,均认为短期内房地产税的规模无法充当地方主体税种。遗憾的是,少有学者从国家治理角度对房地产税充当地方主体税种做深度的可行性分析。相比而言,上述学者基于规模充分性角度的测算结果仅仅是认为短期内房地产税不足以充当地方主体税种,而制度的力量是长期的。基于政府治理视角的研究认为,房地产税充当地方主体税种具有多重不合理性,会带来内部治理和公共治理的双重风险,故而在长期内否定了房地产税充当地方主体税种的可行性,无论是研究角度还是结论深度都有所不同。

Tiebout(1956)提出的经典模型认为地方政府提供公共服务的质量要优于中央政府,作为受益性质的课税标的物,房地产税代表着本地居民向地方政府支付的公共服务对价,这一理论表明,房地产税是地方政府为公共服务筹资的天然的绝佳方式。但形成鲜明对比的是,作为房地产税理论和实践的先行者,美国的房地产税历史却一路坎坷,先是有"杰克逊民主之议"(debate of Jacksonian democracy),然后有《加利福尼亚州 13 号提案》(*Proposition 13 of California*)。前者认为,坚持以房地产税作为地方主体税种的实质就是坚持税收权力的分散化,避免精英主义主宰下的中央集权。而后者则是 20 世纪 70 年代大面积房地产税抗税事件背景下出台的州政府应对举措,13 号提案的核心在于限制房地产税的规模,避免出现民众因税收负担沉重而对抗地方政府的行为(Fisher,2002)。地方政府在中国经济增长中扮演着极为重要的角色,是中国实现国家治理的关键一环,也是"一种在中央政府利益、地方政府利益和地方民众利益之间寻求平衡的组织"(郭庆旺等,2014)。从美国的税收历史即可看到,房地产税要充当地方主体税种,必然会对国家治理能力产生深刻的影响,而这种影响的程度和内在逻辑是本文所要探讨的核心问题。

周雪光(2017)指出,国家治理模式主要遵循两个线索:一是中央权威与地方权力间关系,二是国家与民众间关系。国家治理的实质是政府在"中央—地方—公众"的治理体系下实现更好的治理绩效(Fukuyama,2013;黄杰和朱正威,2015)。但治理体系中的利益协调问题容易损害治理绩效,造成国家治理风险(钟晓敏和鲁建坤,2016)。这其中,既有中央政府和地方政府之间的政府内部治理风险,也有地方政府和公众之间的社会公共治理风险,它们分别对应于刘晓路和郭庆旺(2016)提出的"以国家为中心的治理"和"以社会为中心的治理"。未来房地产税作为地方税,不仅影响到中央、地方之间的财政格局,也会受到公众主观接受程度和客观支付能力的限制。因此,有必要从两种治理风险视角探析房地产税的潜在风险成本。王家峰(2015)系统梳理了国家治理的理论基础,提出了国家治理的输出—回应式框架(见图1),认为从结构上划分,国家治理首先是中央和地方之间的内部治理层,其次是面向社会公众的公共治理层。美国"杰克逊民主之议"对应的是中央政府和地方政府之间的政府内部治理关系,王绍光和胡鞍钢(1999)将其看作国家治理能力的核心要素;而"加利福尼亚州13号提案"恰好对应的是政府与公众之间的社会公共治理关系,盖伊·彼得斯(2008)、李明(2011)均将公共治理风险视为税收评估的重要考量因素。

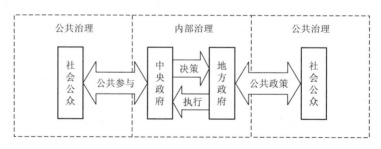

图1 国家治理的输出—回应式框架

本文将主要解决如下几个问题:一是利用理论推导和经验研究分析房地产税未来成为地方主体税种会对中国的纵向财政关系和宏观调控能力产生什么影响? 二是利用微观数据测算出房地产税未来成为地方主体税种会在支付能力上造成多大比例的税款拖欠问题? 这两个方

面涵盖了政府内部治理和社会公共治理的两个视角，有助于从制度上廓清如下命题：房地产税难以充当地方主体税种不仅是短期内规模不足的问题，更是长期制度选择的必然结果。

余下安排如下：第二部分是相关文献综述；第三部分是房地产税充当地方主体税种的政府内部治理风险分析，利用理论推导和经验研究分析房地产税未来成为地方主体税种会对中国的纵向财政关系和宏观调控能力产生什么样的影响；第四部分是房地产税充当地方主体税种的社会公共治理风险分析，利用中国家庭金融调查（CHFS）数据在多种征收方案下模拟计算中国城镇家庭的税款拖欠比例；第五部分梳理国外税制的历史经验，分析我国未来地方税体系建设的改革思路；最后总结，得出结论。

二　相　关　文　献

（一）房地产税充当地方主体税种的政府内部治理风险

房地产税要充当地方主体税种，与特定的政府治理结构有很大的相关性，因而首要影响就发生在政府的内部治理层面。最早提出这一问题的是 Fisher，他在 1996 年的著作 *The worst tax? A history of property tax in America* 中梳理了美国各个州的财产税比例，以州政府享有税收征管权的地方税收占比作为集权指标①，发现集权程度越高的地方，房地产税所占比例越低，由此，Fisher（1996）推断财政分权和房地产税在地方税收中的份额存在一种"不容置疑但并不完美"（indisputable but not perfect）的关系。更进一层，Foremny（2014）研究

---

① 学术研究界定集/分权存在多种口径，包括收入占比、征管收入占比等。房地产税是一种特殊税种，无论是征管权还是收益权都归于地方政府，因而从任一种口径来看，房地产税占比始终是归于分权指标的，本文无论是引用 Fisher（1996）基于征管权的分权指标还是引用 OECD 财政统计资料基于收入归属权的分权指标，所阐述的问题都能完好地对应于房地产税。故而，本文并未刻意区别多种口径。

了欧盟15个国家的地方政府财政表现,发现分权型的财政联邦制国家大多有独立的房地产税作为地方主体税种,虽然有助于激励地方政府自负盈亏、减少赤字,但却不利于如统一财政规则等形式的宏观调控的实施;相比而言,集权型的财政一元体制不给地方政府独立税权,由中央政府给予必要的转移支付和补助,虽然不利于缩减财政赤字,但宏观调控的有效性却要更高一些。不仅发达国家如此,Bahl & Martinez-Vazquez(2007)研究了发展中国家和转轨国家的税制结构,发现相比于发达国家,发展中国家和转轨国家地方政府来源于房地产税的收入占比明显偏低,为了解开这一谜题,他们做了专门的实证分析,结果显示,财政分权程度的影响非常显著,越是财政分权程度高的国家,房地产税占比越高,反之则越低,这反映了不同国家治理结构对地方政府税制结构的影响。

中国有着特殊的税收行为,如税收超GDP增长、税收占财政收入比例偏低等,背后无一不与中国特殊的政治体制、央地财政关系紧密相连。不少学者从央地关系视角研究了内部治理与税收行为的关系。如郭庆旺和吕冰洋(2006)从分权的角度出发,认为"分税制"改革之后中央政府和地方政府之间实行的是分占所有权和比例分成合同相结合的税收契约形式,激励性要强于"财政包干制",在保证中央财政收入份额的同时,节省了中央对地方的监督和激励成本。王剑锋(2008)从集权的角度出发,认为中央政府更加透明,而地方政府为了筹集必需的资金发展地方经济,不惜发展预算外资金、侵蚀税基,透明度和规范性都相对较差,"分税制"改革的重点就在于将税收征管的主导权集中到中央政府手中,从而保证了较高的税收征管水平。汤玉刚和苑程浩(2011)、方红生和张军(2013)则进行了一定的综合,认为集权和分权都是中央政府治理地方政府的手段,依赖于中央政府"攫取"和"援助"的"两只手"治理模式能够有效维持宏观经济稳定和经济增长。无论是"分权派"、"集权派"还是"综合派",都离不开的一点逻辑是:"分税制"改革本身是为了中央政府收紧财政控制权、保证宏观调控的能力,"分税制"改革取得的最大成果也在于此,未来任何一种改革都不能背离"分税制"

改革的方向(周黎安,2008)。刘金东(2014)从中央政府和地方政府利益目标差异的视角提出了房地产税在地方税收收入中占比不宜过高的观点,认为对房地产税收的依赖会驱使地方政府从"经营企业"向"经营城市"转变,与中央政府调控房地产业的思路产生矛盾。王生发(2016)进一步利用全国房价、地价及房地产税收面板数据的实证分析显示,地方政府为了追求财政利益,既要"以地生租",也要"以房生税",税收的房地产化将带来经济的房地产化,不仅不能抑制房价,反而会影响中央政府的宏观调控效果。

(二)房地产税充当地方主体税种的政府公共治理风险

房地产税充当地方主体税种同样也会对地方政府的公共治理带来影响。早在1934年,Fairchild就在发表于《美国经济评论》的一篇文章中详细探讨了房地产税带来的公共治理弊端,认为房地产税最大的问题在于以存量形式的房屋价值计税,却要以流量形式的纳税人收入支付,两者并无必然性的关联,一旦房屋价值较大,但现金收入匮乏,就会产生大量的税款拖欠问题,从而危及地方政府公共服务供给。Mikesell(1976)认为,房地产税作为地方主体税种存在两大弊端:一是居民的税负感太过明显,缺乏调整的灵活性,尤其是税率向上的调整容易引发税收反抗行为;二是税款拖欠问题严重,个人和企业的税款支付率容易受到利率等各种因素的影响,从而削弱了地方政府提供公共服务的稳定性。盖伊·彼得斯(2008)在《税收政治学:一种比较的视角》一书中指出:"一个特别问题是如何保护房产所有者住在自有房子里的权利,特别是老年人的权利,他们一旦在缴纳房地产税时遇到困难,怎么保证能继续住在自家的屋子里?"由此可见,房地产税支付能力问题即使在国外也是普遍存在的问题。Alm et al.(2014)以底特律房地产危机为案例分析了地方政府与居民之间社会契约关系的脆弱性,由于房地产税是底特律城市的主要税收来源,房地产价值的大幅下挫使得房地产税规模锐减,越来越多的纳税人拒绝支付税款,由此房地产危机衍化成为政府层面的公共治理危机。也有不少国内学者从这一视角展望了未来房地产税改革的可行性,如于明娥(2011)认为贸然向房产所有人广泛征收房地产税,可能会引发激烈的社会矛盾甚至社会动荡,致使已经失衡的国民分配格局进一步滑向"国进民退"的轨道。安体富和葛静(2012)提出,有不少群体存在收入水平低、住房价值高的特点,如果没有合理的政策优惠,可能会带来大面积的支付能力问题。

（三）文献综述

总的来说,国外围绕房地产税在地方税体系中的定位问题已经有了大量文献,研究也相对丰富,但针对中国的研究则仍然匮乏,与其他发展中国家和转轨国家所不同的是,中国有着独特的政治结构和财政体制,中国实行的财政分权是政治集权下的不完全财政分权（partial fiscal decentralization）,中国过去几十年的高速增长本身就要归结于独到的政府治理模式（周黎安,2008）。对于这样一个国家,一旦扶持房地产税作为地方主体税种将会带来什么样的治理风险,有必要进行深入的论证研究。国内已有的文献没有系统性地总结房地产税占比的骤增对两种治理风险的影响,既缺乏有效的理论与经验研究,也缺乏针对性的实证研究,以上研究缺憾将是本文研究的主要创新点。

三　房地产税充当地方主体税种的
政府内部治理风险分析

这一部分将首先构建模型分析房地产税充当地方主体税种之后对纵向财政关系和宏观调控能力的影响,然后利用 OECD 国家的经验数据论证房地产税充当地方主体税种的前提条件。

（一）模型分析

假定房地产相关的宏观税基为 F,非房地产相关的宏观税基为 Q,乘以各自的税率就是两种税收收入总体规模 $F \cdot t_1$ 和 $Q \cdot t_2$,按照周黎安(2008)的划分,前者是地方政府"经营城市"的财政收益,后者是地方政府"经营企业"的财政收益。"经营城市"模式下,地方政府将整个城市资源看作国有资产来经营,通过规划、设计、建设和经营,最大化盘活和提升城市资产,创造财政收入,这种模式下,土地财政和房地产经济处于核心位置。"经营企业"模式下,地方政府主要通过扩大企业产值和利润增加地方 GDP 和利税收入。假定 e_1 和 e_2 为地方政府利用已有资源发展产业、涵养税源的努力程度,全部努力程度为单位 1。借鉴席鹏辉等(2017)的研究,此处税收努力是一个广义化概念,不仅包括税收征管努力,更包括地方政府通过产业政策涵养水源、获取财政收益的努力。房地产相关的税收收入①和非房地产税收收入分别为 $F(e_1) \cdot t_1$ 和 $Q(e_2) \cdot t_2$,由于产业发展的规模收益和税收征管的边际收益递减,因而有 $F' > 0$, $F'' < 0$, $Q' > 0$, $Q'' < 0$。

地方政府虽然发展目标多元化,但在与中央政府的纵向竞争中,财政收入最大化是其追求的首要目标,下面分为两种情况来分析:

① 地方税收以共享税为主:

无论是房地产业还是非房地产业都只征收共享税性质的税收,假定所有税种的地方共享比例均为 s,则地方政府的目标函数为:

$$\text{Max} \quad F(e_1) \cdot t_1 \cdot s + Q(e_2) \cdot t_2 \cdot s \tag{1}$$

$$s.t. \quad e_1 + e_2 = 1 \tag{2}$$

通过拉格朗日求导可得到如下等式:

$$\frac{F'(e_1)}{Q'(1-e_1)} = \frac{t_2}{t_1} \tag{3}$$

这意味着地方政府每多一分努力的边际税收收益要在房地产业和非房地产业中达到相同的水平。

② 地方税收以独立的地方主体税种为主:

假定仍然保持非房地产税收收入的地方共享比例为 s,但房地产

---

① 此处,房地产相关税收是包括房地产税在内的广义税收概念,本文旨在表明地方政府对房地产的财政依赖程度将倒逼地方政府对房地产的经济依赖程度,即,税收的房地产化会带来经济的房地产化。故而,此处不以狭义口径的房地产税来定义模型,而以广义的房地产相关税收来定义。未来大规模推出房地产税,将加大地方财源对房地产行业的依赖度,从而强化地方政府"经营城市"、推高房价的内在动机。

税为主的地方主体税种收入则全部归地方政府所有,则地方政府的目标函数为:

$$\text{Max} \quad F(e_1) \cdot t_1 + Q(e_2) \cdot t_2 \cdot s \tag{4}$$

$$s.t. \quad e_1 + e_2 = 1 \tag{5}$$

通过拉格朗日求导可得到如下等式:

$$\frac{F'(\bar{e_1})}{Q'(1-\bar{e_1})} = \frac{t_2 \cdot s}{t_1} \tag{6}$$

由于有 $F' > 0$, $F'' < 0$, $Q' > 0$, $Q'' < 0$, 上式左端的复合函数求导可得:

$$\frac{F'' \cdot Q' + F' \cdot Q''}{Q'^2} < 0 \tag{7}$$

表明该复合函数为递减函数,因为共享比例 $s < 1$, $\frac{t_2 \cdot s}{t_1} < \frac{t_2}{t_1}$, 故而有 $\bar{e_1} > e_1$。这意味着将房地产税提升为地方主体税种之后,地方政府有了完全独立的重要税收来源,会将更多的努力投入到独立税种的税源涵养上来。房地产税开征前,房地产业的税收大多是由房地产企业在增量商品房销售环节一次性贡献,或在纳税到期时通过所得税、土地增值税清算一次性缴纳,少数由居民在存量房转让等环节一次性缴纳。房地产税开征后,房地产业税收中居民部分的贡献大幅上涨,甚至可能成为地方税的主要纳税群体,而且与交易环节的一次性贡献不同,房地产税可以是持有环节的持久性贡献,地方政府对房地产业税收效应的依赖性比房地产税开征前有增无减,这会带来一个危险的倾向。如果说,1990 年土地有偿使用制度改革让地方政府的工作重心从"经营企业"逐渐转向"经营城市"的话,未来房地产税跻身地方主体税种无疑将加重这一转变的彻底性。地方政府将进入"以房养房"的模式:一方面,大力投资基础设施建设,通过提升城市吸引力带动房价,进而提高房地产税收入;另一方面,房地产税收入又为地方政府新一轮基础设施建设提供了财政支持(刘金东,2014)。地方政府这种努力的方向带来了两种偏差:

一是纵向财政关系的偏差：在第一种情形下，中央和地方是完全的分成共享制，因而中央税收收入占比恒定在 $(1-s)$ 水平上。而当有独立的房地产税作为地方主体税种之后，地方政府开始努力发展房地产，涵养房地产税税源，中央税收收入占比达到了 $\dfrac{Q \cdot t_2 \cdot (1-s)}{F \cdot t_1 + Q \cdot t_2} < 1 - s$，中央政府的财权集中度受到一定程度的挤压，$F$ 越大或者 t_1 越大，这种挤压的程度也就越大。未来如果要将房地产税塑造为地方主体税种，那么 t_1 必然会加大，地方政府大力向"经营城市"转变的话，F 也必然会加大，中央政府的财政份额会越来越小。这不得不引起中央政府的警惕，毕竟 1994 年"分税制"改革的初衷就是解决"财政包干制"下地方财力不断上升、中央宏观调控能力不断萎缩的问题，正是因为中央政府建立了独立的国税系统，不再完全依赖于地方政府的努力，控制了财政收入的大头，才确保了中央税收利益和对地方政府的稳固控制。因此，如果作为地方独立税种的房地产税成为地方主体税种的话，形成了"税种包干制"，成为了"财政包干制"的变种，与"分税制"改革方向相背离，有可能会弱化中央政府的治理能力。

二是产业结构的偏差：在第一种情形下，房地产业在整个经济中的占比为 $\dfrac{F(e_1)}{F(e_1)+Q(1-e_1)}$。该公式对 e_1 求偏导为 $\dfrac{F'(F+Q)+F(Q'-F')}{(F+Q)^2}$ $= \dfrac{F'Q+FQ'}{(F+Q)^2} > 0$，显示为增函数，因而当 $\bar{e}_1 > e_1$，必然有 $\dfrac{F(e_1)}{F(e_1)+Q(1-e_1)} < \dfrac{F(\bar{e}_1)}{F(\bar{e}_1)+Q(1-\bar{e}_1)}$。即，当有独立的房地产税作为地方主体税种之后，地方政府对房地产的依赖性加重，为了涵养税源，经济的房地产化程度加剧。这体现了中央政府和地方政府的目标差异性，中央政府希望进行卓有成效的产业结构优化，但地方政府则受制于对高税行业的依赖和"GDP 挂帅"的激励，更加希望发展能够带来财政利益和经济增长成效的产业。换言之，产业结构的偏差其实反映了中央宏观调控能力的削弱，一旦将房地产税扶持为地方主体税种，将加大地方政府从"经营企业"向"经营城市"的转变，从而弱化中央政府

的宏观调控能力。原有的营业税虽然基本上也属于独立的地方主体税种,但是相比房地产税来说,营业税的优点在于它的流转税属性能够促使地方政府保持一定的"经营企业"的热情,但房地产税显然不具备这种内在平衡的税收属性。

(二)OECD 国家的经验对比

正是房地产税充当地方主体税种危及中央政府财政格局和宏观调控能力,因而有集权倾向的国家虽然大多具备房地产税这一税种,但在税制设计时往往会避免将其规模提高到地方主体税种的层次。Bahl和 Martinez-Vazquez(2007)针对发展中国家和转轨国家的实证结果已经证实了这一点,但该结论的普适性仍然是值得怀疑的,毕竟发展中国家和转轨国家的征管能力有限,而房地产税的推广需要一定的评估技术和全面的监管水平,这也可能是发展中国家和转轨国家大多没有以房地产税作为地方主体税种的原因。为了增强说服力,这一部分将选取征管能力已臻完善的 OECD 国家来做经验对比。毕竟,中国的税制改革也都是以欧美发达国家已有的成熟经验为参照。

图 2 所示的是 OECD 成员国家的财产税占省(州)以下地方政府税收比例①,虽然英国、澳大利亚等国家财产税占到地方政府税收的

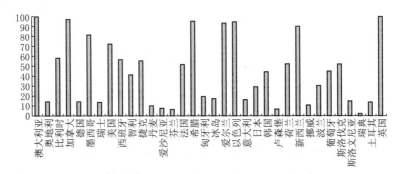

图 2 2012 年 OECD 国家省(州)以下地方政府税收中财产税占比

数据来源:OECD Revenue Statistics:1965—2013。

---

① *OECD Revenue Statistics:1965—2013* 仅统计到财产税层次,财产税主要为房地产税,也包括遗产税等其他税种。省(州)以下地方政府税收比例不包括省(州)一级政府。

100%,但也有相当一部分国家如韩国、德国占比不足 20%,韩国地方政府税收主要来自货劳税和资本交易税,德国地方政府税收则主要来自所得税。这表明,在税收制度较为成熟的 OECD 国家,房地产税也并不必然地承担地方主体税种角色。

表1 两种财政体制国家省(州)以下地方政府税收中财产税占比(%)

财政体制类型	代数平均	面积协变修正	人口协变修正	GDP 协变修正
财政联邦制国家	56.6	87.6	57.2	65.7
财政一元制国家	40.2	35.1	41.0	43.0

表注:面积、人口、GDP 均为 2012 年数据,整理自世界银行 WDI 数据库。

OECD 国家主要分为两种类型,一是集权的财政一元制,一是分权的财政联邦制。2012 年包括澳大利亚、奥地利、比利时、加拿大、德国、墨西哥、瑞士、美国在内的 8 个财政联邦制国家的财产税占省(州)以下地方政府收入比重平均为 56.6%,而实行财政一元制的 25 个国家的财产税占省(州)以下地方政府收入比重平均为 40.2%,相差 16.4 个百分点[1]。其中有 12 个国家的财产税占比无法达到 30% 的标准[2],这表明财政一元制的国家往往不会将房地产税列为地方主体税种。考虑到个别国家是因为体量较小,中央可以直接管理整个国家,因而实行了集权体制,它们的财产税占比数据往往没有较强的参考性,影响了代数平均值的可比性,为了矫正这种外变量影响下的交互效应,我们使用特雷曼(Treiman, 2012)提出的加权方法进行协变修正(covariate adjustment),此处选取了国土面积、人口数量、美元计的国内生产总值(GDP)三个指标作为权重。表 1 显示,除了人口加权下两种财政体制

---

① 按照 *OECD Revenue Statistics*:1965—2013 分类:澳大利亚、奥地利、比利时、加拿大、德国、墨西哥、瑞士、美国 8 个国家为财政联邦制,智利、捷克、丹麦、爱沙尼亚、芬兰、法国、希腊、匈牙利、冰岛、爱尔兰、以色列、意大利、日本、韩国、卢森堡、荷兰、新西兰、挪威、波兰、葡萄牙、斯洛伐克、斯洛文尼亚、瑞典、土耳其、英国 25 个国家为财政一元制。

② 根据李文(2014),要达到地方主体税种标准,其在地方税中占比应至少在 30%以上。

国家的财产税平均占比差距基本保持不变以外,其他两种加权下财产税平均占比差距均有显著扩大,面积加权下和 GDP 加权下两种财政体制国家的财产税平均占比差距达到 52.5 个百分点和 22.7 个百分点。这一结果更加佐证了财政集权与房地产税定位之间的关联性,也表明了中央集权型的国家如中国,要扶持房地产税作为地方主体税种是与广大发展中国家、大多数集权型发达国家的现实经验相矛盾的。

四 房地产税充当地方主体税种的社会公共治理风险分析

房地产税的公共治理风险主要是税款拖欠问题,税款拖欠既可以是主观意愿,也可以是支付能力欠缺的客观表现,无论是哪种原因,都与民众对地方政府的信任程度密切相关。这一部分将首先梳理国外房地产税拖欠的问题,然后利用 CHFS 微观数据模拟测算各种征收方案下无力支付房地产税的城镇家庭比例。

(一)房地产税拖欠的国际事实

房地产税税款拖欠是各国普遍存在的现实问题,表 2 是统计的部分国家房地产税拖欠比例。可以看到,发展中国家的房地产税拖欠比例都明显偏高,均在 20% 以上。即使是作为 OECD 国家的智利,尽管其全国约有三分之二以上的住房均在税收减免范围之内,依然存在高达 27% 的税款拖欠比例。得益于较好的纳税风气和征管水平,作为发达国家的英国和日本房地产税拖欠比例较低,但也依然存在 3%—4% 的纳税人拖欠税款。同样是住房自有率偏高的东亚国家,日本房地产税的现实非常值得中国参考。日本房地产税设置了土地 30 万日元、房屋 20 万日元、折旧资产 150 万日元的免征额,同时日本的房地产税规模也没有达到地方主体税种的层次,可以说税收负担并不高,但依然存在 3% 的家庭拖欠税款,由此可见,房地产税支付能力以及由此带来的公共治理风险问题理应引起中国的重视。

表2 部分国家房地产税拖欠比例

国 家	印度尼西亚	菲律宾	肯尼亚	牙买加	哥伦比亚	智利	英国	日本
拖欠比例	35%	40%—50%	40%—90%	60%	20%	27%	4%	3%

数据来源：整理自 Bahl 和 Martinez-Vazquez(2007)。

（二）中国房地产税支付能力的测算

为了衡量房地产税的公共治理风险，这一部分将利用 2011 年 CHFS 数据衡量中国城镇家庭的房地产税支付能力，在不同的房地产税改革方案下测算到底有多少比例的城镇家庭可能面临支付不起房地产税的困境。参考现行房产税做法，假设房地产税对农村地区豁免，筛选出 CHFS 的城镇地区家庭样本，共计 4 552 个，有 81.7% 的城镇家庭为单套房家庭，共计 3 719 个；有多套房的城镇家庭为 833 个，占城镇样本的 18.3%。对于多套房家庭而言，住房可以获得多种现金流收益，投机性住房可以出售获利了结，也可将多余住房出租或者用于经营。相比来说，单套房家庭的住房主要满足的是家庭居住服务的基本需求，无法出售，也很难腾出空间用于出租和经营，家庭收入现金流与住房本身关系极弱，更多来自家庭成员自身的工作收入，当收入无法客观反映房产价值，既违反了量能课税原则，又削弱了家庭税款支付能力。基于此，下文将主要研究单套房家庭中无力支付房地产税的数量。

测算之前，首先要明确模拟的房地产税征收方案：

一是税率设定。考虑到 Bai et al.(2014)、范子英和刘甲炎(2015)的研究发现差别性税率容易产生房价溢出效应，对低税率住房类型房价产生不利影响，因此，测算采用单一税率设计。鉴于讨论的是房地产税充当地方主体税种的可行性，故而有别于未来推出伊始的轻税模式，选取了 0.6%、0.8%、1% 三档不同的税率，它们属于不同的情景假设：

0.0% 是上海房产税扩围试点过程中实行的税率,属于偏低的优惠税率;0.8% 是胡海生等(2012)、李文(2014)等研究者广泛采用的税率,此处我将其作为水平适中的参照税率;1% 则属于水平偏高的一档税率,考虑到现行房地产税另行设定了 20%—30% 的扣除比例,1% 的税率实际上已经超过现行房地产税 1.2% 的法定税率。

二是扣减面积设定。我们选取了人均扣减面积和家庭扣减面积两种扣减模式。人均扣减面积对应于上海扩围试点模式,我们选择了35、40、45、50、55、60 平方米六种人均扣减面积的征收方案。考虑到人均扣减方案取决于家庭人口数量,多一个参数,在技术上容易加大征管成本,同时也容易导致故意变更户口以逃避房地产税负担的不合理行为,此处也考虑了家庭扣减模式,即一个家庭豁免固定数量的面积,这一扣减方式对应于重庆扩围试点模式。我们选择了 70、80、90、100、110、120 平方米六种家庭扣减面积的征收方案。下文中将在不同税率和不同扣减面积的组合方案下分别计算。

收入是支付税款的主要来源,借鉴 Stone(2006)针对住房支付能力提出的剩余收入法,此处考虑将家庭基本生活支出扣除后计算家庭净收入,基本生活支出包括问卷中涉及的衣食住行、水电费、日常用品购置、家政服务、通信、文化教育、保健等支出项目,重点剔除了奢侈品消费等非必要性支出,经计算,单套房家庭年平均净收入为 40 283 元。

表 3 为不同征收方案下家庭支付能力的测算结果:

表3 家庭房地产税支付能力测算(以净收入计)

税率	人均扣减面积(平方米)	无支付能力家庭数	占应纳税家庭比重(%)	家庭扣减面积(平方米)	无支付能力家庭数	占应纳税家庭比重(%)
0.6%	35	246	10.53	70	434	12.63
	40	208	10.46	80	381	12.72
	45	157	8.83	90	302	11.44
	50	131	8.32	100	264	11.57
	55	105	7.10	110	223	10.72
	60	97	7.05	120	194	10.35

（续表）

税率	人均扣减面积（平方米）	无支付能力家庭数	占应纳税家庭比重（%）	家庭扣减面积（平方米）	无支付能力家庭数	占应纳税家庭比重（%）
0.8%	35	251	10.74	70	437	12.72
	40	218	10.97	80	384	12.82
	45	160	9.00	90	307	11.63
	50	135	8.58	100	269	11.79
	55	107	7.23	110	226	10.87
	60	98	7.12	120	198	10.56
1%	35	257	11.00	70	446	12.98
	40	220	11.07	80	391	13.06
	45	166	9.34	90	313	11.86
	50	138	8.77	100	273	11.96
	55	110	7.44	110	230	11.06
	60	101	7.34	120	200	10.67

注:应纳税家庭是多套房家庭与面积扣减之后仍需纳税的单套房家庭之和。

从计算结果可以看到,即使是以最低的税率、最大的扣减面积测算,中国依然存在净收入不足以支付房地产税的家庭。在0.6%税率和人均扣减面积60平方米征收方案下,净收入不足以支付房地产税的家庭有97个,占应纳税家庭的7.05%。在0.6%税率和家庭扣减面积120平方米征收方案下,净收入不足以支付房地产税的家庭有194个,占应纳税家庭的10.35%。两种征收模式下的无支付能力家庭占比大约在7%—13%之间,高于日本和英国等发达国家水平,低于印度尼西亚、菲律宾等发展中国家水平。当然,我们计算的是客观支付能力,而表2罗列的是客观支付能力和主观支付意愿双重作用下的税款拖欠比例,如果考虑到主观支付意愿层面,中国的房地产税支付问题还将更为严重。归根结底,是中国极高的房价收入比带来了如此严重的税款支付问题(于明娥,2011)。房地产税以房产价值为计税基础,却要以收入为支付来源,偏高的房价收入比往往容易造成收入不足以支付税款的情况。静态来看,父母资助子女购买首套房的赠予原因以及住房等级分配制度的历史原因造成了部分群体住房消费与收入水平不匹配,房价收入比偏高;

动态来看,中国房价增速高于收入增速,又进一步推高了房价收入比。

（三）房地产税支付能力的进一步讨论

当家庭收入不足以支付房地产税,部分家庭如果有充足的金融资产储蓄,也可以用来支付其自有住房需要缴纳的房地产税。因此,在计算家庭支付能力时,会兼顾两个层次:第一个层次考察有多少个单套房家庭的年收入不足以支付其房地产税,第二个层次进一步考察有多少个单套房家庭在动用其自有金融资产的情况下依然负担不起房地产税。金融资产的种类主要有活期存款、定期存款、股票账户市值(包括股票账户中现金额度和持有股票市值)、持有基金市值、银行理财产品市值、持有债券面值等。

表4显示,如果将支付能力从家庭收入延伸到家庭储备的金融资产层面,则在动用金融资产之后,仍然无房地产税支付能力的家庭数有所降低,但无力支付房地产税的家庭最低也到4.94%,其他征收方案下均在5%—9%之间,依然高于日本和英国等发达国家水平。这表明,未来房地产税的家庭支付能力是始终存在的问题,将影响到房地产税实际征收过程中的可操作性。按照国外经验,房地产税拖欠达到一定时限后将通过房产强制征收、拍卖等方式弥补欠缴税款,参照中国拆迁征地的现实,可想而知,未来房地产税一旦充当地方主体税种,面临的公共治理风险将是复杂而深重的,地方政府既是房地产税的征管者,也是房地产税收入的所有者,无疑将置身于一个两难的尴尬境地。

表4　家庭房地产税支付能力测算(考虑金融资产)

税率	人均扣减面积(平方米)	无支付能力家庭数	占应纳税家庭比重(%)	家庭扣减面积(平方米)	无支付能力家庭数	占应纳税家庭比重(%)
0.6%	35	165	7.06	70	293	8.53
	40	143	7.19	80	249	8.31
	45	110	6.19	90	197	7.46
	50	90	5.72	100	172	7.54
	55	73	4.94	110	145	6.97
	60	69	5.01	120	127	6.77

(续表)

税率	人均扣减面积（平方米）	无支付能力家庭数	占应纳税家庭比重（%）	家庭扣减面积（平方米）	无支付能力家庭数	占应纳税家庭比重（%）
0.8%	35	169	7.23	70	296	8.61
	40	149	7.49	80	253	8.45
	45	113	6.36	90	199	7.54
	50	93	5.91	100	176	7.71
	55	74	5.00	110	147	7.07
	60	69	5.01	120	129	6.88
1%	35	173	7.41	70	305	8.88
	40	150	7.55	80	258	8.61
	45	116	6.52	90	206	7.81
	50	95	6.04	100	179	7.84
	55	76	5.14	110	149	7.16
	60	70	5.09	120	129	6.88

无论是人均扣减面积还是家庭扣减面积，随着税率的提高和扣减面积的减少，税负强度越来越大，无支付能力的家庭数量也越来越多。图3是我们计算的1%高税率下房地产税占地方税收收入比例。房地产税收入为现行的营业用房房地产税收入加上我们估算出的居住用房房地产税收入，居住用房房地产税收入则是按照CHFS数据估算的平均征收比例（平均征收比例＝样本家庭住房房地产税收入/样本家庭住房总价值）乘以全国城镇住房总价值计算得到。按照李文（2014）的判定标准，要让房地产税充当地方主体税种，房地产税占地方税比例至少需要达到30%以上①。图3显示，只有人均扣减面积不高于10平方米或者家庭扣减面积不高于20平方米才能实现这一标准，而这种税负强度下，将出现10%以上的纳税人家庭无力支付房地产税，这将是一个严重的社

① 我们计算房地产税占地方税收收入比例用的是狭义地方税收收入，即省以下地方政府税收收入。正如李文（2014）所说，让房地产税充当地方主体税种更多是针对市县一级政府财力不足的问题，以房地产税充当地方主体税种的欧美国家也是将其当作州以下基层地方政府的主体税种。

会问题,地方政府在征税过程中容易酿成大面积的公共治理危机。

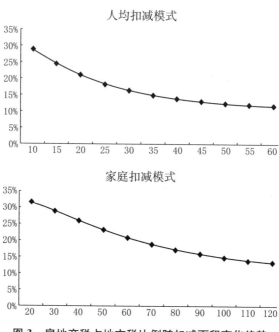

图3 房地产税占地方税比例随扣减面积变化趋势

五 构建与国家治理能力
相匹配的地方税收体系

本文并不否认"地方政府可以拥有独立的地方主体税种",但这种地方主体税种不能是房地产税这种容易造成地方政府"房地产依赖症"的税种。从语境上来说,"构建地方税收体系"的说法要比"构建地方主体税种"更有包容性,也更科学合理。地方税收体系建设并不必然需要拥有独立的地方主体税种。中国缺乏房产保有环节的税种是事实,房地产税改革也是必然,但如果贸然将改革升级,赋予房地产税充当地方主体税种的额外职能,可能带来不必要的治理风险。正如李明(2011)在《公共风险与地方治理危机:美国财产税制变迁分析》中所说:"近年来，发展中国家和转轨国家在权力下放、建立地方治理结构的改革中，纷纷开始祭起财产税这一地方治理中的'利器'，试图解决地方治理中的一些问题。但这些国家往往较少注意其他国家地方政府在财产税中存在的治理风险与危机因素，这不能不引起人们的反思。"在这一方面，美国和俄罗斯两个大国可以从正反两面给中国提供强有力的大国财政经验。

东欧诸国在苏联解体之后虽然经历了税收制度的现代化改革，但作为地方税种的房地产税始终没有形成规模，担当地方主体税种的角色更是无从谈起（郭月梅，2006）。俄罗斯自1991年以来进行了一系列的旨在收缩地方税收权力、保证中央宏观调控的财政体制改革，与中国的"分税制"改革进程非常相似，为了保证地方政府事权和财权的统一，逐渐形成以中央地方共享税为主的地方税收结构。根据郭连成（2002）的统计，在改革完成之后的2000年，包括增值税等在内的共享税已经占到地方政府全部财政收入的53%，成为稳定的地方税收主要来源。与前述财政一元体制不同，以俄罗斯为代表的东欧国家实行的是双重集权，即政治集权下的财政集权，这种集权程度无疑更高。同属于中央集权型国家治理模式，俄罗斯以增值税为地方税收主要来源也非常符合中国当前的状况。

与俄罗斯和中国的集权体制正好相反的是美国，美国属于典型的财政联邦制国家，而且是 OECD 国家中唯一一个未引入增值税的国家，究其原因，就在于美国反中央集权的传统，政府不希望增值税这种全国统一协调、中央地方共享的税种成为走向中央集权之路的政策工具（秦汝钧，2000）。美国历史上著名的"杰克逊民主主义"在地方税收体系构建上就主张保持地方税种的独立性，以保持权力的分散化，避免中央政府的集权倾向。这对中国来说，恰恰从相反的角度论证了中央集权治理模式和地方主体税种独立性之间的不相容性。

以上两方面的国际案例也已佐证，以房地产税为地方主体税种并非中国这样一个中央集权型国家的正确之选，在"营改增"后加大增值税地方分享比例、以增值税作为新的地方主体税种才能保证中央对地力政府的有效激励和治理。周黎安(2008)综合分析了中国经济奇迹背后的治理因素,将财政分成与地方分权、晋升激励称作相辅相成、内在一致的地方治理新系统。十八届三中全会提出:科学的宏观调控,有效的政府治理,是发挥社会主义市场经济体制优势的内在要求。独立房地产税突出的是属地化的"块块"治理模式,无法保证宏观调控大局和政府治理能力的稳定,分成共享体现的则是"条条"与"块块"的有效结合,本身蕴含的平衡与制衡机制是中国特色的制度优势,对未来中国的持续稳定发展非常重要。2016 年 5 月 1 日起,伴随着"营改增"的全部落地,国内增值税的共享比例也已经调整为 50∶50,地方税收体系中的大头变为了增值税,相比于构建独立税种的设想,继续保持这种格局将是最优选择,优点不仅在于减少改革成本和保持中央财政格局,还能够借助中央控制下的集中征管提升效率和税收规范程度(王剑锋,2008),这对当前构建现代财政制度也是必不可少的保障。

六 总 结

本文从国家治理风险角度系统分析了房地产税充当地方主体税种的可行性,可以得出如下结论:房地产税充当地方主体税种会同时造成政府内部治理风险和社会公共治理风险,因而未来的改革应当果断放弃地方主体税种的职能定位,还原其调节财产分配公平的原始职能。地方税收体系建设要优于地方主体税种建设,地方税并不必然需要独立的主体税种,以共享税为地方主要税收来源是最优选择。政策上,房地产税征收方案应当设置最小化税率和最大化优惠,将保证普通家庭税款支付能力作为首要目标。征收方案中应借鉴美国的"断路器"(circuit breaker)政策,即以家庭收入的一定比例为限,一旦应缴纳的房地产税义务超过该水平,则就以该水平作为家庭的房地产税义务,保证一般家庭的税款支付能力。这一政策有赖于对家庭收入形成全面、准确、有效的监控,也可以为未来个人所得税从以个人为征收单位向以家庭为征收单位的方向改革做好铺垫。

参考文献

安徽省财政厅财政科学研究所课题组:《房产税改革及对地方财政的影响》,《经济研究参考》2013 年第 21 期。

安体富、葛静:《关于房产税改革的若干问题探讨——基于重庆、上海房产税试点的启示》,《经济研究参考》2012 年第 45 期。

范子英、刘甲炎:《为买房而储蓄——兼论房产税改革的收入分配效应》,《管理世界》2015 年第 5 期。

方红生、张军:《攫取之手 援助之手与中国税收超 GDP 增长》,《经济研究》2013 年第 3 期。

冯海波、刘勇政:《多重目标制约下的中国房产税改革》,《财贸经济》2011 年第 6 期。

盖伊·彼得斯:《税收政治学:一种比较的视角》,郭为桂、黄宁莺译,凤凰出版传媒集团江苏人民出版社 2008 年版,第 266 页。

郭连成:《俄罗斯中央与地方政府间财政关系研究》,《世界经济》2002 年第 10 期。

郭庆旺、吕冰洋:《分税制改革与税收快速增长:基于分权契约框架的分析》,《税务研究》2006 年第 8 期。

郭庆旺等:《中国分税制:问题与改革》,中国人民大学出版社 2014 年版,第 68 页。

郭月梅:《财产税的国际经验与中国的现实选择》,《财政研究》2006 年第 11 期。

胡海生、刘红梅、王克强:《中国房产税改革方案比较研究——基于可计算一般均衡(CGE)的分析》,《财政研究》2012 年第 12 期。

黄杰、朱正威:《国家治理视野下的社会稳定风险评估:意义、实践和走向》,《中国行政管理》2015 年第 4 期。

李明:《公共风险与地方治理危机:美国财产税制变迁分析》,北京大学出版社 2011 年版,第 37 页。

李文:《我国房地产税收入数量测算及其充当地方税主体税种的可行性分

侨》，《财贸星拜》2014 年第 9 期。

刘金东：《中国税收超 GDP 增长的因素研究》，中国税务出版社 2014 年版，第 166—174 页。

刘金东、王生发：《新房产税的累进性与充分性测算——基于家户调查数据的微观模拟》，《财经论丛》2015 年第 12 期。

刘晓路、郭庆旺：《财政学 300 年：基于国家治理视角的分析》，《财贸经济》2016 年第 3 期。

秦汝钧：《美国为何不引进增值税及其启示》，《涉外税务》2000 年第 9 期。

司言武、朱伟松、沈玉平：《中国房产税税率设计研究——基于浙江省 Y 县的实证分析》，《财经论丛》2014 年第 4 期。

汤玉刚、苑程浩：《不完全税权、政府竞争与税收增长》，《经济学》（季刊）2011 年第 1 期。

唐启明（Trieman，D.J.）：《量化数据分析：通过社会研究检验想法》，任强译，社会科学文献出版社 2012 年版，第 28—30 页。

王家峰：《国家治理的有效性与回应性：一个组织现实主义的视角》，《管理世界》2015 年第 2 期。

王剑锋：《中央集权型税收高增长路径：理论与实证分析》，《管理世界》2008 年第 7 期。

王绍光、胡鞍钢：《中国：不平衡发展的政治经济学》，中国计划出版社 1999 年版，第 234—237 页。

席鹏辉、梁若冰、谢贞发、苏国灿：《财政压力、产能过剩与供给侧改革》，《经济研究》2017 年第 9 期。

于明娥：《房产税改革：一个长期渐进过程——基于纳税人收入能力的视角》，《税务与经济》2011 年第 2 期。

钟晓敏、鲁建坤：《地方利益、纵向财政关系与治理风险防范》，《财经论丛》2016 年第 12 期。

周黎安：《转型中的地方政府：官员激励与治理》，格致出版社、上海人民出版社 2008 年版，第 214—232 页。

周雪光：《中国国家治理的制度逻辑——一个组织学研究》，生活·读书·新知三联书店 2011 年版，第 14—15 页。

Alm, J., Hodge, T.R., Sands, G., & Skidmore, (2014). "Property tax delinquency-Social contract in crisis: The case of Detroit," Tulane Economics Working Paper.

Bai, C., Li, Q., & Ouyang, (2014). "Property taxes and home prices: A tale of two cities," *Journal of Econometrics*, 180(1), pp.1—15.

Bahl, R., & Martinez-Vazquez, J. (2007). "The property tax in developing countries: Current practice and prospects," in Cornia, G.C., & Riddell, J. (eds.), *Toward a Vision of Land in 2015*. Cambridge, MA: Lincoln Institute of Land Policy.

Fairchild, F.R.(1934). "The problem of tax delinquency," *American Economic Review*, 24(1), pp.140—150.

Fisher, G.(1996). "The worst tax? A history of the property tax in America," *University Press of Kansas*, 28(2), p.303.

Fisher, G.(2002). "History of property taxes in the United States," in Whaples, R.(eds.), *EH. Net Encyclopedia*.

Foremny, D.(2014). "Sub-national deficits in European countries: The impact of fiscal rules and tax autonomy," *European Journal of Political Economy*, 34(2), pp.86—110.

Fukuyama, F. (2013). "What is governance?" *Governance*, 26 (3), pp.347—368.

Mikesell, J.L.(1976). "Property market dynamics, local economies, and tax delinquency," *State & Local Government Review*, 8(2), pp.41—45.

Stone, M.E. (2006). "A housing affordability standard for the UK," *Housing Studies*, 21(4), pp.453—476.

Tiebout, C.M.(1956). "A pure theory of local expenditures," *Journal of Political Economy*, 64(5), pp.416—424.

土地财政破解与政绩考核制度改革研究 *

李永刚　张　平　宋小宁**

［内容提要］ 探讨中国地方政府土地财政依赖与政绩考核制度改革问题,指出不合理的政绩考核制度是造成土地财政依赖的重要原因。分析土地财政构成及中国地方政府土地财政依赖的现状,从理论上研究土地财政的形成与政绩考核制度的关系。进一步对土地财政过度依赖造成的负面影响进行剖析,进而提出土地财政短期不可替代,长期不可持续,破解土地财政依赖应以政绩考核制度改革为切入点,并给出政绩考核制度改革建议。

［关键词］ 土地财政,官员政绩,政治擢升

［Abstract］This paper studies the dependence of land finance and the performance evaluation system reform for Chinese local governments. It argues that the unreasonable performance evaluation system is an important cause of land finance dependence. This paper analyzes the composition of land finance and the current situation of land finance dependence for local governments in China, and investigate the theoretical relationship between the formation of land finance and the performance evaluation system. Also, the negative impacts caused by excessive land finance dependence are analyzed. We insist that land finance cannot be replaced in the short term and it will not be sustainable in the long run. In order to solve the problem of land financial dependence, the reform of performance evaluation system is a breakthrough point, and policy implications are provided for the reform of the performance evaluation system.

［Key Words］ Land Finance, Official Performance, Political Promotion

* 本文系 2017 年国家自然科学基金青年项目(项目编号:71703026)、国家社科基金青年项目(项目编号:14CGL039)、广东省软科学研究计划项目(项目编号:2013B-070207004)、2017 年上海立信会计金融学院财税与公共管理学院科研培育计划、2018 年度上海市哲学社会科学规划一般课题"上海市房产税试点效果评估与房地产税出台后潜在风险防范研究"的研究成果之一。

** 李永刚,上海立信会计金融学院财税与公共管理学院副教授;张平,复旦大学国际关系与公共事务学院副教授;宋小宁,中山大学管理学院/现代会计与财务研究中心副教授。

随着社会经济的发展以及城市化的快速推进,地方政府对土地财政的依赖也越来越强。土地财政依赖的形成与地方官员政绩考核制度密切相关。长期以来,上级政府通常将地方官员的政治升迁与其所辖区域的经济发展直接挂钩,以地方经济发展水平作为考察地方官员政绩的重要指标。在政绩利益诱惑下,地方官员为了地方经济发展和实现政治晋升,越来越依赖于土地收益,最终导致了土地财政依赖的形成。因此,为破解地方政府的土地财政依赖,应着力改革政绩考核制度。

一 文 献 综 述

前人对土地财政与政绩考核制度进行了大量的研究。不少学者认为,地方官员政绩考核制度是导致土地财政形成的重要原因。如,刘佳、吴建南和马亮(2012)以中国 257 个地级市为样本,利用面板模型开展研究,得出地方政府官员晋升竞争是导致土地财政依赖的首要原因。周黎安(2007)通过对中国地方官员的治理模式开展研究,得出晋升锦标赛作为中国政府官员的激励模式是造成土地财政形成的重要原因。此外,王梅婷和张清勇(2017)构建了 2008—2013 年 262 个地级市的土地出让、财政分权和官员晋升数据集。研究发现,在中国财政分权体制和官员锦标赛下,晋升激励使土地出让面积、新增出让面积显著增加。类似地,周卫、陈小君和李文兴(2015)则在委托—代理的理论框架下,提出了包含分税制改革影响和官员晋升锦标赛的分析模型。模型分析结果表明,上述两者的共同作用导致土地财政格局的形成。而葛扬和岑树田(2017)却认为,除政治经济激励外,地方官员通过调控土地出让价格可以为地区基础设施最优供给提供自我融资机制。

一些学者研究了过度依赖土地财政的后果。杨艺等(2017)指出,在推动农村土地经营权流转过程中,政府与市场配合不当,造成一些问题的出现。杨晨等(2017)使用中国地级市面板数据进行实证研究,发现土地财政会刺激地方政府追求财政收入和政治晋升,进而带来公共产品提供的结构性失衡。Lichtenberg E. & Ding C.(2008)指出,财政治理改革会引起土地流转政策的变化。对中国沿海省份进行实证研究后发现,在城市土地和预算的政府收入的价值增加的同时,农业用地的价值下降。类似地,Mo Z 和 Wu Y(2017)以重庆为例,进行理论分析后指出,中国城乡二元结构矛盾,造成包括农民、地方政府和开发商在内的所有参与者追求土地收益,而强势主体对利益分配的追求导致了土地财政的形成。而 G.Cao 等(2008)明确指出,低成本获取土地使得地方政府可以获得"土地财政"收入,这是造成中国城市快速扩张的根本原因。此外,辛波和于淑俐(2010)利用计量经济学方法进行了实证分析,发现土地财政在推动地方经济增长的过程中发挥了重要作用,并且 GDP 虽不是土地性财政收入的 Granger 因,而 GDP 却是土地性财政收入的 Granger 果。R.Tao 等(2010)研究发现,自 20 世纪 90 年代中期以来,地方财政奖励补贴的土地使用加剧了各地区制造业的竞争,进而对当地经济增长产生了重要影响。但是,刘晨晖和陈长石(2017)认为,土地财政并未加剧发达地区与欠发达地区之间的发展不平衡,而是促进了发展不平衡问题的缓解。

一些学者研究了减轻土地财政依赖的措施。如,钟大能(2013)认为,土地出让金具有租金性质,是土地所有权在经济上表现,消除"土地财政"必须去租改税。贾康和梁季(2015)研究发现,土地的稀缺性加上生产要素的市场机制配置,造成土地出让金收入不断上升。因此,主张税租费合并,并实现全民共享土地增值收益。与其不同,P.Yang 等(2014)认为,自土地财政出现以来,地方政府对土地财政的依赖性逐渐增强,一系列相应的社会矛盾和问题日益突出。从各个角度分析,都应采取有效措施扭转地方政府不可控土地财富状况,盲目攀比经济指标。考虑到地方官员热衷于财政困境的政绩考核动机,为了彻底消除土地财政问题,政府必须放弃经营土地的权力。此外,李敬涛(2016)指出,以 GDP 为主导的官员晋升激励模式是导致官员腐败的一个因素,应摒弃这种模式。

前人文献一般认为,地方官员政绩考核制度是导致土地财政形成的重要原因,或者说,地方政府官员为了追求政绩,逐渐形成了对土地财政的依赖,这些研究为本文奠定了重要基础。前人研究中较少提出如何改革地方官员政绩考核制度,也鲜见以某一个地区为例,进行实证分析的研究。本文在分析土地财政与政绩制度关系基础上,阐述土地财政过度依赖的不利影响,并提出改革政绩考核制度的政策建议。

二　土地财政收入规模及其依赖程度

(一)土地财政收入构成

依据土地财政的不同统计口径,可以分为狭义的土地财政和广义的土地财政。狭义的土地财政一般是指土地出让金。广义的土地财政则包括土地相关非税收入、土地相关税收收入和土地融资收入。(见图1)

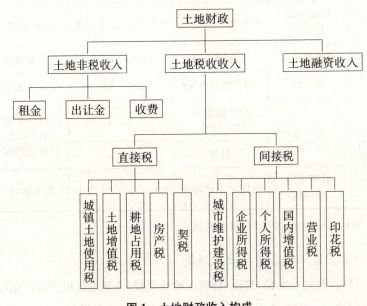

图1　土地财政收入构成

在统计部门网站、财税部门网站以及公开出版的统计年鉴上，与土地有关的租金收入和收费收入无相应统计数据，对于土地融资收入数据也无法找到。因此，本文土地财政数据统计范围包括土地出让金收入、土地直接税收入和土地间接税收入。在地方政府税收中，耕地占用税、契税、城镇土地使用税、土地增值税和房产税与土地直接相关，这些税种涵盖了房地产"开发—交易—保有"三个环节，是房地产税收体系的重要组成部分。与土地有关的间接税有企业所得税、个人所得税、城市维护建设税、营业税、印花税和国内增值税6个税种。

表1　中国房地产直接税税种设置情况

征收环节	税　种	计税依据	税率/征税标准	备　注
开发环节	耕地占用税	所占耕地面积	1—10元/平方米	差别征收
	契　税	评估价格或成交价格	3%—5%	受让方缴纳
	城镇土地使用税	所使用土地面积	0.2—10元/平方米	每年缴纳
交易环节	土地增值税	土地增值额	30%—60%	超率累进
	契　税	房产转让价格	3%—5%	受让方缴纳
保有环节	房产税	房产原值×(1%—30%)	1.2%	2011年沪渝两市征收住房房产税
		租金	12%	
	城镇土地使用税	所使用土地面积	0.2—10元/平方米	每年缴纳

资料来源：根据相关税制规定所列。

（二）房地产直接税收入规模

目前，耕地占用税、契税、城镇土地使用税、土地增值税和房产税收入权归地方。1999年以来，房地产直接税税收收入数据见表2。

表2　地方政府房地产直接税税收收入(1999—2016年)

单位:亿元;%

年份	房产税	城镇土地使用税	土地增值税	耕地占用税	契税	地方税收入	"五税"占地方税比重
1999	183.36	59.1	6.8	33.0	9.0	4 935.0	**7.67**
2000	209.38	64.8	8.4	35.3	131.1	5 688.9	**7.90**
2001	228.42	66.2	10.3	38.3	157.1	6 962.8	**7.19**
2002	282.38	76.8	20.5	57.4	239.1	7 406.2	**9.13**
2003	323.86	91.6	37.3	89.9	358.1	8 413.3	**10.71**
2004	366.32	106.2	75.1	120.1	540.1	9 999.6	**12.08**
2005	435.96	137.3	140.3	141.9	735.1	12 726.7	**12.50**
2006	514.85	176.8	231.5	171.1	867.7	15 228.2	**12.88**
2007	575.46	385.5	403.1	185.1	1 206.3	19 252.1	**14.31**
2008	680.34	816.9	537.4	314.4	1 307.5	23 255.1	**15.72**
2009	803.66	921.0	719.6	633.1	1 735.1	26 157.0	**18.40**
2010	894.07	1 004.0	1 278.3	888.6	2 464.9	32 701.5	**19.97**
2011	1 102.39	1 222.3	2 062.6	1 075.5	2 765.7	41 106.78	**20.02**
2012	1 372.49	1 541.7	2 719.01	1 620.7	2 874.0	47 319.1	**21.40**
2013	1 581.50	1 718.8	3 293.9	1 808.2	3 844.0	53 890.9	**22.72**
2014	1 851.64	1 992.6	3 914.7	2 059.01	4 000.7	59 139.9	**23.37**
2015	2 050.90	2 142.1	3 832.2	2 097.2	3 898.6	62 661.9	**22.38**
2016	2 221.00	2 256.0	4 212.0	2 029.0	4 300.0	66 393.7	**22.62**

资料来源:(1)国家统计局网站:http://www.stats.gov.cn/、《中国财政年鉴》2016;(2)李永刚:《房产税能成为地方政府主体税种吗?》《广东社会科学》2014年第5期,第42—43页;(3)2013年数据见财政部网站:http://www.mof.gov.cn/index.htm;(4)2016年地方税收入数据按照2015年同比增速预测计算。

从表2可以看出,分税种来看,房地产直接税中契税为第一大税种,其次为土地增值税,其余三个税种,城镇土地使用税、耕地占用税和房产税近几年的收入规模比较接近。从房地产直接税税收收入比重来看,地方政府房地产直接税税收收入占地方政府税收收入的比重不断提高。1999 年所占比重为 7.67%,2003 年比重超过 10%,2011 年比重超过 20%,2014 年最高值达到 23.37%。由此可以判断,地方政府房地产直接税税收收入已经成为地方政府财政收入的重要组成部分。

(三)中国省级地方政府土地财政收入规模

根据土地财政的构成,土地财政包括土地出让金收入、土地直接税收入和土地间接税收入。根据这一统计口径,2007—2015 年,中国各个省级地方政府土地财政收入数据见表 3。

从表 3 可以看出,从全国范围来看,地方政府土地财政收入规模已经从 2007 年的 18 585.6 亿元,增长到 2015 年的 81 132.0 亿元,增长 336.5%,年均增长 42.1%。土地财政收入规模不断增长,地方政府对土地财政的依赖程度不断加深。分地区来看,经济发达的地区,如北京、天津、上海、江苏、浙江、广东等土地财政收入规模比较大,而在经济不发达的地区,如广西、海南、贵州、甘肃、青海、宁夏、新疆等土地财政收入规模比较小。但是,按照土地财政收入年均增速来看,各地区差异性很大。增速最快的是贵州,年均增速高达 345.2%,增速最慢的是上海,年均增速为 3.5%。从各地区来看,一般来说,经济越发达的地区土地财政增速就越快,经济欠发达地区,土地财政增速一般较慢。这与当地的经济发展情况、城镇人口以及人均收入水平甚至产业结构都密切相关。

上海市作为一线城市,同时也作为世界大都市,其房地产业发展比较迅速,房价也很高。下面,以上海市为例,详细研究地方政府对土地财政的依赖程度。

(四)上海市地方政府对土地出让金的依赖情况分析

2011 年 1 月,上海市试点征收个人住房房产税,试点七年有余。由人大常委会牵头,正在加快房地产税立法并适时推进的改革,正在进行调研,坚持立法先行,扎实推进的步骤稳步推进。上海市对土地财政的依赖性也比较强,这种下文相关数据中可以看出。

表3　中国31个省级地方政府土地财政收入情况（2007—2015年）

单位：亿元

年份 省（直辖市）	2007	2008	2009	2010	2011	2012	2013	2014	2015	年均增速
北 京	799.2	1 135.8	1 302.6	2 036.4	2 343.5	1 515.4	1 697.6	1 651.0	1 507.6	11.1%
天 津	529.4	571.1	815.7	1 160.6	1 148.0	943.6	1 017.2	979.6	934.9	9.6%
河 北	538.7	519.0	829.3	1 475.3	1 602.1	1 744.6	2 299.3	2 677.0	3 186.7	61.4%
山 西	173.7	228.1	290.5	412.9	544.7	591.5	754.5	925.7	1 107.3	67.2%
内蒙古	256.9	262.0	398.2	731.1	910.1	881.9	1 190.5	1 414.2	1 653.1	67.9%
辽 宁	1 017.2	1 016.2	1 484.7	2 719.7	4 212.1	3 104.3	4 260.7	5 195.6	5 765.3	58.3%
吉 林	202.4	226.2	291.4	591.6	812.2	767.4	1 112.2	1 396.6	1 699.1	92.4%
黑龙江	374.0	403.8	371.4	616.4	870.1	659.2	841.33	966.3	1 025.1	21.8%
上 海	894.8	1 115.3	1 721.4	1 650.7	1 789.7	1 430.9	1 355.9	1 279.7	1 147.9	3.5%
江 苏	2 250.7	2 188.8	3 820.5	5 328.1	6 306.5	5 900.2	6 910.7	7 579.8	8 094.4	32.5%
浙 江	2 286.5	1 714.5	3 464.3	4 805.3	4 347.6	3 481.4	3 588.9	3 273.5	2 993.9	3.9%
安 徽	652.9	667.4	901.1	1 515.7	1 741.0	1 884.7	2 458.4	2 897.3	3 443.4	53.4%
福 建	923.6	474.8	972.7	1 554.6	1 668.9	1 672.5	2 048.2	2 253.2	2 498.7	21.3%
江 西	295.5	290.8	481.0	868.4	1 097.3	1 205.3	1 674.3	2 093.5	2 608.4	97.8%
山 东	1 306.6	1 424.4	2 318.2	3 462.5	3 650.3	3 864.1	4 645.2	5 132.9	5 758.6	42.6%
河 南	460.3	609.4	734.6	1 142.9	1 558.6	1 802.2	2 448.5	3 165.6	4 018.0	96.6%

（续表）

省（直辖市）\年份	2007	2008	2009	2010	2011	2012	2013	2014	2015	年均增速
湖北	547.6	532.1	636.8	1 170.2	1 646.9	1 650.2	2 336.1	2 978.5	3 666.2	71.2%
湖南	469.0	430.4	438.9	849.3	1 296.1	1 314.1	1 960.2	2 634.3	3 380.2	77.6%
广东	1 757.7	1 398.0	2 273.2	2 553.4	2 791.4	3 228.0	3 629.2	4 081.5	4 632.9	20.4%
广西	305.9	259.0	396.4	644.2	760.9	878.5	1 159.9	1 413.5	1 740.3	58.6%
海南	82.6	165.5	195.0	312.7	320.5	396.1	510.2	603.6	745.9	100.4%
重庆	502.6	393.8	606.4	1 067.2	1 434.2	1 732.4	2 489.9	3 310.8	4 386.7	96.6%
四川	1 093.1	758.8	1 097.8	1 655.0	1 820.5	2 179.9	2 764.8	3 286.2	4 002.9	33.3%
贵州	126.8	136.8	163.8	309.8	484.4	792.1	1 344.0	2 193.2	3 628.9	345.2%
云南	186.0	313.7	390.0	654.9	1 268.2	1 132.1	1 701.3	2 456.6	3 144.0	198.8%
西藏	6.8	11.9	12.5	11.8	13.1	11.4	11.1	10.9	10.3	6.4%
陕西	288.3	283.9	346.7	506.3	566.9	905.7	1 261.2	1 727.8	2 511.1	96.4%
甘肃	70.6	89.9	159.7	196.2	366.6	233.4	290.5	363.1	379.0	54.6%
青海	9.7	14.0	72.7	76.4	83.3	71.2	71.1	69.8	66.0	72.6%
宁夏	68.1	53.8	95.8	136.1	183.9	162.4	197.9	227.8	247.0	32.8%
新疆	108.4	118.6	145.5	248.6	286.1	417.4	600.8	810.9	1 148.2	119.9%
合计	18 585.6	17 807.8	27 228.8	40 464.0	47 925.7	46 554.1	58 631.6	69 050.0	81 132.0	42.1%

资料来源：（1）2007—2012年数据来源于：巩腾：《地方政府土地财政的成因、经济效应及转型研究》，华东师范大学硕士论文，2015年，第25页；（2）2013—2015年数据为我根据前三年数据同比增长率计算。

从表 4 可以看出，2010 年以来，房地产直接税税收收入占本市地方税收入比重呈现出上升趋势，由 2010 年的 12.64% 上升到 2016 年的 17.53%。2017 年，由于房价增速变缓，房地产市场降温，房地产直接税收入比重有可能下降，但有可能继续保持在 14%—15% 之间。

从表 5 可以看出，2011 年以来，房地产间接税税收收入占上海市地方税收入比重呈现稳中有降的趋势，由 2011 年的 16.44% 下降到 2016 年的 15.82%。2017 年房价增速变缓，房地产交易不再活跃，房地产间接税收入比重有可能继续下降，但有可能继续保持在 15% 左右。

从表 6 可以看出，2011 年以来，上海市房地产直接税和间接税收入占上海市地方税收收入的比重一直维持在 30% 左右，上海市对房地产行业税收收入依赖程度比较强。而土地出让金收入占上海市地方财政收入的比重变化比较大，最低比重为 28.59%，最高为 53.53%。房地产直接税、间接税收入与土地出让金收入之和占本市地方财政收入的比重一般都在 60% 以上，最高达到了 86.29%。因此，上海市地方政府对土地财政的依赖程度很强。

由以上分析可以看出，从全国范围来看，房地产直接税收入占地方税收比重近几年维持在 20% 以上。各省级地方政府收入中，由房地产直接税、间接税和土地出让金组成的土地财政收入规模庞大，并且经济越发达的地区土地财政收入规模高于经济不发达地区。相对于全国来看，上海市地方政府税收收入和财政收入中，房地产直接税、间接税和土地出让金所占比重都比较高，对土地财政依赖程度很强。

三　土地财政的形成与政绩考核 制度关系理论分析

政绩考核制度是土地财政的政治成因，土地财政的形成与政绩制度密切相关。这主要体现在：政绩考核制度不科学是地方政府追求土地财政的政治诱因，政绩考核指标过于关注经济增长推动了土地财政

单位：万元

表4 上海市房地产直接税税收收入情况（2010—2016年）

年份	耕地占用税	土地增值税	城镇土地使用税	契税	房产税	五税合计	地方税收收入	五税占比
2010	121 373	969 604	272 758	1 735 800	623 008	3 423 743	27 078 000	12.64%
2011	151 003	1 682 164	290 991	1 806 743	736 625	4 667 526	31 727 200	14.71%
2012	120 425	2 331 001	318 149	1 459 646	925 594	5 154 815	34 267 900	15.04%
2013	121 254	1 973 704	307 742	2 150 713	930 531	5 483 944	37 971 600	14.44%
2014	144 838	2 661 845	346 894	2 143 257	999 504	6 296 338	42 190 500	14.92%
2015	72 580	2 533 059	374 394	2 709 867	1 238 128	6 928 028	48 581 600	14.26%
2016	46 193	3 342 512	429 734	3 458 344	1 709 549	8 986 332	51 253 588	17.53%

资料来源：(1)2016年上海地方税收收入按照2016年上海市税务部门组织的税收收入同比增长率计算；(2)2010—2015年数据见上海市国家税务局，上海市地方税务局：《上海税收统计资料》(2011—2016)；(3)2016年数据见上海市国家税务局、上海市地方税务局网站：http://www.tax.sh.gov.cn/pub/xxgk/sstj/201604/t20160411_422897.html。

单位：万元

表5 上海市房地产间接税税收收入情况（2011—2016年）

年份	国内增值税	营业税	企业所得税	个人所得税	城市维护建设税	印花税	六税合计	地方税收收入	六税占比
2011	22 058	3 540 063	1 150 632	280 820	165 766	56 801	5 216 140	31 727 200	16.44%
2012	28 793	3 522 505	1 150 617	253 374	162 654	57 671	5 175 614	34 267 900	15.10%
2013	35 861	4 522 442	1 144 663	284 198	209 482	58 897	6 255 543	37 971 600	16.47%
2014	40 983	4 604 359	1 209 589	281 088	205 125	77 898	6 419 042	42 190 500	15.21%

（续表）

年份	国内增值税	营业税	企业所得税	个人所得税	城市维护建设税	印花税	六税合计	地方税收收入	六税占比
2015	43 020	5 247 463	1 431 372	363 642	256 990	80 580	7 423 067	48 581 600	**15.28%**
2016	47 161	5 661 451	1 603 190	415 052	286 807	94 965	8 108 627	51 253 588	**15.82%**

资料来源：（1）根据上海市国家税务局、上海市地方税务局《上海税收统计资料》（2011—2016）计算整理；（2）本表统计的间接税是指建筑业和房地产业缴纳的各税种收入之和；（3）2016年各税种收入按照2014—2015年各税种收入平均增长率计算。理由是由于上海市地方税收的两大主体税种：增值税和营业税2016年进行了调整，造成数据与以前年度不可比；（4）各税种按照地方政府税收分成后实际所得收入，（5）2016年上海市地方税收收入按照2016年上海市税务部门组织的税收收入同比增长率计算。

表6　上海市房地产税、房地产行业收费和土地出让金（2011—2016年）

单位：万元

项目	2011年	2012年	2013年	2014年	2015年	2016年
房地产直接税	4 667 526	5 154 815	5 483 944	6 296 338	6 928 028	8 986 332
房地产间接税	5 216 140	5 175 614	6 255 543	6 419 042	7 423 067	8 108 627
地方税收收入	31 727 200	34 267 900	37 971 600	42 190 500	48 581 600	51 253 588
土地出让金	14 911 394	10 280 961	20 039 274	21 970 769	15 002 100	15 780 000
地方财政收入	28 735 800	34 298 300	37 437 100	41 095 100	48 717 600	55 195 000
直接税/地方税收	31.15%	30.15%	30.92%	30.14%	29.54%	33.35%
土地出让金/地方财政收入	51.89%	29.98%	53.53%	53.46%	30.79%	28.59%
直接税+间接税+土地出让金/地方财政收入	86.29%	60.09%	84.89%	84.40%	60.25%	59.56%

注释及说明：（1）上海市地方财政收入数据见上海市国家税务局、上海市地方税务局；（2）2011—2016年上海市地方财政收入数据见《上海市统计年鉴》（2016）；（3）2016年上海市地方税收收入按照2016年上海市税务部门组织的税收收入见http://news.sh.fang.com/zt/201504/shtuggcr05.html；（4）2015年上海市土地出让金数据计算；（5）2016年上海市土地出让金数据见：http://mt.sohu.com/20170101/n47749 5486.shtml。

模式的发展,政绩考核指标权重不适当造成地方政府对土地财政过度偏好,政绩考核指标重要性被强化加深了地方政府对土地财政的依赖程度。

（一）政绩考核制度不科学是地方政府追求土地财政的政治诱因

在现行的地方官员政绩考核体制下,由于上级政府领导或部门对下级政府领导或部门的人事安排或干部提拔拥有很强的控制力,直接导致了地方政府官员在面临考核和晋升的双重压力下,形成了"对上级领导负责"多于"对下级群众负责"的激励错位。于是"数字出官"、"官出数字"、"欺上瞒下"等现象至今依然存在。因此,不合理的政绩考核制度不科学是土地财政形成的政治诱因。上级政府拥有对下级政府主要官员的人事任免权和任期绩效考核权。人事任免以政绩考核为依据,根据地方官员政绩考核情况来决定地方官员的提拔、平调和降职。但是,长期以来,政绩考核制度重点是考核官员在其任期内是否使得所辖区域的经济得到了快速增长,并被量化为经济增长、外商投资和财政收入等经济指标。地方政府官员作为政治市场中的理性主体,在以经济增长为考核重点的背景下,受经济考核指标的驱使,为争取更多的职位晋升机会或获得比同僚更多的竞争优势,纷纷把土地财政作为提高自身竞争力的有效手段。这种为追求经济增长而出现的政治晋升竞争是导致土地财政依赖的重要原因,并且政治晋升竞争越激烈,对土地财政的依赖就越严重。

（二）政绩考核指标过于关注经济增长推动了土地财政模式的发展

地方各级官员在面对政绩考核与晋升压力时,将直接驱使地方官员努力追求预算外收入,而土地出让收入在未纳入政府性基金收入之前长期游离于预算收入之外,是地方政府预算外收入的重要组成部分。可以看出,即使在今天土地出让金收入已经纳入预算内管理,已经成为政府性基金收入的组成部分,但不少地方政府官员仍然在追求这一收入的快速增长。这种现象直接源于政绩考核指标过于强调经济增长。

因此,政绩考核指标过于强调经济增长,推动了土地财政模式的发展。上级政府考核和提拔下级政府官员的标准包括德、能、勤、绩、廉等五个方面。在实践中,只有绩,即政绩可以量化,其他四个指标难以量化,也缺乏可操作性。因此,在对地方政府官员进行考核时,往往更加关注可以被量化的经济增长、外商直接投资和财政收入等经济指标。"官员晋升竞标赛"理论认为,地方财政收入是地方政府官员关注的焦点。在地方官员看来,土地财政越来越重要,因为征地、拆迁、卖地以及随后的大规模的房地产开发将直接增加本辖区土地财政收入。这样,地方官员为追求地方经济增长、彰显政绩,以便获得晋升,纷纷将目光投向土地财政。

(三)政绩考核指标权重不适当导致了地方政府对土地财政过度偏好

根据西方公共选择理论,政治市场当中有四个主体:政治家、官僚、利益集团和选民,而这里的"官僚"就类似于中国的地方政府官员。官僚也满足理性人假设,也是一个理性的人,追求个人利益最大化,目标包括"薪水、职务津贴、社会声望、权力、人事权、较大影响力、轻松的工作负担等"。为此,官僚想方设法追求机构预算最大化和对政府权力有效控制。而对所有这些目标的追求,与地方政府官员考核制度中,长期过于关注土地财政收入密切相关。政绩考核指标权重不适当使得地方政府过度关注土地财政收入。在地方政府官员的政绩考核制度中,与经济增长有关的指标占绝对比重,这些指标包括 GDP 增长率、地方财政收入规模和外商直接投资规模等。在政绩考核指标中,难以量化的公共产品、公共服务、文化生态、环境保护、幸福指数等指标要么被忽略要么被弱化。在这种考核模式下,地方官员通过土地开发来实现经济增长、财政收入增加、吸引外商投资的积极性异常高涨,彰显政绩、获得晋升的动机非常明显。因此,地方官员往往通过出让土地、抵押土地获取高额的土地出让金、税费收入和抵押贷款融资,然后再将筹集的财政收入用于基础设施建设及相应的政绩工程,展示自己的政治能力与领导才干,为获得政治晋升奠定基础。

（四）政绩考核指标重要性被强化加深了地方政府对土地财政的依赖程度

依据政治学理论,政府是一个典型的官僚制组织,是由那些只关注自身政治生涯和政治利益的政府官员组成的。地方政府对土地财政的过度依赖,除了财政收入的激励,还有政治晋升的博弈和政治晋升的竞赛。但是,对于多数的地方各级官员,其获得提拔的可能性都比较小,因为同级竞争人员可能比较多,并且级别越高,获得提拔的可能性越低,因为级别更高的官员职位越来越少。因此,在面对政绩考核与晋升压力时,各级地方政府官员一定会更多的关注政绩考核制度中那些最重要的考核指标,也就是那些经常被上级领导强调、被政绩考核制度赋予权重最高的那些指标。因此,在政绩考核实践中,政绩考核指标被不断强化,进一步加深了地方政府的土地财政依赖程度。首先,中央财政对地方财政每年都会有补偿款,但补偿款的多少与地方经济发展水平直接挂钩。地方经济发展速度越快,中央财政支持的资金就越多,反之就越少。其次,对地方政府官员政绩考核被量化到具体任务完成程度上,任务完成程度不仅影响自己的晋升和提拔,也是自身领导能力和领导才干的重要体现。在追求政治利益最大化的环境下,地方官员会竭尽全力完成经济任务,而这将不断加重地方财政收入对土地财政的依赖。

四 土地财政过度依赖的不利影响

地方政府过度依赖土地财政收入,不但会扭曲土地资源有效配置、造成土地寻租行为不断出现,还会导致房价不断攀升,并引发储备土地抵押贷款风险,甚至抑制地方政府调控房地产市场的积极性。

（一）扭曲土地资源有效配置

在很大程度上,城乡二元体制造成土地财政依赖。地方政府可以通过计划经济的手段低价征地,再通过市场经济的手段高价卖地,加剧社会分配的不公。此外,土地出让金收入的增加会造成地方财政收入不稳定并难以持续,也会破坏税收在地方财政收入中的主导地位(胡小杰,2014)。不仅如此,对土地财政的过度依赖会扭曲土地资源的有效配置。土地既是一种生产要素,也是一种自然资源。因此,土地的使用不仅要考虑经济效益高低,更要考虑对生态环境的影响。但是,在地方政府出让土地使用权时,其关注的核心问题是土地出让收益的高低,而不是对生态环境的保护。地方政府垄断了土地使用权,在土地拍卖市场和交易市场,地方政府通过转让土地使用权获取土地出让金收入,造成建设用地不断增加、耕地面积不断减少、生态环境持续恶化,未能实现经济增长和环境保护同步,扭曲了土地资源的有效配置,影响了土地资源使用效率。

（二）造成土地寻租行为不断出现

在土地征用以及土地出让过程中,地方政府有关部门凭借拥有的行政权力低价获取集体土地所有权,并将获取的公共土地资源使用权转变为商业土地使用权资源进行出售以获得差价。而拥有这些土地的政府部门一般是对土地规划、土地价格制定、土地使用目的等拥有绝对权力的部门。这样,将直接造成房地产开发商向这些部门进行寻租。建在土地之上的房产被充分的货币化和市场化,是这些续租行为的温床和兴奋剂。这样,对土地财政的过度依赖会造成土地寻租行为的不断出现。房地产开发商为获取尽可能多的经济利益,必须努力取得土地使用权,然后进行开发建设,通过房产销售赚取经济利润。由于国有土地的使用权掌握在地方政府手中,因此,房地产开发商会通过各种手段对地方政府官员进行寻租,而地方政府既是土地出让方又是监督土地交易方,这为企业寻租提供了较大的空间。

（三）导致房价不断攀升

房地产市场和土地市场有着很强的关联性,不少城市房价上升与地方政府对土地财政的过度依赖密切相关。土地出让金作为开发商获得土地使用权时必须支付的土地租金,这部分租金将直接被转嫁到商品房的价格中,进而导致房价不断上涨,而且地方政府对土地出让金的追求欲望不会减缓。因此,对土地财政的过度依赖会导致房价不断上涨。由于地方政府垄断了土地市场,使得地方政府始终可以通过抬高土地出让价格来获取更多的土地收益。在这种情况下,地方政府在拍卖土地时底价一般定得比较高,即使出现土地流拍也无所谓,因为在土地流拍的同时也减少了土地供给。如果土地的供给小于需求,就会造成土地价格上涨,进而造成下一轮土地出让金的上涨,而高地价必然催生高房价。房价过高、上涨过快,不仅加大了城镇居民通过市场解决住房问题的难度,同时也增加了金融风险,给社会经济的协调发展带来潜在风险。房价不断攀升既是一个经济问题,也是一个影响社会稳定的重要民生问题。

（四）引发储备土地抵押贷款风险

土地财政依赖短期不可消除,长期不可持续。地价越高,地方政府以土地抵押融资的债务规模就越大,债务风险也就越大。由于土地财政收入中土地出让收入占绝对比重,而地价直接影响地方政府偿债能力,因此一旦房地产市场有较大的波动,就可能导致土地收益减少,地方政府债务风险和融资风险显现(张彩萍,2017)。对土地财政的过度依赖会引发储备土地抵押贷款风险。地方政府凭借拥有的土地垄断权将土地向商业银行进行抵押,进而获得土地抵押贷款,实现融资目的。通过这种融资方式获得的贷款已经成为土地财政收入的重要组成部分。地方政府可以将获得的贷款用于地方公共设施建设,通过吸引外来投资,发展地方经济。这样,在建筑业、房地产业不断发展时,地方城镇化进程也会不断加快,而地方政府获取的与土地相关的税费收入也会相应增长,进而会引发新一轮的土地需求。随着土地储备的不断减少,政府从土地抵押中获取的贷款一旦不能持续或者开发商对土地需求的突然减少,地方政府土地抵押贷款违约的可能性就会提高,违约风险不断加大,由此可能引发金融风险。

（五）抑制地方政府调控房地产市场积极性

对土地财政的过度依赖会抑制地方政府调控房地产市场的积极性。土地财政带来地方经济短期内的迅速增长和城市化的快速发展,使得地方官员在政绩考核中占尽优势,这为地方官员晋升奠定了政治基础,也为地方官员升迁做好了经济铺垫。因此,地方政府会千方百计获得更多的土地财政收入,以实现经济持续增长和城市化不断推进。正是基于这一目的,地方政府调控所辖区域房地产市场的积极性比较低,这是因为对房地产市场的调控将不可避免地减少地方政府的土地财政收入。因此,地方政府执行中央政府房地产市场调控政策的积极性和主动性不够,对调控政策的执行不到位、不彻底。

五 政绩考核制度改革建议

土地财政短期不可替代,长期不可持续,破解土地财政依赖应以政绩考核制度改革为切入点,通过政绩考核制度的改革和调整,改变政绩激励倾向,消除对土地财政的追求和崇拜。政绩考核制度改革的重点是设计科学的政绩考核制度、设置合理的政绩指标权重、构建完善的政绩指标体系、完善地方官员任期考核制度。

(一)设计科学的政绩考核制度

通过设计科学的政绩考核制度,抑制地方政府追求土地财政的动机。对于地方官员政绩的考核,其考核范围应尽可能广泛,既要包括可以量化的指标,也要包括可以定性的指标,并且要把定性指标放在更加重要的位置。目的是为了尽可能避免地方官员为了在政治周期内实现自身的政治目标和政治愿望,仅仅追求短期的经济利益和经济增长,而忽视那些有利于社会和谐、文明进步的民生性指标。科学的政绩考核制度一定能够使地方官员逐渐转变长期以来在社会经济发展中的角色定位,摒弃盲目追求土地财政收入,实现由以往的追求经济增长向追求经济质量、公共服务和民生工程的转变,使地方官员由以往的行政管理者转变为公共服务者。

在经济相对发达的地区,必须弱化 GDP 指标,而强化其他的因素或指标。具体可以考虑将调整产业结构、促进区域协调发展、科教文化公共事业发展、残疾人补贴、公共基础设施建设、社会主义新农村建设等指标纳入政绩考核指标。但是,即使在经济发达地区,也不能完全抛弃经济增长这一指标。只不过相对来说,可以将其比重降低,而在经济不发达地区,可以适当增加经济增长指标的相对权重。需要特别指出的是,不同地区地方政府的政绩考核制度一定要体现出差异性,而且这一制度要结合当地的社会经济发展状况进行动态调整。

（二）构建完善的政绩指标体系

通过构建完善的政绩指标体系,转变地方官员绩效目标倾向、行为选择及其对土地财政的路径依赖。指标体系的构建应更多地倾向于公共服务指标、民生指标和居民幸福指数指标三大指标体系。具体来说,将基础设施的提供、教育发展、医疗保障和社会保障作为重要的公共服务指标,将居民收入增长率、文化建设、社会失业率和物价水平等作为民生指标,将城市规划程度、社会治安、环境保护、资源消耗强度、基本农田保护、居民舒适度作为重要的居民幸福指数指标。这三大指标体系与"经济类指标"体系共同构成完善的政绩指标体系。通过科学的考核指标体系去影响和改变地方官员的绩效目标倾向、行为选择和对土地财政的过度追求以及对经济增长的盲目崇拜,从而实现地方政府由社会管理者向公共服务者的成功转变。

科学的政绩考核制度应包括"经济类指标"与"社会类指标"两个一级指标。对于"经济类指标",下面可以设置多个二级指标。如经济同比增速、一二三产业经济增速、城乡家庭人均收入增速等二级指标。而二级指标下可以分设若干三级指标。如"经济同比增速"可以分为本地区增速、全国平均地方政府增速、全国经济总增速等指标。城乡家庭人均收入增速指标可以分为城镇居民家庭人均收入增速与农村家庭人均收入增速指标。在"社会类指标"一级指标中,可以分设本地区城乡居民收入差距指标、居民信访指标、社会治安案件指标、学生入学率或辍学率等二级指标。而二级指标下可分设若干三级指标。比如,居民信访指标可以分设为首次上访数量、再次上访数量、上访解决率等三级指标。

（三）设置合理的政绩指标权重

随着社会经济的发展，原有的政绩考核指标无法体现地方政府应有的经济行为，需要调整政绩指标权重。地方官员往往重视政府绩效考核中被置于前端的权重高的考核指标，并会竭尽全力去完成相应的任务，而排位靠后的指标和任务往往不受重视。以"经济类指标"为考核重点的地方官员政治晋升指标体系迫切需要进行改革，主要是通过重新设置政绩指标权重实现社会经济可持续发展。设置合理的政绩指标权重，就是要降低"经济类指标"的考核权重，提高"社会类指标"的权重。因为"经济类指标"权重过高会促使地方政府追求经济增长、外商直接投资规模以及土地财政收入。地方政府的职责应该是多元的，不仅要承担发展经济、增加财政收入、招商引资的责任，也要承担提高经济发展效率、改善民生、优化生态环境、促进政治民主和社会文明进步的责任。

科学的政绩考核制度应该是在经济相对发达的地区，弱化 GDP 指标，强化其他的指标。一般来说，经济发达地区、经济不够发达地区、经济不发达地区的 GDP 考核指标权重逐渐提高。作为一级指标的"经济类指标"，在东部、中部和西部地区的权重可以分别设为 20%、30% 和 40%，而作为一级指标的"社会类指标"在东中西部地区所占权重则可以设置为 80%、70% 和 60%。需要特别指出的是，一级指标的经济增长指标下可列若干二级指标，比如经济同比增速、一二三产业增速等二级指标。这些二级指标也要结合当地的具体县情、市情、省情来具体设计，并且不同地区不仅二级指标要有所差异，而且即使同一级二级指标其所占权重也要体现出差异性。在同一个省级区域，由于各地经济发展水平、产业结构等会有所差异，因此，相应的"经济类指标"与"社会类指标"下面的二级指标甚至三级指标所占比重也要体现出差异性。

（四）完善地方官员任期考核制度

虽然各国地方政府官员任期不同，但在不同的任期内，各国均会对地方政府官员进行考核。但一般来说，地方官员要想获得政治升迁，在其任期内必须表现突出、政绩显著。地方官员的"政绩显示"必须在任期内完成。任期内取得政绩的有效途径往往是通过房地产开发，拉动本辖区经济增长、增加地方财政收入,但不可避免会带来对土地财政的过度依赖。因此,必须完善地方政府官员考核评价制度。一是坚决改进工作政绩考核,强化对工作作风和生活作风的考核,树立以德为先、以政绩为基础、注重作风的考核导向,改变地方政府官员片面追求经济增长、过度追求土地财政依赖的现象。二是严格控制官员任期内的职务晋升,鼓励地方政府官员轮岗交流。三是完善地方政府官员问责制度,进一步明确问责事项、规范问责形式,实现问责与党纪政纪处分和法律责任追究的有效衔接。四是完善组织处理制度,加大对不称职地方官员的调整力度,使地方官员转变以往的政绩考核倾向,放弃对土地财政的盲目追求。

参考文献

葛扬、岑树田:《中国基础设施超常规发展的土地支持研究》,《经济研究》2017 年第 2 期。

巩腾:《地方政府土地财政的成因、经济效应及转型研究》,华东师范大学硕士论文,2015 年。

胡小杰:《中国土地财政现象的法学分析》,《中国青年政治学院学报》2014年第 3 期。

贾康、梁季:《市场化、城镇化联袂演绎的"土地财政"与土地制度变革》,《改革》2015 年第 5 期。

李敬涛:《财政分权、信息公开与官员腐败——基于宏微观制度环境的双重考察》,《会计与经济研究》2016 年第 6 期。

李永刚:《房产税能成为地方政府主体税种吗?》,《广东社会科学》2014 年第 5 期。

刘晨晖、陈长石:《土地出让如何影响城市间发展不平衡——基于财政缺口弥补视角的实证分析》,《财贸经济》2017 年第 11 期。

刘佳、吴建南、马亮:《地方政府官员晋升与土地财政——基于中国地市级面板数据的实证分析》,《公共管理学报》2012 年第 8 期。

王梅婷、张清勇:《财政分权、晋升激励与差异化土地出让——基于地级市面板数据的实证研究》,《中央财经大学学报》2017 年第 1 期。

辛波、于淑俐:《对土地财政与地方经济增长相关性的探讨》,《当代财经》

2010 年第 1 期。

杨晨、韩庆潇、冯振:《竞争行为、土地财政与地方公共服务提供——来自政府内、外部视角的空间面板数据分析》,《山西财经大学学报》2017 年第 8 期。

杨艺、朱翠明、张淇:《农村土地经营权流转中政府与市场的关系研究》,《西南民族大学学报》(人文社会科学版),2017 年第 10 期。

张彩萍:《地方政府土地财政问题研究——以江苏省为例》,《安徽农业科学》2017 年第 7 期。

钟大能:《土地出让金去租改税的动因、效应及对策研究》,《西南民族大学学报》(人文社会科学版)2013 年第 3 期。

周黎安:《中国地方官员的晋升竞标赛模式研究》,《经济研究》2007 年第 7 期。

周卫、陈小君、李文兴:《土地财政形成的内在原因分析》,《北京交通大学学报》(社会科学版)2015 年第 1 期。

Cao, G., Feng, C., & Tao, R.(2008). "Local 'land finance' in China's urban expansion: challenges and solutions," *China & World Economy*, 16(2), pp.19—30.

Lichtenberg E, Ding C.(2008). "Local officials as land developers: Urban spatial expansion in China," *Journal of Urban Economics*, 66(1), pp.57—64.

Mo Z, Wu Y(2017). "Analysis on Chongqing Securitized Land Exchange System from the Perspective of Land Finance," *Proceedings of the 20th International Symposium on Advancement of Construction Management and Real Estate*. Springer Singapore, 2017.

Tao, R., Su, F., Liu, M., & Cao, G.(2010). "Land leasing and local public finance in China's regional development: Evidence from prefecture-level cities," *Urban Studies*, 47(10), pp.2217—2236.

Yang P, Zheng D, Cui E.(2014). "Getting Out of the Land Financial Predicament—A Systematic Thinking," *Proceedings of the 18th International Symposium on Advancement of Construction Management and Real Estate*. Springer Berlin Heidelberg, 2014.

建设创新型经济的宏观税负适度目标区间研究[*]
——基于非线性门限面板模型的检验

姜艳凤　周灵秀[**]

［内容提要］　论述创新驱动经济战略中适度宏观税负研究的重要意义。根据我国1994—2012年省际数据，结合财政支出门限变量，利用门限面板模型分析宏观税负与全要素生产率的非线性关系，并运用GMM方法进行稳健性检验。实证检验得出创新驱动经济增长下我国宏观税负的最优调控区间为14.89%—19.37%。在该区间内宏观税负对全要素生产率的抑制作用最小。最后根据实证结果得出目前我国宏观税负偏高，提出降低宏观税负和优化财政支出结构的政策建议。

［关键词］　创新型经济，适度宏观税负，全要素生产率的增长率，面板门限回归

［Abstract］From the theoretical analysis to the optimal macro tax burden in the framework of endogenous economic growth，this paper discussed the importance of study the problem of optimal macro tax burden for sustained economic growth. According to the 1994—2012 data of our country from the provinces，cities，autonomous regions，we analyzed the relationship between macro tax burden，fiscal expenditure and total factor productivity using the panel threshold model. The result is that the control interval for sustained economic growth of China's optimal macro tax burden is 14.89%—19.37%. In the optimum range of macro tax burden，Inhibitory effect of macro tax burden on the total factor productivity is minimum. Finally，according to the empirical analysis results，at present our tax burden is too high，put forward policy recommendations to reduce the tax burden and optimize the structure of fiscal expenditure.

［Key Words］Innovative Economy，Optimum Macro Tax Burden，Growth Rate of Total Factor Productivity，the Panel Threshold Regression

* 本文得到国家社科基金青年项目"宏观税负、有效税与创新驱动经济增长的理论、机制与政策建议研究"（项目编号：17CJY053）的支持。

** 姜艳凤，中国科学技术发展战略研究院与南开大学联合培养博士后，上海海事大学经济管理学院讲师；周灵秀，上海海事大学会计系研究生。

一　绪　　论

1994 年分税制改革以来,我国财政年收入呈现高速增长态势。财政收入占 GDP 的比重从 1995 年的 10.3% 逐步提高到 2012 年的22.85%(其中,税收收入占 GDP 的比例从 9.9% 上升到 19.38%),相应地,财政支出占 GDP 的比例也从 11.2% 提高到 24.25%。税收收入年平均增长率超过 15%,远高于同期 GDP 增长率。税收的超常增长使我国的税收负担率逐渐提高。税收负担率上升表明政府提供公共物品的能力增强,但也会扭曲私人部门经济决策,损害资源配置效率。一定时期合理的税负水平,既要保证政府履行职能的财力所需,又需要与经济的发展阶段和目标相适应,适宜宏观税负会因为目标的不同而不同。随着我国社会经济发展水平的不断提高,由政府主导投资驱动型经济增长方式使经济有增长无效率,日益不适应我国的经济现实。"十二五"时期国家明确提出要加快转变经济发展方式,实施创新型经济发展战略。而实行该战略关键是提高全要素生产率的增长率。对此,有必要对目前及今后较长时期里我国税收负担率的适当水平进行大致估计,以适应政府目标以投资驱动的经济增长最大化转向以创新驱动的全要素生产率最大化。

确定适度的宏观税负需要考虑财政支出。如果宏观税负较高,政府提供公共服务的水平也较高,经济效率就会较高。反之,如果宏观税负较低,政府提供公共服务的水平也较低,经济效率也不会高。西方发达国家税负普遍高于中国,但政府提供了高质量的公共产品,这些国家的经济效率和创新水平也较高。因此,合理的宏观税负会随着国家战略所需的财政支出水平和支出方向的变化而变化。为此,我们可以提出如下宏观税负对经济效率的非线性动态影响假说:一般而言,宏观税负水平较低时,财政支出的水平较低,而社会对公共产品的需求缺口较大,宏观税负对经济效率的负效应小于财政支出对经济效率的正效应,这时扩大征税将有利于促进经济效率；与此相反，当宏观税负水平较高时，相应财政支出水平也将较高，此时社会公共产品的提供已较充足，宏观税负对经济效率的负效应大于财政支出对经济效率的正效应，这时用于政府投资和公共支出的征税将会阻碍经济效率。因此，宏观税负会随着财政支出水平的不同而对经济效率产生动态变动的影响。根据该假说采用财政支出为门限变量的面板门限模型进行实证检验。

本文的学术贡献主要体现在以下两点：一是研究角度的创新。从创新及经济效率角度研究最优宏观税负，突破以往研究最优宏观税负多从经济增长角度入手的固有思路，适应了我国的创新驱动经济发展战略，具有重要的现实意义；二是研究方法的创新。采用门限面板回归模型，根据宏观税负对经济效率的影响存在非线性关系，得出最优宏观税负的调控区间，而非静态的单一均值，增强了宏观税负政策调控的可操作性。

二 文 献 综 述

宏观税负是指一个国家的总体税负水平，宏观税负水平的高低表明政府在国民经济总量分配中集中程度的大小，也表明政府社会经济职能及财政功能的强弱。确立宏观税负的合理水平是所有税收政策的核心问题。对宏观税负合理标准及水平的研究，可分为以下几个角度：(1)从剩余产品价值率角度，刘溶沧、赵志耘(1999)认为我国政府财力主要是由税收收入与收费收入两大部分构成，且主要来自剩余产品价值。为了社会简单再生产和扩大再生产，一定时期的税费总量不能等于或超过同期劳动者所创造的剩余产品价值量。杨斌(1998)通过测算，认为1987—1996年我国剩余产品价值总量占 GDP 的比重保持在31%—33%之间，这是我国宏观税负的上限。(2)从社会公共财政支出和社会福利角度，Alesina 等(2004)认为评判宏观税负水平的标准取决于是否提升国民福利。如果税收收入没有带来相应公共服务和社会保障,国民难以更多地享受到福利,就是相应增加了国民税负。李俊生(1994)认为,"理想的税收规模效率水平是指这样一种状态,即一个财政年度内税收收入总额与理想效率条件下的财政支出总额基本相等"。叶振鹏、张馨(1995)认为,当政府新增单位公共服务所提供的利益,与该单位服务相应的税款所产生的负利益相等时,公共财政规模处于最佳数量状态。所以根据以支定收的原则,社会公共需求量占 GDP 的比重是可以比较合理地反映税收负担。赵志耘等(2001)通过确定1994—1998 年各项财政支出的比重和各个支出项目对经济增长的弹性得出了中国未来财政支出的最优规模,进而对我国 2001—2010 年财政支出占 GDP 的比重进行预测,认为我国目前税负的合理区间为19%—22%。陈莉(2002)根据 1987—1999 年社会公共需求量占 GDP比重的数据,得出结论:现阶段中国的税收负担率达到 20%—25% 是合理的。(3)从经济增长角度,Scully(1996)利用新西兰 1927—1994 年的数据,计算了使新西兰经济增长速度最大化的最优税率是税收占GDP 的 19.7%,该数据和新西兰 90 年代的宏观税负相当,这是新西兰政府降低个人和企业税负,减少政府开支等一系列财政改革的结果,因而 90 年代新西兰经济增长强劲,远远超过了大多数 OECD 国家,在OECD 国家中,新西兰的总体竞争力从第 15 位提高到第 8 位,国内经济实力从第 21 位跃升为第 7 位。同时他估计了其他国家的最优税率:美国 1929—1989 年的最优税收规模是 GDP 的 21.5%,该数据低于美国当时的实际宏观税负,这是里根总统执政期间减少个人所得税和企业税以刺激投资,又大幅度减少各项社会福利开支的结果,虽然实际税负低于最优税负,却使美国资本迅速增长,顺利度过了自大萧条以来最严重的经济危机。1987—1988 年丹麦、芬兰、意大利、瑞典和英国分别为18.5%、18.9%、20.1%、16.6% 和 25.2%,样本国家的税率平均为20.1%。丹麦、芬兰、瑞典和英国的最优宏观税负与实际宏观税负相当,研究期间以及近年来这些国家的经济平稳增长,财税政策对经济的调节作用较为积极。而意大利的最优宏观税负显著低于当时的实际宏观税负,从 80 年代开始意大利的财税政策并未有效调节经济增长,导致息人利经济增长一直萎靡。岳树民(2003)指出,判断宏观税负水平合理的一个理论标准是税收收入增长与经济增长协调同步。马拴友(2001)估算出我国的最优宏观税负区间为14%—23%。该数据并未明显高于当时我国的宏观税负,税收收入增长与经济增长协调同步,因此我国经济保持较高增长。刘普照(2004)估算出使我国经济增长速度最大化的宏观税负水平应该在19.5%—21.08%之间。该数据也并未高于当时我国的实际宏观税负,宏观税负水平并未阻碍经济发展,因此当时我国经济也保持了较快的增长势头。

立足不同考察角度,对宏观税负水平高低及合适与否问题的回答未必是一致的,特别是对转型中的中国尤是如此。宏观税负从属和服务于中国国家战略。中共的十八大报告明确提出实施创新驱动发展战略,是我国新时期经济社会发展所提出的新的历史任务。这为科学谋划近中期我国适度宏观税负提供了客观依据。实施创新驱动发展战略,应该提高全要素生产率,考察宏观税负水平对应的收入使用是否实现宏观经济效率,主要看政府支出是否促进全要素生产率的增长。而现有文献中从创新及经济效率角度对宏观税负进行研究的较少,多是从单税种的研究出发。如威德马尔姆(Widmalm,2001)、李和戈登(Lee and Gordon,2005)、阿诺德(Arnold,2008)、迈尔斯(Myles,2009)等分别对个人所得税、企业所得税、财产税、商品税对经济效率的影响进行了研究,发现这些税种对各国经济效率的影响方向并不一致。刘溶沧、马拴友(2002)分析了我国劳动、资本收入及消费支出征税的有效税率与全要素生产率的关系,发现我国对资本征税降低了投资率和全要素生产率,但不影响人力资本供给;对劳动征税降低了投资率,刺激了人力资本供给,对技术进步没有影响;对消费支出征税,提高了投资率和全要素生产率,不影响人力资本供给。李绍荣、耿莹(2005)研究认为所得税类、资源税类和行为税类份额的增加会提高经济的总体效率,而财产税类和特定目的税类份额的增加则会降低经济的总体效率。可见,我国不同税种对经济效率影响的方向不同且大小不一。因此,总体来看,宏观税负对经济效率的影响将是不确定的,非线性的。

在对我国最优宏观税负水平的判断问题上,从开始的纯理论的研究,到国际对比分析以及后来的实证研究,这些研究均取得了一定成果。在最优宏观税负的实证研究方面,国内学者根据巴罗(Barro,1990)的模型采用全国层面 OLS 或普通面板数据方法检验我国宏观税负与投资率和经济增长率之间的非单调关系(杨斌,1998;刘普照,2004等),进而求得单一、最优的宏观税负时点值。但是这些方法得到的宏观税负都是在一段时间内的平均水平,是数学意义上的均值,无法体现最优宏观税负在经济发展不同阶段的动态特征;迄今为止,国内学者对这一问题的研究均采用静态的回归分析方法,没有考虑经济发展过程中宏观税负发生跃升所导致的动态、多元、区间性特征,而我国幅员辽阔,区域之间(特别是东、中、西部地区)存在明显的差异,同时改革开放以来我国财税领域进行了多次改革,所以宏观税负对经济创新的作用并非固定、单一的,而是动态、多元,区间性的。并且仅仅宏观税负本身对经济的影响有限,研究最优宏观税负时需要结合财政支出,因为财政支出的水平和方向左右宏观税负对经济效率的影响。因此,从长期看宏观税负水平不应是一个凝固点而是处于不断调整变化的动态当中。基于这样的理论考虑,最优宏观税负未必是唯一的,宏观税负动态效率的差异可能存在着非线性关系,且与政府财政支出紧密相连,因此加入财政支出门限变量的门限面板回归模型能够更加准确地反映宏观税负的作用机制,能更好地描述宏观税负对经济效率影响的动态、多元、区间、非线性特征,因而对现实经济的解释力更强;近年来门限面板模型研究方法在金融信贷(李媛媛等,2016)、能源消耗(俞毅,2010)、职工薪酬(高良谋等,2015)、城乡收入差距(陈博等,2015)对宏观经济的影响等方面得到了广泛的应用。而在财税研究领域,越来越多的学者也采用该方法:陈博(2016)运用该方法研究了税收竞争对我国区域经济增长的非线性作用,张志超(2014)研究逆向财政机制与城乡收入差距的关系市也采用了该方法,朱莉莉(2012)研究财政分权对经济增长的结构突变效应时亦采用该方法;因而本文采用门限面板比较适宜。并且以往文献一般基于估计误差得出最优宏观税负区间,本文以门限效应确定最优区间，可以减轻调控区间确定的主观任意性。

宏观税负合理水平的确定可能会受到除了财政支出之外多种因素的影响，从长期看宏观税负水平不应是一个凝固点而是处于不断调整变化的动态当中。基于这样的理论考虑，最优宏观税负未必是唯一的，宏观税负动态效率的差异可能存在着非线性关系，且与政府财政支出紧密相连，因此采用门限面板比较适宜。并且以往文献一般基于估计误差得出最优宏观税负区间，以门限效应确定最优区间，可以减轻调控区间确定的主观任意性。

为此选择财政支出作为门限变量，基于我国各省（区、市）1994年分税制改革以来的面板数据，运用门限回归模型，通过控制宏观税负水平和全要素生产率之间的间接效应，研究不同门限区间宏观税负水平与全要素生产率的关系，以确定我国创新驱动型战略下宏观税负的最优控制目标区间。

三 模型设定与估计方法

（一）计量模型及变量的选择

本文采用的计量经济模型是面板数据的门限回归模型，门限变量为财政支出。由于我国各地区经济资源禀赋等经济因素存在不易观测的非时变地缘差异，在模型中我们设定了非时变异质性个体的固定效应。初始设定的计量经济模型是：

$$\text{TFP}_{it} = \alpha_{it} + \beta \text{TAX}_{it} I(\text{EXP}) + \gamma \text{EXP}_{it} + \theta X_{it} + \varepsilon_{it} \qquad (1)$$

其中，门限变量为财政支出 EXP，$I(\cdot)$ 是一个示性函数，它依赖于门限变量 EXP 的取值。EXP_{it} 和 X_{it} 都是控制变量向量。

为了研究宏观税负与全要素生产率的因果关系，首先需要控制两者之间的间接效应。以往研究全要素生产率时常用的控制变量包括：物资资本、人力资本、市场化水平、开放程度以及财政支出。另外，不同的政府支出项目的影响效应大小不一且方向不尽相同。本文对财政支出结构进行细分,考察政府在公共资本服务、科学教育投入和消费性支出三方面的财政支出对经济效率的不同影响。

变量的定义如表 1 所示:

表 1　变量的描述

控 制 变 量	变量名	变 量 描 述
全要素生产率的增长率	TFP_{it}	衡量经济效率
宏观税负	TAX_{it}	衡量宏观税负对经济效率的影响
财政支出占 GDP 的比重:	EXP_{it}	衡量政府干预程度对经济效率的影响
公共资本服务支出占 GDP 的比重	BE_{it}	衡量公共资本服务支出对经济效率的影响
科教文卫支出占 GDP 的比重	TE_{it}	衡量科教文卫支出比重对经济效率的影响
消费性支出占 GDP 的比重	CE_{it}	衡量消费支出比重对经济效率的影响
实际物资资本存量	K_{it}	衡量物质资本存量对经济效率的影响
人力资本水平	H_{it}	衡量人力资本水平对经济效率的影响
国有工业总值占工业总产值的比重	$MARKET_{it}$	衡量市场化水平对经济效率的影响
出口额占 GDP 的比重	$OPENNESS_{it}$	衡量市场开放程度对经济效率的影响

（二）指标计算和变量统计描述

全要素生产率增长率（TFP_{it}）:根据索罗余值法计算全要素生产率。采用永续盘存法计算实际资本存量,在估算资本存量时借鉴张军（2004）等和单豪杰（2008）的具体做法,以 1978 年为基期计算实际资本存量,折旧率取 10%。根据三次产业划分的从业人员数来计算劳动力数据。采用环比方法,依次计算每年的全要素生产率的增长率。

宏观税负变量(TAX_{it}):安体富(2002)特别针对我国的现实情况,把宏观税负分为三类,即小口径宏观税负、中口径宏观税负和大口径宏观税负,其中,小口径宏观税负是指税收收入占的比重;中口径宏观税负则为包括税收收入在内的预算内收入占的比重;大口径的宏观税负指的是包括预算内外财政收入及制度外收入的政府收入占的比重。我们在此用财政收入总额占 GDP 的比重,即"中口径"的税收负担率作为衡量我国省际税收负担率的指标。分税制改革以来,我国的财力和财权向中央政府集中,而事权下移,地方政府的财源有限,税收收入与其承担的事权不相匹配,因而非税收入成为地方政府弥补财力缺失的重要手段,因此,以税收收入的小口径指标衡量宏观税负相对局限,而包括政府预算外收入和制度外收入的大口径的宏观税负难以统计衡量,因此,以税收收入的小口径指标衡量宏观税负相对局限,而包括政府预算外收入和制度外收入的大口径的宏观税负难以统计衡量,因此,选择"中口径"的宏观税负指标可以兼顾研究结论的准确性和政策的可操作性,另外,选择"中口径"宏观税负的另一个原因是,论文采用的是门限面板回归模型,采用"财政支出"作为门限变量,与"财政支出"门限变量最为直接相关的是"财政收入"变量,也即"中口径"宏观税负。因此,为了数字的准确性并为了研究问题的方便,采用"中口径"的宏观税负较为适当。

财政支出各变量:根据财政支出职能作用的不同,把财政支出结构细化为公共资本服务、科学教育投入和消费性支出三类进行分析。其中公共资本服务支出项目包括一般公共服务支出、地质勘探支出、国家物资储备支出、商业服务业等事务支出、农林水事务支出、交通运输支出等。科教文卫支出包括地方财政教育支出和科学技术支出和文化卫生事业支出。消费型支出主要包括行政管理支出以及一些其他补贴性质的支出。同时为了与税负指标相对应,这里的财政支出占比是指财政支出占 GDP 的比重。

另外,采用永续盘存法计算实际资本存量(K_{it})。在估算资本存量时借鉴张军(2004)等和单豪杰(2008)的具体做法,以 1978 年为基期计算实际资本存量,折旧率取 10%。以每万人大中专人口比率表示人力资本存量(H_{it})。以国有工业总值占工业总产值的比重衡量市场化水平($MARKET_{it}$)。以出口额占 GDP 的比重衡量开放程度($OPENNESS_{it}$)。

由于数据可得性和模型精度要求,我们采用数据的时间跨度是从 1994 年到 2012 年。这是因为,我国的分税制始于 1994 年。根据除西藏外的中国大陆 30 个省区市的面板数据,综合税负和财政支出,运用门限面板方法测算有利于各地区经济效率的适度税收负担区间的确定和税收改革方案的选择。文章所用的数据主要来源于中经网等权威机构,以及《中国统计年鉴》、《新中国 60 年统计资料汇编》和相关统计年鉴。

变量的统计特征如表 2 所示:

表 2　各变量及其统计特征

变　　量	观测值	均　　值	标准差	最小值	最大值
全要素生产率增长率	570	6.17	3.22	2.13	9.75
宏观税负(%)	570	15.67	5.97	8.13	23.53
公共资本支出(%)	570	7.79	4.84	4.46	12.67
科教文卫支出(%)	570	5.67	4.47	2.78	10.98
消费型转移支付(%)	570	5.01	2.56	3.64	7.13
实际资本存量(单位:万亿)	570	0.385 5	0.462 2	0.011 95	3.489 5
人力资本(%)	570	3.27	2.53	1.75	6.65
市场化程度	522	0.528	0.210	0.109	0.901
开放程度	522	0.170	0.207	0.015 0	0.939

对于门限面板回归模型,一般要求各变量为平稳变量。因此:首先对各变量进行平稳性检验。采用两种面板数据单位根检验方法,即相同根单位根检验 LLC(Levin-Lin-Chu)检验和不同根单位根检验 Fisher-ADF 检验。如果在两种检验中均拒绝存在单位根的原假设,则说明面板序列是平稳的,反之则不平稳。对各变量的单位根检验结果

如下(从检验结果来看,可以在 5% 的显著性水平上拒绝原假设,即所有变量均为平稳变量):

表3 各变量平稳性检验

变　量	LLC		ADF		是否平稳
	统计量	P 值	统计量	P 值	
TFP	− 72.826 6	0.000 0	85.593 4	0.025 3	是
TAX	− 11.035 1	0.000 0	105.886	0.030 4	是
EXP	− 24.735 2	0.000 0	172.512	0.000 0	是
BE	− 6.166 80	0.000 0	122.110	0.000 0	是
TE	− 26.829 0	0.000 0	431.533	0.000 0	是
CE	− 5.704 98	0.000 0	188.122	0.000 0	是
K	− 17.144 6	0.000 0	144.049	0.000 0	是
H	− 7.583 51	0.000 0	98.737 7	0.013 6	是
MARKET	− 15.734 9	0.000 0	112.981	0.041 2	是
OPENNESS	− 21.895 3	0.000 0	156.890	0.000 0	是

（三）估计方法

1. 门限值的估计

对于非线性面板门限模型的基本方程:

$$y_{it} = \alpha_i + \beta_1 x_{it} I(q_{it} \leqslant \eta) + \beta_2 x_{it} I(q_{it} > \eta) + \varepsilon_{it} \tag{2}$$

其中 $I(\cdot)$ 是示性函数,q_{it} 为门限变量,根据 q_{it} 与门限值 η 的比较,可以将观察值分为两个不同的"区制",同时对每个区制赋予不同的回归斜率 β_1 和 β_2。

具体回归估计时,需要首先消除个体效应 α_i,同时令 $y_{it}^* = y_{it} - \frac{1}{T}\sum_{t=1}^{t} y_{it}$,对其他变量做相同处理后替换式(1)中的对应变量,得到:

$$y_{it}^* = \beta_1 x_{it}^* I(q_{it} \leqslant \eta) + \beta_2 x_{it}^* I(q_{it} > \eta) + \varepsilon_{it}^*, \tag{3}$$

$Y^* = \beta' X^*(\eta) + \varepsilon^*$ 是(2)式的矩阵形式,而残差平方和(RSS)为:

$$S_1(\eta) = \hat{e}^*(\eta)' \hat{e}^*(\eta) = Y^* (I - X^*(\eta)'(X^*(\eta)'X^*(\eta))^{-1} X^*(\eta)') Y^*$$

门限最优估计值 η 需要使得 $S_1(\eta)$ 最小,即 $\hat{\eta} = \arg\min_\eta S_1(\eta)$。

2. 门限值的假设检验

对门限值的假设检验可分为两步,首先检验门限效应是否显著,其次检验门限估计值是否等于真实值。

首先检验的原假设是 $H_0 : \beta_1 = \beta_2$,备择假设为 $H_1 : \beta_1 \neq \beta_2$,检验统计量为: $F_1 = \dfrac{S_0 - S_1(\hat{\eta})}{\hat{\sigma}^2}$,其中 S_0 是在原假设下的残差平方和,原假设下门限值尚不能确定,由于传统检验统计量不满足标准分布,Hansen(1999)则建议采用拔靴法(Bootstrap)来求得近似分布的临界值。进而可以获取似然比(Likelyhood Ratio, LR)检验的 P 值。若 P 值足够小,则拒绝原假设,表明存在显著的门限效应。其次检验门限值是否等于真实值,原假设为 $H_0 : \eta = \hat{\eta}$,此情况下相应的似然比统计量为: $LR_1(\eta) = \dfrac{S_1 - S_1(\hat{\eta})}{\hat{\sigma}^2}$。

3. 多门限面板模型

基本的门限模型假设仅存在一个门限值,但从计量角度而言,估计结果可能会出现多个门限值,以下以双重门限模型为例进行说明,而多重门限模型是在此基础上的扩展。双重门限模型可以设定为:

$$\begin{aligned} y_{it} = \alpha_i &+ \beta_1 x_{it} I(q_{it} \leqslant \eta_1) + \beta_2 x_{it} I(\eta_1 < q_{it} \leqslant \eta_2) \\ &+ \beta_3 x_{it} I(q_{it} > \eta_2) + \varepsilon_{it} \end{aligned} \tag{4}$$

(4)式中 $\eta_1 < \eta_2$,双门限模型是在固定单门限时估计出的第二个门限值,其搜索过程与单门限模型相似,由此得到第二个门限值之后的残差平方和为 $S_2^\eta(\eta_2)$:

$$S_2^\eta(\eta_2) = \begin{cases} \{S(\hat{\eta}_1, \eta_2), \ \hat{\eta}_1 < \hat{\eta}_2 \\ \{S(\eta_1, \hat{\eta}_2), \ \hat{\eta}_1 < \hat{\eta}_2 \end{cases} \tag{5}$$

所求得的第二个门限估计值应使式(5)最小,即 $\hat{\eta}_2^\eta = \arg\min_{\eta_2} S_2(\hat{\eta}_2^\eta)$。

对于门限值个数的确定,汉森通过构造检验统计量 $F_2 = \dfrac{S_1(\gamma) - S_2^\gamma(\hat{\gamma}_2^\gamma)}{\hat{\sigma}^2}$,通过识别两个门限的残差平方和是否具有显著差异,采取如下步骤进行识别:首先采用汉森的Bootstrap方法来获得渐进分布,然后计算其 P 值。若具有显著性,则表明第二个门限是显著的,则可以依此进行第三个门限值的搜索,类推下去,直到所得门限值不具有显著性时为止。

（四）门限效应检验

首先,采用 stata 统计分析软件包,对模型(1)估计门限值,分别对模型中不存在门限、存在一个门限以及存在两个门限的假设进行 OLS 估计,以此检验模型是否存在门限效应,对所估计结果的残差项计算相应的 LR 统计量,并对模型的门限效应进行显著性检验,相应的估计结果见表 4:

在实证分析中,搜索到的第一个可能的门限值是 $\eta_1 = 0.148\,9$,此时对应的残差平方和最小,$S_1 = 2.567\,1$;进行门限效应检验时,得到 LM 统计量的 F 值为 23.564 1,对应的 P 值为 0.008 3,因此拒绝无门限效应的虚拟假设,然后进行似然比检验,计算得 $LR = 35.336$,分别大于 10%、5% 和 1% 的置信水平的自举临界值 22.563、25.981 和 30.556,表明门限效应是显著的,则拒绝原假设,即存在一个门限值的假设是成立的,表明 $\eta_1 = 0.148\,9$ 是真实门限值。

进一步检验模型是否存在两个门限。为此,我们先固定第一个门限值 0.148 9,然后进行第二个门限的搜索,得到可能的门限值 $\eta_2 = 0.193\,7$,这时对应的残差平方和最小,$S_2 = 2.317\,3$;进行门限效应检验时 LM 统计量的 F 值为 22.384 6,对应的 P 值为 0.000 0,拒绝仅有一个门限的虚拟假设。通过似然比检验得到 LR = 24.877,大于 10% 和 5% 的置信水平的自举临界值 18.458 和 20.639,表明第二个门限值确实为 0.193 7。然后,需要回检第一个门限值,为此固定门限值 $\eta_2 = 0.193\,7$,重新检验第一个门限值,得到 $\eta_{21} = 0.148\,9$,与第一阶段估计结果 η_1 一致,因此我们判断模型中存在两个门限。

最后检验模型是否存在三个门限,为此,我们先固定第一个门限值 0.148 9 和第二个门限值 0.193 7,然后进行第三个门限值的搜索,得到可能的门限值 $\eta_3 = 0.228\,6$,这时对应的残差平方和最小,$S_3 = 2.7915$;进行门限效应检验时 LM 统计量的 F 值为 18.007 2,对应的 P 值为 0.017 6,拒绝存在三个门限的虚拟假设。通过似然比检验得到 LR＝2.295,小于 10%、5% 和 1% 的置信水平的自举临界值 16.715、18.983 和 24.652,表明第三个门限值存在不显著。因此我们判断模型中存在两个门限。

表4　模型的门限效应检验

假　设　检　验	LR	自举临界值(200 次,%)		
		10	5	1
H_0^1: 无门限值 H_1^1: 有一个门限值	35.336	22.563	25.981	30.556
H_0^2: 有一个门限值 H_1^2: 有两个门限值	24.877	18.458	20.639	29.163
H_0^3: 有一个门限值 H_1^3: 有两个门限值	2.295	16.715	18.983	24.652

因此模型(1)的门限值有两个,根据 stata 分析软件,得出两个门限估计值为 $\eta_1 = 0.148\,9$,$\eta_2 = 0.193\,7$。其 95% 的渐近置信区间分别为 $[0.148\,7,\ 0.149\,2]$ 和 $[0.193\,6,\ 0.193\,8]$。因此,可构建如下双门限模型:

$$\mathrm{TFP}_{it} = \alpha_{it} + \beta_1 \mathrm{TAX}_{it} I(\mathrm{EXP} \leqslant \eta_1) + \beta_2 \mathrm{TAX}_{it} I(\eta_1 \leqslant \mathrm{EXP} \leqslant \eta_2)$$
$$+ \beta_3 \mathrm{TAX}_{it} I(\mathrm{EXP} \geqslant \eta_2) + \gamma_1 \mathrm{BE}_{it} + \gamma_2 \mathrm{TE}_{it} + \gamma_3 \mathrm{CE}_{it}$$
$$+ \theta_1 \mathrm{K}_{it} + \theta_2 \mathrm{H}_{it} + \theta_3 \mathrm{MARKET}_{it} + \theta_4 \mathrm{OPENNESS}_{it} + \varepsilon_{it} \quad (6)$$

四　参数估计与稳健性检验

(一) 模型的参数估计

对估计模型(2)进行参数估计,结果见表5:

表5 双门限系数的估计

系　　数	估计值	标准差	t 值
β_1	0.004 192***	0.012 88	2.881 1
β_2	− 0.001 634*	0.001 853	− 1.885 6
β_3	− 0.008 279**	0.004 322	− 2.250 3
γ_1	0.005 038***	0.001 528	6.528 0
γ_2	0.001 602***	0.000 340 4	3.403 6
γ_3	− 0.001 960**	0.000 648 9	− 2.048 89
θ_1	0.046 05***	0.003 587	12.714 6
θ_2	0.001 489**	0.000 566 8	2.264 5
θ_3	0.007 263***	0.001 178	5.655 2
θ_4	0.006 769***	0.001 542	3.680 2

注：*，**，*** 分别表示在10%，5%和1%置信度水平上显著。

（二）影响分析

1. 税负的影响分析 β_1、β_2、β_3

从表5中 t 值的显著性检验发现，β_1、β_2、β_3、γ_1、γ_2、γ_3、θ_1、θ_2、θ_3、θ_4 的 t 检验统计量在统计上都是显著的。显示各分项财政支出、市场化水平、开放程度、物资资本存量、人力资本等因素相对稳定时，宏观税负水平和全要素生产率增长之间存在显著的非线性关系。宏观税负对全要素生产率的动态影响可以划分为三个不同的经济区制：当宏观税负低于14.89%，即位于第一个经济区制时，此时的宏观税负低于阻碍经济效率的水平，全要素生产率对宏观税负的反应系数为0.041 92，即宏观税负每提高1%，全要素生产率提高0.041 92%，宏观税负与全要素生产率同向变动，表明此经济区制中宏观税负的降低并不利于全要素生产率的提高。我国实际宏观税负与门限值14.89%较为接近的年份是2001年（14.86%）。1994—1997年，为抑制经济过热，中央适时提出了"适度从紧"的财政政策，财政政策方面结合分税制改革，强化了增值税、消费税的调控作用，合理压缩财政支出，并通过发行国债，引导社会资金流向。在此期间,财政赤字逐年缩小,然而财政收入占国民收入和 GDP 的比重较低,特别是中央财政占财政总收入的比重没有提高,财政职能被肢解的矛盾仍未解决。1997 年下半年东南亚金融危机使我国的外贸出口受到很大的影响,为此国家不得不实施积极的财政政策,扩大内需,以拉动国民经济的增长。积极财政政策对经济的拉动作用非常明显。每年发行的长期建设国债投资大量的项目,直接增加了固定资产投资,促进了经济增长。1998—2001 年我国宏观税负水平也有了较大的增长。但总体而言,此时的宏观税负水平低于经济结构调整所需要的规模,不利于经济效率的提升;当宏观税负介于 14.89%—19.37% 时,即位于第二个经济区制时,全要素生产率对宏观税负的反应系数为 $-0.001\ 634$,即宏观税负每降低 1%,全要素生产率提高 $0.001\ 634$%,此时宏观税负变动对全要素生产率的影响较弱。当时我国实际宏观税负与门限值 19.37% 较为接近的年份是 2007 年(19.36%)。2002—2006 年,我国继续实施积极稳健的财政政策,财政收入继续保持快速增长,同时财政支出结构也得到进一步优化,社会保障补助支出、抚恤和社会福利救济费、教育支出均快速增长。工业产品结构调整也取得新进展,第三产业保持稳定发展。此间虽然财政收入增长较快,由于优化了财政支出结构,促进第三产业的发展,经济效率和创新水平提升显著,因此,宏观税负的增长并未显著阻碍全要素生产率的提升;当宏观税负高于 19.37%,即位于第三个经济区制时,全要素生产率增长率对宏观税负的反应系数为 $-0.008\ 279$,与第二个经济区制相比,宏观税负水平的变动对全要素生产率的抑制作用有了显著上升,说明当宏观税负水平高于 19.37% 时,宏观税负水平的下降对全要素生产率的促进作用显著增强。2008 年伊始,为抑制经济过热,我国原本计划执行稳健的财政政策,然后随着全球金融危机的影响,我国外企出口下滑显著,为防止金融危机对我国经济的不利影响,我国转为积极的财政政策,中央政府增加 4 万亿元投资拉动经济增长。积极的财政政策使我国较快摆脱了金融危机的不利影响,但却使经济结构进一步失衡,宏观税负的进一步提高,却抑制了经济效率和全要素生产率的增长。此后,我国经济结构调整和创新的速度赶不上财政收入增长的速度。换言之,当税负较轻低于14.89%时,提高税率会提高经济效率。而当税负较重高于19.37%时,过高的税负损害市场主体创新的积极性,对经济效率形成严重抑制。一言以蔽之,我国宏观税负水平的最优目标控制区间应为[14.89%,19.37%]。我国的宏观税负水平已经超过最优宏观税负水平,如果宏观税负水平继续增长,必将对经济效率形成严重抑制作用,因此应当适当降低我国的宏观税负水平。依照我国2012年实际税负水平22.85%,未来我国的宏观税负率至少需要削减3.48%。

附录表6是我国各省区市1994—2012年宏观税负的分布情况。从附录表6可以看出,我国的宏观税负水平存在显著的省际差异。西部地区宏观税负普遍偏高,1998年之前,全国宏观税负普遍小于第一个门限值14.89%时,西部地区的宁夏、贵州、甘肃、青海、云南的宏观税负已超过第一个门限值14.89%,并且2010年之后这些省区市的宏观税负普遍超过30%。与经济发展水平相比,西部地区税负普遍偏高;中部地区的湖北、河北、山东、江西、湖南宏观税负普遍较低,2006年之前多数处在第一个门限值之内,2006年之后多数处在第二个门限值之内,较低的税负水平不利于政府的财政职能发挥;东部地区经济发展水平高,税源充沛,其税负水平理应最高。而东部地区的江苏、广东、福建、浙江、天津等地的宏观税负较低,当2010年全国宏观税负水平普遍提高时,这些省份仍大多处在第一个门限值之内。东部地区较高的经济发展水平与较低的宏观税负水平不对称。

2. 财政支出的影响分析

实证结果显示,不同的财政支出项目的影响效应大小不一且方向不尽相同。公共资本支出对全要素生产率的正向影响最大,科教文卫支出次之,消费性支出对全要素生产率是负的影响。公共资本支出对生产率的影响为正,表明在宏观税负不变时,提高财政支出中的公共支出占比有助于促进生产率增长。当宏观税负处于14.89%—19.37%时,公共资本支出的影响系数绝对值大于宏观税负影响系数的绝对值,即平均来说,征税用于公共资本支出有助于生产率的提升。近年来我国公共投资占比呈现逐渐下降的趋势。因此,政府财政支出应该增加公共支出的比重;科教文卫支出的系数显著为正,表明在宏观税负不变时,提高财政支出中的科教投资占比也有助于促进生产率的增长。当宏观税负处于14.89%—19.37%时,科教文卫支出的正影响系数与宏观税负的负影响系数绝对值相当,表明征税用于科教文卫支出对生产率无显著影响。在经济发展中,科教文卫水平一直起到核心作用。而近几年来我国科教文卫方面的支出并没有显著的提高,对教育、医疗、养老的基本需要远远得不到满足。严重制约了科技创新水平和消费需求水平的提高,因此,今后应该适当增加科教文卫支出比重;消费性支出的影响系数为负,表明在宏观税负不变时,征税用于消费性支出将会阻碍生产率的提升。一般而言,行政开支缺乏监督,易使用不当,不能真正惠及需求者。行政管理费的急剧增长压缩了公共产品或准公共产品的支出。今后应减少行政管理费的支出,提高消费性支出的使用效益。

3. 其他控制变量的分析

实证结果显示,人力资本、物资资本、市场化水平和开放程度对生产率的影响为正且显著。物资资本每增加1万亿,生产率增长可提高0.046 05。提高物资资本存量,可以显著提高生产率增长率,表明我国资本增进型技术进步的特征较为显著;就业人口中大学生比例每提高1%,生产率增长将会提高0.001 489%。表明提高人口的受教育程度,将会促进生产率增长;市场化水平每提高1%,生产率会提高0.007 263%。表明国有化程度越高,越不利于技术进步。可能国有企业更多依靠其垄断地位和规模经济,技术研发动机较低。应该降低民营资本的市场准入,提高市场化水平;开放程度每提高1%,生产率会提高0.006 769%。表明开放程度的深化有助于技术效率的改善,内在的逻辑可能是对外开放可以引进国外先进技术,同时国际竞争又会促使国内企业提高技术创新水平。

(三)稳健性检验

由于全要素生产率从时间的变化上来看往往具有一定的相关性,

相邻各期的全要素生产率存在滞后影响，如果采用静态模型进行分析，可能存在着严重的模型设定问题，使得分析结果的可信性大大降低。因此，为了检验稳健性，建立如下的动态面板门限模型（dynamic panel threshold model，DPTM）：

$$\begin{aligned}
\text{TFP}_{it} = \alpha_{it} &+ \lambda \text{TFP}_{it-1} + \beta_1 \text{TAX}_{it} I(\text{EXP} \leqslant \eta_1) \\
&+ \beta_2 \text{TAX}_{it} I(\eta_1 \leqslant \text{EXP} \leqslant \eta_2) + \beta_3 \text{TAX}_{it} I(\text{EXP} \geqslant \eta_2) \\
&+ \gamma_1 \text{BE}_{it} + \gamma_2 \text{TE}_{it} + \gamma_3 \text{CE}_{it} + \theta_1 K_{it} + \theta_2 H_{it} + \theta_3 \text{MARKET}_{it} \\
&+ \theta_4 \text{OPENNESS}_{it} + \varepsilon_{it}
\end{aligned} \qquad (7)$$

此动态面板门限模型是汉森（1999）静态面板门限模型（panel threshold mold，PTM）的推广。本文利用动态模型捕捉和检验相邻各期全要素生产率之间的影响。从模型的设定角度来看，由于模型中将被解释变量的滞后也作为解释变量，所以模型具有动态模型的特征。动态面板模型中，因变量的滞后项作为解释变量可能引起解释变量与随机误差项的相关性和解释变量的内生性问题，另一方面可能会导致误差项存在移动平均过程。因此，对于本文所设定的动态面板门限模型，如果利用汉森（1999）静态面板门限模型的估计方法进行估计其估计量具有较大的偏误。本文利用阿雷拉诺和邦德（Arellano & Bond，1991）所提出的 GMM 估计方法，以因变量的一阶差分的滞后项作为工具变量，对上述方程进行估计。门限值的搜索方法仍然采用汉森（1999）建议的拔靴法（Bootstrap）来求得近似分布的临界值。进而获取似然比（Likely hood Ratio，LR）检验的 P 值。若 P 值足够小，则表明存在显著的门限效应，否则不存在门限效应。估计结果如表 6 所示：

表 6　稳健性检验-GMM 估计

系　数	估计值	标准差	TP 值
λ	0.203 1***	0.042 57	3.125 5
β_1	0.003 354**	0.001 412	2.448 9
β_2	− 0.001 307**	0.002 038	− 2.162 7

系　数	估计值	标准差	TP 值
β_3	$-0.006\,623^{***}$	$0.004\,754$	$-2.912\,8$
γ_1	$0.004\,031^{***}$	$0.001\,681$	$5.548\,8$
γ_2	$0.001\,282^{***}$	$0.000\,374\,4$	$2.893\,1$
γ_3	$-0.001\,568^{**}$	$0.000\,713\,8$	$-1.741\,6$
θ_1	$0.036\,84^{***}$	$0.003\,946$	$10.807\,4$
θ_2	$0.001\,191^{**}$	$0.000\,623\,5$	$1.924\,8$
θ_3	$0.005\,810^{***}$	$0.001\,296$	$4.806\,9$
θ_4	$0.005\,415^{***}$	$0.001\,696$	$3.128\,2$

门限值 1:15.36%　　　　门限值 2:20.28%　　　　AR(1)P 值:0.026 2
AR(2)P 值:0.221 7　　　　　　　　　　　　　　Sargan 检验 P 值:0.380 5
Wald 检验的 P 值:0.000 0

注:*,**,*** 分别表示在 10%,5% 和 1% 置信度水平上显著。

　　从模型的估计结果来看,模型仍然存在两个门限效应,并且稳健性检验的门限值分别为 15.36% 和 20.28%,较前面结果稍大。AR(1)、AR(2)是 GMM 序列中差分残差序列的相关性检验,结果表明模型的差分残差序列只存在一阶自相关,但不存在二阶自相关,表明 GMM 估计具有一致性。Sargan 过度识别约束检验的结果表明本文工具变量的选择是合理的,联合显著性 Wald 检验表明模型总体上是显著的。由于自由度减少,稳健性检验的判定系数和模型的系数估计精度有所下降,但绝大部分系数通过了显著性检验并符合理论预期。前期的全要素生产率对于本期的全要素生产率具有显著的正向影响,表明了全要素生产率具有显著的惯性影响特征。与普通门限面板相比,实证结果中解释变量的系数变小但是影响方向未变。稳健性检验并未影响基本的估计结果,进一步验证了我们的假说:当财政支出较低时,宏观税负对全要素生产率具有促进作用;当财政支出较高时,宏观税负对全要素生产率具有抑制作用。

五 研究结论、政策建议与展望

面临转变经济发展方式和提高经济增长效率的时代要求，从经济效率角度深入研究我国宏观税负是否合理，有利于认识生产率的宏观税负的调控区间是怎样的？是转变经济发展方式，进行税制改革宏观层面需要回答的现实问题。对此，通过构建面板门限模型研究使全要素生产率最大化的适度宏观税负区间，得出如下结论：

1. 宏观税负与全要素生产率存在显著的非线性关系

现实经济是动态的非均衡过程，最优税负也是变化的，不存在固定不变的最优税负水平，只存在特定时期的最优调控区间。我国宏观税负的最优门限值水平为 14.89%—19.37%之间，当低于门限值14.89%时，宏观税负的提高有助于提高生产率水平，在门限值之间时，宏观税负对生产率的负效应较弱，当宏观税负高于 19.37%时，宏观税负水平对全要素生产率的抑制作用显著上升。我国当前的宏观税负高于最优区间，偏高并且快速上升的宏观税负已经对中国经济效率产生了严重的阻碍。今后实施财政刺激计划，提高宏观税负水平时，应该审慎选择。

2. 地区宏观税负存在显著的差异

我国宏观税负水平存在显著的省际差异。西部地区的较高税负与相对较低的地区发展水平不相适应；中部地区宏观税负普遍较低，较低的税负水平不利于政府的财政职能发挥；东部地区经济发展水平高，税源充沛，其税负水平却较低。近年来不同发展水平的省级经济同时进入了高税负时期，进而不同程度地阻碍了地方经济的发展。从区域分布来看，与东中部相比，西部地区高税负省份较多。现行税收负担不仅导致了效率损失，同时扩大了地区差距。

3. 财政支出数量和结构影响经济效率,进而影响最优宏观税负水平

税负对经济效率的最终作用取决于它的使用。正确地评价税收政策的效应必须结合财政支出联合确定,不同的支出去向和资金的使用效益决定着税收政策的完整效应。不同的财政支出项目对长期增长的效应大小不一且方向不尽相同。公共资本支出对全要素生产率的正向影响最大,科教文卫支出次之,消费性支出对全要素生产率是负的影响。最优税收区间会随着财政支出结构的变动而变动,若优化财政支出的结构,可以以更少的支出实现同等政策效应,相应地可以征收更少的税收,降低宏观税负水平。

结合本文的研究结果和其他国家的经验,为了达到创新型经济的宏观税负调控目标,未来中国税收改革应考虑以下几个方面:

首先,实施结构性减税,降低宏观税负。结果显示,偏高并且快速上升的宏观税负已经对中国经济效率产生严重的阻碍。我国宏观税负的最优调控区间为 14.89%—19.37%,而 2012 年我国实际宏观税负已达 22.85%,因而需要进行结构性减税。降低创新投资、人力资本的税负水平,减轻创新型企业负担。对不合时宜的税收优惠政策进行清理,逐渐形成鼓励自主创新,促进科技成果转化、节能环保等方面的税收优惠政策体系。同时以科学发展观为指导,改革对地方政府的绩效考核机制,转变政府职能。清理整顿过多过乱的行政性收费和基金,取消不合理收费。配合有效的税费改革,依法征税,保证该征的征上来,该减的减下去,并使财政收入占 GDP 的比重逐步达到最优调控水平。纠正税收扭曲经济效率的情况,促进经济与税收协调发展。

其次,平衡地区税负。宏观税负在地区之间存在显著的差异,制定税收政策时应考虑各地的实际经济环境。但全国整齐划一的税制设计以及高度集中的税权使得地方政府不能根据自身经济发展状况进行税收负担调整。因此,应当赋予地方一定的税政管理权,建立符合地区特点的地方税系。有利于地方政府及时根据本地区经济发展调整税收负担,以降低效率损失。由于西部地区税负较高,所以针对西部地区的税收优惠短期内不宜取消。可以增加对西部地区等经济落后地区的转移支付。注意税收的普遍征收与公平税负之间的权衡。使税收征收与经济发展走向良性循环的轨道。

第三,加强财政支出管理,优化财政支出结构。创新型经济的建设需要确定合理的财政支出的数量和结构。财政支出应该有利于创新和提高经济效率。要由投资驱动型财政支出向创新驱动型财政支出转变。在财政资源配置职能上做好"越位"、"错位"、"缺位"的角色转换,优化财政支出结构。在明确中央政府和地方政府的公共支出责任的基础上,加大医疗卫生、教育、科技、养老等公共性投入,扩大公共产品和准公共产品的供给,特别是提高公共资本支出和科教文卫支出。

本文研究得到我国实施创新驱动发展战略下宏观税负的最优调控目标区间,为我国宏观税负的监测和控制提供了依据。但是仅仅宏观税负的指标并不能精准地实施财税政策,因为不同的税种、不同税类的税负对经济效率的影响可能并不一致,因此,对于创新驱动发展战略下如何有效实施结构性减税这一问题还需要对不同税种、不同税类的税负进一步深入分析,这也是作者未来的研究方向。

参考文献

安体富:《当前世界减税趋势与中国税收政策取向》,《经济研究》2002 年第2 期。

陈莉:《我国宏观税负水平的现状及对策》,《财贸经济》2002 年第1 期。

刘溶沧、赵志耘编:《中国财政理论前沿》,北京社会科学文献出版社 1999年版。

刘溶沧、马拴友:《论税收与经济增长——对中国劳动、资本和消费征税的效应分析》,《中国社会科学》2002 年第1 期。

李俊生编:《财政效率论》,东北财经大学出版社 1994 年版。

刘普照主编:《宏观税负与经济增长相关性研究》,经济科学出版社 2004年版。

李绍荣、耿莹:《中国的税收结构、经济增长与收入分配》,《经济研究》2005

年第 5 期。

马拴友:《宏观税负、投资与经济增长:中国最优税率的估计》,《世界经济》2001 年第 9 期。

单豪杰:《中国资本存量 K 的再估算:1952—2006》,《数量经济技术经济研究》2008 年第 10 期。

杨斌:《宏观税收负担总水平的现状分析及策略选择》,《经济研究》1998 年第 8 期。

岳树民编:《中国税制优化的理论分析》,中国人民大学出版社 2003 年版。

叶振鹏、张馨编:《双元结构财政》,经济科学出版社 1995 年版。

张军、吴桂英、张吉鹏:《中国省际物质资本存量估算:1952—2000》,《经济研究》2004 第 10 期。

赵志耘、夏杰长:《我国宏观税负的定量分析与政策取向》,《数量经济技术经济研究》2001 年第 4 期。

Alesin, A., Di Tella, R., & Macculloch, R.(2004). "Inequality and Happiness: Are Europeans and Americans Different?" *Journal of Public Economics*, 8.

Arnold J.(2008). "Do Tax Structure Affect Aggregate Economic Growth? Empirical Evidence from a Panel of OECD Countries," *OECD Economics Department Working Papers*, p.643.

Hansen.(1992). "Threshold Effects in Non-dynamic Panels: Estimation, Testing and Inference," *Journal of Econometrics*, p.2.

Lee Y., & R.H. Gordon.(2005). "Tax structure and economic growth," *Journal of Public Economics*, 89, pp.1027—1043.

Myles G.D.(2009). "Economic Growth and the Role of Taxation," *OECD Economics Department Working Papers*, pp.713—715.

Scully, G.W.Tax rate, "Tax Revenues and Economics Growth," *Policy Report No.98 National Center for Policy Analysis*, Dallas.

Widmalm F.(2001). "Tax Structure and Growth: Are Some Taxes Better than Others?" *Public Choice*, 107, pp.199—219.

附录

表 7 中国各省根据门限值的区划分（1994—2012 年）

年份	小于门限值 14.89% 的省份	介于门限值 14.89% 和 19.37% 的省份	大于门限值 19.37% 的省份
1994	上海、北京、广东、内蒙古、河南、新疆、四川、江苏、湖北、宁夏、重庆、陕西、辽宁、海南、黑龙江、山西、河北、安徽、山东、贵州、甘肃、广西、江西、湖南、福建、浙江、天津	青海	云南
1995	上海、北京、宁夏、内蒙古、河南、新疆、四川、江苏、湖北、广东、重庆、陕西、辽宁、海南、黑龙江、山西、河北、湖南、安徽、山东、贵州、甘肃、广西、江西、福建、浙江、天津	青海、云南	
1996	上海、北京、宁夏、内蒙古、河南、新疆、四川、江苏、湖北、广东、重庆、陕西、辽宁、海南、黑龙江、山西、河北、安徽、山东、贵州、甘肃、广西、江西、湖南、福建、浙江、天津	青海、云南	
1997	上海、北京、内蒙古、河南、新疆、四川、江苏、湖北、河北、河北、广东、重庆、辽宁、海南、黑龙江、河北、安徽、山东、贵州、甘肃、广西、江西、湖南、福建、浙江、天津	宁夏、青海、云南	

（续表）

年份	小于门限值 14.89% 的省份	介于门限值 14.89% 和 19.37% 的省份	大于门限值 19.37% 的省份
1998	上海、北京、内蒙古、河南、新疆、四川、江苏、湖北、广东、重庆、陕西、海南、黑龙江、山西、河北、浙江、安徽、山东、广西、吉林、湖南、福建、辽宁、天津	宁夏、贵州、甘肃、青海、云南	
1999	上海、北京、河南、新疆、四川、江苏、湖北、广东、重庆、陕西、辽宁、海南、黑龙江、山西、河北、安徽、山东、吉林、广西、江西、湖南、福建、浙江、天津	贵州、宁夏、甘肃	青海、云南
2000	上海、北京、河南、新疆、四川、江苏、湖北、广东、重庆、陕西、辽宁、海南、黑龙江、山西、河北、安徽、山东、吉林、广西、江西、湖南、福建、浙江、天津	内蒙古、贵州	宁夏、甘肃、青海、云南
2001	上海、北京、河南、四川、江苏、湖北、广东、重庆、辽宁、海南、黑龙江、山西、河北、安徽、山东、江西、湖南、福建、浙江、天津	新疆、陕西、吉林、广西	内蒙古、宁夏、贵州、甘肃、青海、云南
2002	北京、河南、四川、湖北、江苏、辽宁、广东、黑龙江、山西、河北、安徽、山东、江西、湖南、福建、浙江、天津	上海、内蒙古、新疆、陕西、海南、吉林、广西	宁夏、贵州、甘肃、青海、云南

（续表）

年份	小于门限值14.89%的省份	介于门限值14.89%和19.37%的省份	大于门限值19.37%的省份
2003	北京、河南、四川、江苏、湖北、广东、重庆、辽宁、黑龙江、山东、河北、安徽、江西、湖南、福建、浙江、天津	上海、内蒙古、新疆、陕西、海南、吉林、广西	宁夏、贵州、甘肃、青海、云南
2004	北京、河南、四川、江苏、湖北、广东、重庆、辽宁、黑龙江、山东、河北、安徽、江西、湖南、福建、浙江、天津	上海、内蒙古、新疆、陕西、海南、吉林、广西	宁夏、贵州、甘肃、青海、云南
2005	四川、江苏、湖北、广东、重庆、黑龙江、河北、安徽、山东、江西、湖南、福建、浙江、天津	上海、北京、内蒙古、河南、陕西、辽宁、海南、山西、吉林、广西	宁夏、新疆、贵州、甘肃、青海、云南
2006	江苏、湖北、广东、河北、山东、江西、湖南、福建、浙江	上海、北京、内蒙古、河南、四川、重庆、陕西、辽宁、海南、黑龙江、山西、安徽、吉林、广西	宁夏、新疆、贵州、甘肃、青海、云南
2007	江苏、湖北、广东、山东、福建、浙江、天津	上海、北京、内蒙古、河南、四川、重庆、陕西、辽宁、山西、河北、安徽、吉林、广西、江西、湖南	宁夏、新疆、海南、贵州、甘肃、青海、云南
2008	江苏、湖北、广东、山东、福建、浙江、天津	上海、北京、重庆、河北、山西、辽宁、黑龙江、陕西、安徽、吉林、广西、江西、湖南	宁夏、内蒙古、河南、新疆、四川、海南、贵州、甘肃、青海、云南

（续表）

年份	小于门限值14.89%的省份	介于门限值14.89%和19.37%的省份	大于门限值19.37%的省份
2009	江苏、广东、福建、浙江、天津	上海、北京、湖北、山东、辽宁、河北、广西、湖南	宁夏、新疆、内蒙古、四川、重庆、陕西、海南、黑龙江、山西、吉林、甘肃、江西、青海、云南
2010	江苏、广东、福建、浙江、天津	上海、北京、河南、湖北、辽宁、山东、湖南	宁夏、新疆、内蒙古、四川、重庆、陕西、海南、黑龙江、山西、安徽、甘肃、广西、江西、青海、云南
2011	江苏、广东、福建、浙江、天津	上海、河南、湖北、辽宁、山东、湖南	北京、宁夏、新疆、内蒙古、四川、山西、重庆、陕西、河北、安徽、贵州、甘肃、广西、江西、青海、云南
2012	江苏、福建、浙江	上海、内蒙古、河南、湖北、辽宁、山东、湖南、天津	北京、宁夏、新疆、四川、重庆、陕西、海南、黑龙江、山西、甘肃、安徽、贵州、广西、江西、青海、云南

"确权—行权—监权"框架下
央地政府间关系困境与路径研究
——对我国城市网约车政策过程的考察与分析[*]

郑浩生　　陈思思　　王楚瑶[**]

[内容提要] 央地政府间关系是影响公共政策过程及其效果的重要因素。构建"确权—行权—监权"央地政府间关系的三维分析框架,通过考察我国 21 个城市网约车政策过程,发现央地政府间存在角色偏差、权责失衡、监管存异等现实困境。从政策"制定—执行—监督"过程看,应通过健全法律制度和科学配置职能厘清央地"确权"关系。

[关键词] 央地政府间关系,确权—行权—监权,政策过程,网约车治理

[Abstract] The relationship of central and local governments is an important factor that affects the process and effect of public policy. In this paper, through the construction of a three-dimension analytical framework of the inter-governmental relationship reflecting "the power of determination, the power to exercise and the power of supervision", taking the policy process of 21 urban network car in China as an example, it is found that the centraland local governments in our country have the practical difficulties of role deviation, unbalance of power and responsibility, supervision deposit in the process of promoting public policy.

[Key Words] Relationship Between Central and Local Governments, the Power of Determination-the power to Exercise-the Power of Supervision, Policy Process, Car-hailing Service Management.

＊ 本文系 2017 年国家社会科学基金一般项目(项目编号:17BGL264)、广东省财政科研课题(项目编号:Z201769)、2018 年广州市服务型政府绩效管理研究基地一般课题(项目编号:2018SKJD02)的研究成果之一。

＊＊ 郑浩生,华南农业大学公共管理学院,讲师;陈思思,同济大学政治与国际关系学院,硕士生;王楚瑶,华南农业大学公共管理学院,本科生。

一　引　言

中共十九大提出："中国特色社会主义制度更加完善,国家治理体系和治理能力现代化水平明显提高。"立足于国家发展战略,这一目标至少包含两层含义:一是现代化发展的客观实际要求国家必须不断提升自身的治理能力和治理水平;二是必须通过制度化的手段和方式去实现治理能力和治理水平的现代化。处理好央地政府关系,不仅抓住了国家治理体系的"牛鼻子",而且是实现区域治理水平现代化的关键路径。在全球化和后工业过程中,随着互联网技术的高速发展,网约车作为共享经济的新产物,为人民生活带来了全新的体验。网约车在给人们的出行方式带来巨变的同时,也带来了一系列的地方治理问题。同年的政府工作报告表示,"支持和引导共享经济发展,提高社会资源利用效率,便利人民群众生活。本着鼓励创新、包容审慎原则,制定新兴产业监管规则。"因而网约车监管政策应运而生。网约车政策的推行过程考验着中央和地方政府的治理能力,而央地关系又深刻影响着地方网约车的政策推行过程,从而影响着政府的治理效力,因而央地关系在城市网约车政策推行的过程中显得尤为重要。鉴于此,本文以城市网约车政策为例,构建"确权—行权—监权"央地政府间关系的三维分析框架,对城市网约车政策推进过程中央地政府关系存在的问题进行全面剖析,并提出优化路径和对策建议,以期为理顺公共政策推行过程中央地关系和城市网约车治理问题提供科学依据和决策参考。

二　文献评述与研究特色

央地政府间关系作为现代国家治理体系的核心关系,是贯穿我国政治发展过程的一条主线,同时也是我国体制改革中亟需解决的关键问题。政府间关系涵盖不同层级的纵向政府间关系和横向的各地方政府间关系(林尚立,1998),当前学界关于央地关系的研究主要聚焦于体制机制、权责配置、政策过程、组织特点和治理行为等不同层面,从而形成关于央地关系的不同解释模型与分析框架:郑永年(2013)认为中国的央地关系体制是介于地方自治制度和联邦制之间的一种"行为联邦制";曹正汉(2011)提出"上下分治的治理体制"并认为治理权力应划分为"治官权"和"治民权",分别将其划予中央和地方;周黎安(2014)用"行政发包制"这一概念来描述中央与地方治理行为中的发包关系;"中国特色财政联邦主义"(Gabriella Montinola,1995)认为,财政权力关系是央地关系的核心,伴随中央财政权力的下放和地方财政自主权力的上升,处理好央地关系亟需合理调整央地的财事权配置;"民主集中制"(郑永年、王旭,2011)认为,当前央地关系的主要问题突出体现在中央集权但欠缺权力,地方分权却缺乏民主,因而理顺央地关系的核心在于构建选择性集权和制度性分权,体现央地关系中的中央性与人民性;"压力型体制"(杨雪冬,2012)描述了中央通过层层分解的责任目标对地方政府的压力型治理行为,反映了央地关系在治理行为过程中的实际运作状态;"分权式威权制"(许成钢,2014)认为,中央对地方高度的政治与人事控制权与向地方高度的经济放权相结合是我国央地关系权力配置的特点;李永晟(2014)认为,央地关系影响并制约着政府的政策制定与执行,完善政策过程首先要理顺央地关系;周雪光(2017)通过对中国国家治理的组织行为学分析,深刻分析了中国国家治理中央地关系的制度逻辑,并揭示了中国运动式治理的组织动员形态。

上述研究从不同的理论视角和分析框架描述了我国央地政府间关系的动态过程及其复杂性。然而,现有研究还没有从公共政策推行过程(制定—执行—监督)探讨央地政府间关系,而以具体的政策实例的实证研究更是凤毛麟角。从公共政策视角看,政策的"制定—执行—监督"过程离不开中央与地方政府体制环境的相互作用,而这种体制环境突出表现为央地政府间关系,反过来,政策的"制定—执行—监督"过程又进一步重塑了央地政府间关系。网约车作为共享经济的新生产物,网约车治理难题已成为各界讨论的热点和焦点,以往学者主要集中于政府规制与行政合法性等方面开展研究,还未见针对城市网约车政策过程中的央地政府间关系进行专门探讨。鉴于此,本文通过构建"确权—行权—监权"央地政府间关系的三维分析框架,以我国 21 个城市网约车政策为例,深入研究在网约车政策推行过程中央地政府关系的现实困境及其优化路径。在"确权—行权—监权"央地政府间关系分析框架中,"确权"是指在角色定位基础之上的中央与地方政府的权责划分;"行权"是指政府在权力行使(如职能发挥、政策执行)的过程中体现出的央地关系特征;"监权"是指政府在政策制定与执行的过程中公权力受到的监督约束与限制程度,重点表现为中央对地方权力的约束和民众对政府权力行使的监督,"确权"、"行权"和"监权"深刻影响着公共政策全过程的合法与有效。

本文的研究特色主要体现在(见图 1):一是从公共政策过程视角,构建"确权—行权—监权"央地政府间关系的三维分析框架;二是以我国 21 个城市的网约车政策为例,基于央地"确权—行权—监权"关系分析框架,对政策制定、执行、监督过程中的现实矛盾及困境进行全面剖析,提出优化路径和政策建议。

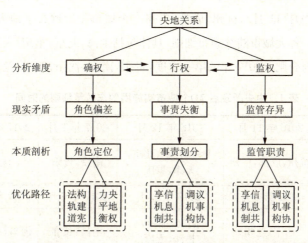

图 1 "确权—行权—监权"框架下网约车政策中的央地关系

三 确权—行权—监权:一个央地
政府间关系分析框架

(一)城市网约车政策推行概况

在中国,公共政策创新过程一般经由中央出台政策到地方执行政策,即纵向自上而下的政策执行模式,这种模式映射出我国单一制体制下政策执行中纵向央地政府间关系。2016 年 7 月 28 日,交通运输部联合公安部等七部委发布《关于深化改革推出出租汽车经营服务管理暂行办法》,随后各地细则密集出台。本文以中央七部委颁布的《暂行办法》为划分点,考察在该政策颁发后的一年时间里全国 21 个城市网约车政策执行情况。截止至 2017 年 7 月,我国中央和地方政府颁布的网约车监管政策正式文件共 136 件,其中,中央政策文件 3 件,地方细则 133 件;北京、天津、上海、重庆四个直辖市以及河南、广东、江苏等 24 个省(区)发布了网约车实施意见。除此之外,还有 86 个城市已经或正在公开征求意见。据表 1 所示,在中央颁布网约车新政后,各大城市在短时间内颁布和实施了关于网约车经营服务管理的细则。在中央实施政策的当月(11 月),杭州、成都、广州三个城市先后颁布了地方细则,在 12 月,各大城市陆续颁布细则,具体包括上海,北京,重庆,天津四个直辖市与合肥。2017 年的第一季度,贵阳,南京,沈阳,西宁,兰州先后

表 1　中央新政后 21 个城市实施网约车政策细则的时间

时间	2016 年 11 月	2016 年 12 月	2017 年 1 月	2017 年 2 月
城市	杭州,成都,广州	上海,合肥,北京,天津,重庆	南京,贵阳	沈阳
时间	2017 年 3 月	2017 年 4 月	2017 年 6 月	2017 年 7 月
城市	西宁,兰州	武汉,福州,长沙,太原	南昌,长春	海口,石家庄

实施地方细则;第二季度,武汉、城市、福州,太原,南昌,长春六个省会城市陆续实施地方细则;在中央政策颁布第一年的最后一个月(2017年7月),海口和石家庄先后实施地方细则。

(二)"确权—行权—监权"央地关系探析:以城市网约车政策为例分析

从网约车出现到中央政府出台新政措施,到地方政府进行政策解码和出台细则的政策执行全过程,折射出中央和地方政府在确权、行权和监权等三个层面的关系。

1. 确权:基于职能不同的央地角色定位

央地关系的角色定位是中央与地方政府在国家与社会治理中所处的角色与关系结构,它影响和制约了社会的有效治理,中央政府与地方的角色定位又基于国家结构不同而有所区别。在中国特色社会主义社会中,中央政府的角色定位是国家政策的制定者,是不同层级政府实行政策立法权的界定者,是整个社会主义市场秩序的监督者和维护者,均衡国家经济结构,地方政府是政策的执行者,是局部区域市场秩序的监管者与维护者。角色的正确定位,一是可以避免上级政府出台政策由下级政府买单,由于下级政府"越位"等行为而带来的基层政府治理难题。二是将政策的组织和实施的职权进行划分,由不同级的政府承担公共项目的生产、实施及管理过程的不同内容,提高政府的效力。一旦政府角色没有被正确定位,导致职能混乱,政府在市场监管中容易出现"缺位"、"错位"等现象而导致市场失灵。在网约车监管中,角色定位意味着中央与地方政府需要合理划分网约车监管的关系结构,中央政府作为网约车监管政策的统一制定者和政策立法的界定者,需要出台网约车监管的统一政策,进而引导地方政策的制定与执行,同时需要对网约车的数量、水平、标准、支出规模、预期效益等政府实施政策的相关职权进行合理调配和划分,并在此基础上形成不同层级政府角色的正确定位。

2. 行权:基于公共需求的央地权责划分

合理划分中央与地方财政事权和支出责任是政府有效提供基本公

共服务的前提和保障,是建立现代财政制度的重要内容,是推进国家治理体系和治理能力现代化的客观需要。奥茨(Oates,1972)对于分权合理性的阐述可以归结为"分权定理":"对于某种公共产品而言,如果对其消费涉及全部地域的所有人口的子集,并且关于该物品的单位供给成本对中央政府和地方政府都相同。"奥茨的分权定理建立在选民偏好的差异和央地等份供给公共产品的假定上,从中国特色社会主义的现实实践分析,即政府政策制定,政府间财政事权与支出责任需基于公众需求而制定,从而实现帕累托最优,这也是中国民主社会发展与社会主义市场经济发展的需求。基于公共需求的政府责任能够促进各种资源的流动和经济、技术的交流与合作,从而推动统一市场的发育和形成。但我国各级政府的权责划分不清晰,省以下政府财政事权和支出责任划分不尽规范,各级政府职能与事权责任高度重叠,"职责同构"弊端突出,政府职责在各级政府间的分工缺乏明确的规定,具体公共管理项目在各级政府的职责分工上模糊不清或交叉重叠,矛盾冲突,不少管理项目很难说清究竟归哪一级政府管理,迫于自上而下的压力型体制和上级政府人事任命权的压力,下级政府往往承担超额的由上级政府通过行政发包的项目,强制性的行政发包容易造成中央与地方政府政策制定与执行忽视社会的公共需求,一些本可由市场调节或社会提供的事务,政府包揽过度,限制社会力量的发挥和市场资源的合理配置。政府权责划分模糊也使得地方保护现象普遍存在,中央的宏观调控职能减弱,社会治理的层级政府权责混乱。在网约车监管中,需要在公共需求的基础上合理划分中央与地方政府的监管事权与支出责任,发挥中央政府宏观调控这只"有形的手"以促进市场的正常运行,而地方政府间需要从各方主体的需求出发明确自身的监管职责,进一步开放网约车市场,同时基于社会需求合理调动市场与社会力量加强网约车市场运营与监管,加强区域的交流与协作,实现资源互补和共享,真正释放共享经济的发展红利。

3. 监权:基于"市场保护"的央地监管考量

监权指各层级政府在发挥市场监管职能的过程中,各层级政府通过一系列的制度安排或政策措施限制和规范市场经济活动和行为的权力,在网约车监管中则表现为各层级政府为网约车设置各种市场准入条件,如车辆要求与驾驶员户籍等,以规范网约车市场和营造健康的运营环境。特里希(Richard W.Tresch, 1981)的偏好误识论从信息不完全和不确定性角度出发,对中央政府完全了解社会福利函数偏好序列提出疑问,由此认为地方政府比中央政府更了解本地居民的偏好,不易发生"偏好误识"。随着社会的发展,中央政府制定政策,地方政府落实政策的简单"委托—代理"已经不适用于民主化社会的发展,政策在地方实施中容易产生"政治扭曲"(政府政策与偏好之间的偏差),这一现象在中国中央政府与地方政府政策推行的过程中仍表现显著。在网约车合法化过程中,中央政府根据市场出现情况制定新政,地方政府进而根据区域治理与发展需求制定密集的细则以限制和规范网约车市场,由中央政府与地方政府主导的"委托—代理"现象明显,最终一系列脱离保护市场机制的规定阻碍了共享经济焕发活力,市场失灵。

Qian & Weingast(1997)提出适当的联邦体制结构与市场经济互为促进的一种称之为"市场保护型"的财政联邦制(market-preservingfederalism)。市场保护型的财政联邦制理论认为有助于市场效率的政府既是有效的又是有限的,它能够提供一种有效的市场激励机制,以防止"政府掠夺问题与防止政府的预算约束软化。在这个行动框架内市场机制受到维护和促进,从而市场交易各方都从市场增进中获益,这符合中国政府对共享经济监管现状存在问题的解决。在网约车的监管中、市场监管的"委托—代理"模型是由市场中乘客、司机、网约车公司平台等多元主体与中央政府、地方政府间共同形成的,政府间的关系构建应考虑对市场机制的保护和地方政府基于地域优势对市场需求的获取,根据市场经济发展的实际需求合理设置央地监管考量标准,避免中央政府监管"一刀切",使政府监管效力有效且有限,并能够有效促进社会主义市场经济的发展。

四 "确权—行权—监权"框架下
央地政府间关系困境

在很多公共领域,中央与地方间关系在不同程度上还存在不清晰、不合理、不规范等问题。主要表现在:政府角色定位不清,一些本可由市场调节或社会提供的事务,政府包揽过多;中央与地方财政事权和支出责任划分不尽合理;地方政府监管考量不同,一些本应由中央负责的事务交给地方承担,一些宜由地方负责的事务,中央承担过多等。十九大《政府工作报告》中明确提出"以机制体制创新促进分享经济发展",但我国在对共享经济的监管政策执行中仍体现出事权与责任划分不明确、监管无效等情况,政府对网约车的监管导致市场失灵事件则深刻反映这一现象。

财政联邦主义有广义和狭义的区分,狭义的财政联邦主义是指联邦政府和各成员政府间有各自不同的立法机关和行政机构,它们在其范围内各自行使权限,财政联邦主义概念更广泛地从政治含义来理解;广义的财政联邦主义则讨论推广到所有国家的财政分权问题,财政联邦主义概念更多地从财政含义来理解。鉴于政府监管不当引发市场失灵,本部分基于狭义的财政联邦主义理论,运用央地政府间"确权—行权—监权"的三维分析框架深入厘清网约车监管政策过程央地政府间在权力确定、行使与监管中的深刻关系。(见图2)

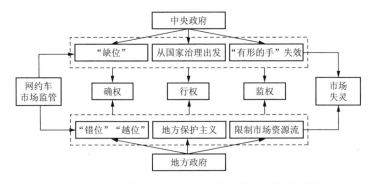

图2　央地政府间"确权—行权—监权"三维关系框架图

从网约车出现到政府颁发网约车新政,网约车发展经历了"出现—被传统出租车行业抵制—磨合—合法化"系列过程;在这过程中,网约车在带来便利的同时,也给社会带来一定的不良影响。纵观中央部委颁布的网约车新政和之后各地的细则,我们发现央地政府间关系存在"角色偏差—事责失衡—监管存异"的问题(见图3),也正是这些问题导致政府对网约车市场监管失效。

图3 央地政府间关系现实矛盾图

（一）央地"确权"关系:网约车政策推行过程中的角色偏差

角色的正确定位一是可以避免"中央点菜,地方买单"。中央政府出政策由地方政府贯彻执行而导致地方政府政策执行负担过重,由于地方政府财力有限而影响政策执行效果,同时也由于中央政府与地方政府利益的结构性冲突和地方政府的狭隘利益导致主体趋利的机会主义行为,进而影响决策执行的质量,从而出现地方政府政策执行的"错位"、"缺位"与"越位"等基层治理难题。(见图4)二是可以将政策的组织和实施的职权进行划分,由不同级的政府承担公共项目的生产、实施及管理过程,提高政府的效力。

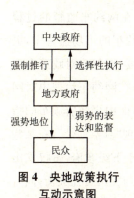

图4 央地政策执行
互动示意图

在网约车监管政策执行中,中央政府并没有对网约车的数量、水平、标准、支出规模、预期效益等政府实施政策的内容相关的职权进行划分,在此基础上形成不同层级政府角色的正确定位,致使地方政府在对网约车的监管中过度使用自由决策权,致使各地细则不一,网约车市场发展受限。北京、上海、天津等地方政府异常严苛的网约车规定,实质上是政府部门代替市场去配置与私人物品相关的资源。各地细则如雨后春笋般出现,内容规定和实施力度不一、网约车市场监管出现混乱,最终导致市场失灵。尽管中央部委颁布的新政对地方政府制定细则有一定的定向与导向作用,但中央政府并没有对地方政府在网约车监管问题上进行职权划分,因而地方政府在实际执行过程中出现"缺位"现象,比如没有提供乘客在遭遇拒载和加价现象时的多样化投诉渠道等。与此同时,部分地方政府以行政手段过度干预市场秩序,如对网约车的运价、市场数量进行管制,其实质是政府角色的"错位",不利于网约车市场的健康发展。

(二)央地"行权"关系:网约车政策推行过程中的事权与支出责任失衡

党的十八届三中全会明确指出要"建立事权和支出责任相适应的制度,中央和地方按照事权划分相应承担和分担支出责任。"为规范网约车市场的发展,中央政府制定了相关政策,即网约车新政,并把具体细则的制定权力交予地方政府,央地政府共同推行网约车监管的政策,随之产生各级政府对网约车市场监管的责任。在网约车监管的过程中,中央政府在角色定位上存在偏差,使其在网约车的市场监管中,更多地利用其权威性去增加政策执行的强度与广度,而忽略对政策有效性的把控,没有发挥其作为政策执行的行政主体在网约车治理中对网约车市场进行宏观调控和监督管理的重要职能,而中央政府颁布的指导性的政策也缺失全面性,导致某些管理领域出现"真空地带",在某些情况下会将本该中央政府管理的事项层层下压于下级政府,事权支出没有配置到位,导致网约车监管执行中出现事权与支出责任失衡;同时地方政府由于角色越位,在进行政策执行时,在"理性经济人"导向下,更多考虑的是本地区的利益需求与地方政府间绩效竞争问题,从需要出发进行政策推广,造成横向间的地区恶性竞争,中央政府又缺乏合理的转移支付与事权调配,进一步加剧了地区发展的不平衡,严重阻碍网约车统一市场的流动与发展。如:京沪地区的"本市户籍"规定,有利于对经济下行背景下失业人员再就业的本地保护,但却限制了网约车市场中资源的流动,致使共享经济发展受限,无法焕发其活力。同一新政下地方的不同细则,正是央地政府事权与责任失衡的一种表现,央地政府并没有合理地使用自己的权力去监管网约车并促使其良性发展,承担相应的政府责任。

（三）央地"监权"关系：网约车政策推行过程中的监管存异

中央政府在颁布一项法律或规定时，更多考虑社会的整体发展和公众的利益需求，而在政府官员"理性经济人"导向下，地方政府考虑的更多的是本地区的发展问题。中央政府对网约车的合法化，更多是以更好规范网约车行业发展和保护社会公众的安全利益为目标，而地方政府的网约车细则，则更多的是为追求地区发展和为自身治理的便利，如：在面对网约车C2C模式的不确定性时，各地细则对网约车车辆准入条件、司机户籍等作出严苛规定，便于地方政府对管理对象的确定，降低其管理难度。由于央地政府对网约车这一新生业态发展有不同考量，网约车新政在地方政府的具体规制中出现"失之毫厘，差之千里"的情况。

在中央政策颁布后，地方细则在短时间内密集出台，且细则差异性大，地方网约车市场的准入条件严苛。地方政府在设置地方网约车细则时，设置了严格的城市网约车市场准入条件：包括车辆要求与驾驶员户籍等，其中以网约车驾驶员的户籍标准与车辆的轴距与排量标准最为严苛。户籍标准方面：除重庆以外，其他城市都对驾驶员的户籍有高要求，北京、上海与天津这三个直辖市需要本地户籍，南京，武汉，广州，成都等省会城市规定驾驶员户籍需以本地户籍或者居住证为主，由此可见，地方政府为了保护地方城市的发展与治理，限制了网约车市场中外地人员进入本地的网约车市场进行竞争，网约车市场出现分割状态。车辆标准方面：除贵阳外，其他20个城市均对网约车车辆的轴距与排量标准设置了一定的条件，不同城市设置了不同要求，以北京为例，其对车辆轴距和排量的标准要求为：5座三厢小客车：轴距达到2 650 mm（含新能源车）以上，排气量达到1.8升以上；7座乘用车的排气量需要达到2.0升以上，轴距需要达到3 000毫米以上。天津，重庆，杭州等城市也对网约车的车型排量和轴距设置了不同的标准，而符合这些城市的车辆排量和车辆轴距要求的车辆价格多在十三四万元左右，地方政府在设置标准以满足地方利益与治理需要的同时使得大量的网约车司机与车辆失去运营资格，网约车市场资源合理配置的基础条件受限。

表 2　城市政策文件中关于网约车驾驶员户籍标准规定

驾驶员户籍标准	城　市
本市户籍	北京,上海,天津
本市户籍或居住证	兰州,石家庄,福州,南京,沈阳,西宁,合肥,南昌,武汉,长沙,广州,海口,成都,贵阳
本市常住户口或居住证	长春
本市户籍,或在本市取得浙江省居住证 6 个月以上,或在本市取得浙江省临时居住证 12 个月以上	杭州
有本市常住户口或取得本市居住证 1 年以上	太原
无具体规定	重庆

网约车监管考量的千差万别限制了网约车市场中资源的有效配置。各城市对网约车车辆准入条件、司机户籍等作出不同规定造成城市间无法实现资源互补和共享,网约车市场的流动与发展受限,共享经济的红利无法真正释放。

五　"确权—行权—监权"框架下央地政府间关系优化路径

(一)立法确权:健全法律制度,科学配置职能

1. 构建宪法轨道,法定政府权责

国家基本法律即宪法需明确规定和有效规范中央与地方政府间的权责关系。宪法侧重于抽象的政治原则,①与党的权力具有统一性质。

---

①　我国宪法第三条规定,"中央和地方的国家机构职权的划分,遵循在中央的统一领导下,充分发挥地方的主动性、积极性的原则"。第六十七条规定,全国人民代表大会常务委员有权解释宪法、监督宪法的实施;有权撤销省、自治区、直辖市国家权力机关制定的同宪法、法律和行政法规相抵触的地方性法规和决议。第六十九条规定,国务院统一领导全国地方各级国家行政机关的工作,规定中央和省、自治区、直辖市的国家行政机关的职权的具体划分。

必须依据相关的"法"来确定中央与地方政府应当被授予的权力以及所必须承担的相匹配、相对应、相适应的责任。在"有限授权"前提下,"越位"、"错位"才会被合理地、有效地遏制;"缺位"才会被可监督地、可追究地遏止。

2. 健全央地制度,平衡角色定位

央地关系的法治化是央地权力关系平衡的制度性前提,中央权力与地方权力要作法治化制度化切割与关联。在现行的制度中,"法律—行政法规—部门规章—部门内部规范性文件"之间并没有实现很好衔接,顶层设计中的一些立法理念缺乏操作层面的实施细则作为必要支撑。因此有学者提出,制定《中央和地方关系法》实现中央和地方之间的制度化分权。以制度为蓝本,中央与地方两者自身和相互之间践行法律性承诺,履行自身义务,有利于促进国家的稳定和地方的发展。央地相互尊重。制度化的中央权力与地方权力,都是公共权力,来自公民,必须把握好权力边线,不越权。面对的是偌大的中国,中央处理的是全国宏观的利益,地方处理的是区域利益,两者需尊重差异性,利益可以协同共治,但制度规定的权威性必须尊重。

网约车行业发展属于全国性问题,而各地发展模式又不尽相同。因此,网约车监管和治理应由中央和地方协同共治,由中央政府出台宏观政策,同时对地方权力加以管制,比如设置最低标准和最高标准,以避免地方政府不作为或过度作为。地方政府则应发挥积极性,行使用应有权力和承担应有责任,结合中央宏观政策和当地实际情况,准确地、不失公正地做出符合当地发展需要、国家总体战略的地方具体实施细则。

（二）交互行权:强化央地交流,构建央地"交互共治"模式

央地关系应该突破传统行政性"集权—分权"框架,打破"委托—代理"、"监督和被监督"的相互对立模式,向"央地交互共治"模式逐渐转变。中央政府应以"无形之手的原则"①引导地方政府走向合作方向

---

① 即通过低估项目的复杂性而增强项目的可行性。

（Hirschman，1967），央地要在"权责法定"的基础上加强有效沟通，协同合作处理社会公共问题。

1. 完善信息共享机制，促进央地交流

信息是政府行政管理活动得以顺利开展的前提条件，现代政府只有在获得真实、丰富的信息基础上才能对环境作出正确的反应。应该建立信息共享机制，构建中央政府及其部委与地方政府及地方政府各部门间的制度化的信息交流，规范两者之间信息交流的内容、范围、时间、方式等。同时，应利用网络技术，依托地方政府政务局域网，建立中央政府及其部委与地方政府及地方政府各部门间的信息交流平台。除了正式的制度化信息交流外，公务员之间的非正式信息交流也很重要。例如，中央政府及其部委与地方政府及地方政府各部门间可以定期举办联席会议进行信息的交流；中央政府及其部委也可以下派中央公务员到地方，设立驻地办，获取地方准确的实际的具体的信息。

2. 建立议事协调机构，提高行政效能

在职能交叉领域和新的公共事务治理领域，中央政府（部委）与地方政府间关系可能陷入无序之中，出现争权、推诿等现象。由于中央政府及其部委的利益诉求与地方利益有时有着明显差别，因此，部委与地方政府在一定条件下出现利益矛盾在所难免。两者之间的冲突、纠纷，应该通过协商途径解决。并且行政执法的综合性越来越强。这些都要求加强央地政府间的协调、沟通。因此需要明确两者之间协调的程序和制度，设立议事机构负责它们之间的协调，以确定权力行使主体和减少责任推诿，实现协调的有效性和权威性，进而提高行政效能。在网约车监管上，部委与地方政府及地方各部门间可搭建信息交流平台，以便对网约车的信息进行充分交流，进而使部委能及时了解各地实际情况，同时也有利于地方政府了解其他地方的细则和实施效果，以作进一步的参考和借鉴，为做出更为合理和有效的细则和弥补当前不足提供帮助。

（三）多元监权：内外协同约束，强化多元监管

1. 协同多元主体，完善外部监管

权力监督的两种方式分别是授权人的监督与权力行使机构的自我

监督。首先,要发挥政府问责机制的作用,强化人大及其常委会善于向政府问责,社会公众也应积极与政府进行互动。同时,要融入利益关系主体向政府反映诉求,政府部门将利益关系主体的反映诉求,转化成政策做出回应。在网约车监管问题上,中央和地方政府同时需要考虑多元利益主体,包括网约车公司、网约车司机、乘客、社会公众和行业协会。监管体系理应融入这些主体,网约车监管政策才能更好地符合公共需求、经济发展和网约车发展需要。

2. 调动内部力量,强化自我监督

推进"简政放权"但"放权"不等于"放任",中央政府在给地方政府下放权力的同时要做好"权责监管"。既要监管地方政府的"权力"也要监管地方政府的"责任"。除了对地方的监管,各部委要做好相互监督和自我约束,同时还要改进自下而上的民主监督,发挥同级相互监督的作用。政府内部自上而下进行监察和监控。中央政府监察地方政府权力的行使,确保地方政府要切实贯彻中央制定的方针目标。地方政府出台的地方政策是否合乎中央的宏观目标,直接影响国家大政方针的有效实现和国家有效治理。因此,中央政府要在做好宏观把控同时,及时发现地方政策的实施效果和作出反应。另外,同级政府建立互相监管机制,打造互相监督平台。部委和各地方政府都应树立全局意识,善于与同级政府或部门沟通合作,对权力行使不当及时提出,确保总体目标的实现,落实相互监督的权力和义务。地方政府及其各部门可定期召开联席会议,作为互相监督的平台,指正各自的不足和不当行为,促使政府及部门规范各自的权力。在网约车监管上由部委牵头与各地政府举办联席会议,共同研究和讨论如何落实中央的指导意见和暂行办法,部委听取各地政府意见和实际情况,进而出台结合各地实际情况的宏观指导意见。

参考文献

边晓慧、张成福:《府际关系与国家治理:功能、模型与改革思路》,《中国行政管理》2016年第5期。

陈越峰:《"互联网＋"的规制结构——以"网约车"规制为例》,《法学家》2017年第1期。

郭传凯:《共享经济属性的回归与网约车监管思路的选择》,《山东大学学报》(哲学社会科学版)2017年第3期。

何东海:《共享经济下网约车规制问题研究》,安徽大学2017年版。

华莱士·奥茨:《财政联邦主义》,译林出版社2012年版,第50—55页。

胡税根、徐靖芮:《我国政府权力清单制度的建设与完善》,《中共天津市委党校学报》2015年第1期。

林明灯:《协同治理视域下地方政府的权力行使及边界》,《江海学刊》2015年第6期。

林尚立:《国内政府间关系》,浙江人民出版社1998年版,第14—24页。

潘亮:《地方政府对网约车监管对策研究》,东北财经大学2016年版。

任剑涛:《宪政分权视野中的央地关系》,《学海》2007年第1期。

宋心然:《中国网约车监管政策变迁研究——以倡议联盟框架为分析视角》,《中国行政管理》2017年第6期。

王静:《中国网约车的监管困境及解决》,《行政法学研究》2016年第2期。

王小芳、赵宇浩:《中国网约车规制政策述评》,《长安大学学报》(社会科学版)2016年第18期。

吴艳:《"互联网＋"的政府规制逻辑——兼评"网约车"新政》,《东南大学学报》(哲学社会科学版)2017年第19期。

谢庆奎:《中国政府的府际关系研究》,《北京大学学报》(哲学社会科学版)2000年第1期。

谢新水:《网约车治理政策的制定过程分析:冲击、支持与合作思维》,《理论与改革》2017年第4期。

杨安华:《国外地方政府间建立伙伴关系研究述评》,《南京社会科学》2008年第5期。

闫帅:《公共决策机制中的"央地共治"——兼论当代中国央地关系发展的三个阶段》,《华中科技大学学报》(社会科学版)2012年第26期。

郑文强、刘滢:《政府间合作研究的评述》,《公共行政评论》2014年第7期。

张永生:《中央与地方的政府间关系:一个理论框架及其应用》,《经济社会体制比较》2009 年第 2 期。

Marcus Felson. (1979). "The Masking of Material Inequality in the Contemporary United States: Felson's Reply," *Public Opinion Quarterly*, 43(1), pp.3861—3879.

Shahin Ghafari, Masitah Hasan, Mohamed Kheireddine Aroua. (2009). "Nitrate remediation in a novel upflow bio-electrochemical reactor(UBER) using palm shell activated carbon as cathode material," *Electrochimica Acta*, 54(17), pp.4164—4171.

运动式治理缘何失败：一个多重逻辑的解释框架
——以周口平坟为例 *

翟文康　徐国冲 **

[内容提要] 运动式治理是我国政府治理的一种典型模式。但学术界对运动式治理的讨论停留在"是什么"、"是否应当"、"为什么"层面上,尚未对运动式治理的动态过程和治理结果加以关注。本文从多重逻辑的视角构建一个分析框架,从政府、民众、社会三大主体的行动逻辑解释运动式治理的整个过程和治理结果(成功/失败),并以周口平坟运动为案例加以研究。发现,运动式治理的实质是政府、民众、社会等多元主体的多重逻辑及行为的互动过程,其治理结果受多重逻辑互动的影响,周口平坟失败的原因在于权威逻辑的变迁、多重逻辑的互动和民众的圆坟行动。

[关键词] 运动式治理,多重逻辑,周口平坟

[Abstract] Campaign-style governance is a typical governance model of our government. But academia on the campaign-type governance discussions remain in the research level of "what", "should" and "why", not focus on the dynamic process and results of the campaign-type governance. In this paper, from the angle of multiple logic to build an analysis framework, from the action logic of the government, people and society to explain the whole process and governance results (success/failure) of the campaign-type governance, and put zhoukou flat grave as a case. The study found that the essence of the campaign-style governance is the interactive process of the multiple logic and behavior of the government, people and society, the governance result is affected by multiple logical interaction, zhoukou flat grave failed due to the changes of the authority logic, multiple logic interaction and round grave action of the general public.

[Key Words] Campaign-style Governance, Multiple Logic, Zhoukou Flat Grave

---

* 本文受福建省社会科学规划项目(项目编号:FJ2017B025)、厦门大学繁荣哲学社会科学项目资助。
** 翟文康,厦门大学公共事务学院研究生;徐国冲,厦门大学公共事务学院副教授。

一　问题的提出

对于中国政府治理的研究无法绕开运动式治理，因为运动式治理长期存在于中国的公共事务中，已经成为政府治理的一种典型模式，其涉及领域广泛，包括扫黄打非、网络网吧的专项整治活动，重大安全事故专项治理，生态环保治理行动，地方政府招商引资和整治黑车行动，行政管理体制改革（杨志军，2012），运动式治理逐渐被内化为我国政府常态化的治理手段（文宏、崔铁，2015）。运动式治理是由政府发起的，针对某项通过常规治理难以有效解决的公共问题而动员并集中使用人财物等优势资源进行治理的一次集体行动，它是对科层制治理的有效补充，是具有特定任务目标和使命的任务型治理，是一次自上而下的集体行动，还是中国政府在治理实践中屡试不爽的治理工具。作为产生于中国本土、解决中国问题、具有中国特色的治理方式，运动式治理受到学者的广泛关注，学者主要进行了"是什么"的描述性研究、"是否应当"的规范性争论、"为什么"的解释性研究（李辉等，2017），可以说，之前的研究是一项基础性的、静态的，主要研究了运动式治理的概念、生成原因和评价，特别是运动式治理的生成原因，如国家治理资源的贫乏，社会治理的需求与社会资源供给存在紧张关系，治理目标和治理能力不匹配，强大的组织基础，反科层制浪潮下的社会治理创新，常规治理失效或紧急任务要求（唐皇凤，2007；杨志军，2015；陈恩，2015；冯仕政，2011；王连伟、刘太刚，2015；丁轶，2016；Liu, N.N. et al., 2015）。对运动式治理的评价也有较为丰硕的成果，如在短期内可以迅速取得立竿见影的效果，但只能解决局部问题，破坏法制建设，弱化法律威信，违背法治精神（Sun Ying ect., 2015；郎友兴，2008；燕继荣，2016；冯志峰，2007）。而我们对于运动式治理的考察不能仅停留在静态的基础研究方面，从生命周期角度看，除了运动式治理的形成，我们还应关注运动式治理的动态过程和治理结果（成功/失败），我们要深入运动式治理的微观行动去考察其治理过程的运作机制,既包括运动式治理的内部机制(政府逻辑的支持)也包括外部机制(多重逻辑互动),运动式治理是受外部环境影响的,特别是相关主体的互动,这些过程最后导致某一结果。所以,致力于研究运动式治理的动态过程及其结果,并以周口平坟这一运动式治理事件的治理过程考察其失败的原因,先通过文献梳理回顾主体—行动逻辑视角下的运动式治理学术成果,并从主体—行动的多重逻辑视角出发,构建政府、民众和社会三者互动的多重逻辑分析框架来解释运动式治理失败的原因,从而展现其主体间行动逻辑、微观的行动过程和成功到失败的演化。

二 文献回顾与分析框架的建立

(一)运动式治理的文献回顾

关于运动式治理的研究文献可谓汗牛充栋,按照"环境—主体—行动"的视角进行了梳理,以此更好地展现学者们对运动式治理的动态过程、内在行动逻辑的研究成果和本文分析框架的构建。

1. 环境变迁论

环境变迁论从历史演进的维度强调中国整体环境的变迁对运动式治理的影响,首先是中国的改革开放使得政治运动转型为运动式治理,关注重点从动员转向了治理。即体制之变、社会之变和政府之变导致改革前的政治运动在改革后"变身"为一种治理导向的运动式治理(叶敏,2013)。社会主义市场经济体制的改革也对政府治理产生影响,形成了政府、市场、社会三种力量进行治理的情形(彭勃、张振洋,2015),表明运动式治理涉及多元主体的博弈,不同主体的行为逻辑将相互作用影响治理过程与结果。到了新时期,随着中国全面改革的深入推进,现代化转型过程中各种矛盾和冲突日益增多,传统的运动式治理机制明显力不从心(孙培军、丁远朋,2015),社会问题的复杂化增加了治理的难度,运动式治理面临困境,出现失效情形。特定的体制也会造成运动式治理频频失效，政府间的信息不对称决定了上级政府无法有效监控下级政府的行为过程，这是运动式治理和"欺上瞒下"的行政博弈泛滥的重要体制背景（何显明，2013）。但是还有学者肯定环境变迁对运动式治理带来的契机，在外部环境变迁导致的原有常规机制失效的背景下，运动式治理发挥着制度建设的作用（任星欣等，2015），也就是说，运动式治理在新时代还能发挥积极的作用，为此我们不能"一棒子打死"运动式治理。总之，社会环境的复杂化、治理主体的多元化、公共问题的棘手化使得运动式治理是在多元主体互动发生的，不同行为逻辑的碰撞增加了治理的失败风险。

2. 主体多元论

运动式治理由政治运动转型而来，依靠动员开展活动，以干部为主要的动员和参与对象（孟迎辉、崔萌萌，2014）。动员的对象还包括国家机构内部的官僚以及普通的人民群众，治理的对象则包括政治、经济、文化、社会管理等国家生活的各个方面（李晓燕，2015）。就治理主体而言，发动运动式治理的是拥有强制权力的政府机关，民众作为权力的"受动方"而非"施动方"而存在（曹龙虎，2014）。文宏、郝郁青（2017）研究发现，地方政府调动社会资源的常用途径是借助非隶属关系主体实现的，运动式治理范畴向非隶属主体的延伸，表明涉及主体的多样化。地方政府运动式治理经历了典型治理—项目治理—复杂性社会治理的模式转变，这一过程与地方政府的治理环境由简单到复杂的趋势相关联（张新文，2015），运动式治理所面向的问题复杂化、涉及的主体多元化，包括政府、NGO、企业、社会及民众等。综上所述，运动式治理的治理主体通常是党政机关及其隶属或非隶属的公共部门，治理对象通常以民众和社会为主体，这就表明，在同一个治理活动中，涉及了多个具有不同行为逻辑的主体，而多元主体的非合作性互动会增加运动式治理失效的概率，因为我们关注运动式执法本身则会看到它在短期内的相对成功，快速地完成执法目标，但是这只是一段时间内的效果。运动式治理还受到运动式执法所引发相关主体的连锁反应行为的影响，民众和社会的不配合甚至抵制行为则会造成多种主体的冲突，加速运动式治理的失败。

3. 行动逻辑论

要解释中国的运动式治理,核心因素有两个,一是集权政治的建构或者说继承;二是政党系统与政府(国家)系统合而为一,即集权政治党政一体化是产生与维系运动式治理的根本(杨志军,2016)。在继承方面,历史演进或路径依赖视角挖掘运动式治理的内在逻辑,很多学者认为运动式治理继承了政治动员的传统。高度集权是其内在机制,这说明,"运动式治理的盛行体现为对传统革命动员逻辑的路径依赖,其运作逻辑体现为权威体制下的权力实践(曹龙虎,2014)。"除此之外,政治运动也是一个重要的特征,运动式治理的实质就是国家党政机构采用搞运动的方式来实现集权的简约化治理(杨志军,2016)。所以,运动式治理需要政治权威方能推动,通过政治动员,在短时间积累大量的组织资源(程熙,2013),即政治权威、国家权力、政治运动是运动式治理重要的行动逻辑,其中领导部门或领导人的意志也至关重要。马红光(2016)研究发现,驻京办整顿正式启动的标志是国务院办公厅印发的相关文件,该文件先是传达至各省级政府主管部门,然后在各省辖区内动员执行。另外,作为政府的政策工具,运动式治理广泛存在于改革开放以来我国不同的政策领域(唐贤兴,2009;柏必成,2016)。汪大海、张玉磊(2013)还指出,城镇化运动式治理的本质是"政策之治"。我国主要是通过中央政府和地方政府颁布的一系列政策文件推进城镇化进程的,走的是一条"政策之治"的道路。所以,运动式治理的实质是政策的制定与执行,其行动的背后是一系列政策的落实,即政策的逻辑。政策的落实还需要一定的载体,周雪光(2012)指出,运动型治理机制是针对官僚机制失效的应对机制,建立在一整套组织制度之上的,如党务系统作为运动型治理机制在政治运动中起到的独特作用。所以,官僚制仍然是运动式治理过程的载体,其行动逻辑也体现为官僚制逻辑。综上所述,学者们的研究发现,运动式治理的行动逻辑分为政治权威、国家权力、政治动员、领导部门或领导人意志、公共政策、官僚制。但是学者们只是从治理主体的角度分析了其背后的逻辑,尚未分析治理对象如民众和社会的逻辑，较为单一与静态，难以展现其过程的互动，更无法研究其行动的结果，为了填补空白，我将此作为研究重点。

环境的变迁，主体的复杂，行动逻辑的碰撞是运动式治理面临的现状，运动式治理由不同主体背后的不同行为逻辑碰撞、互动会产生不同的结果，既有成功也有失败，为了更为科学地分析运动式治理的过程与结果，我从多元主体的不同行动逻辑视角出发构建分析框架。

（二）运动式治理的多重逻辑分析框架

在借鉴周雪光（2010）的"多重制度逻辑"框架的基础上，遵循主体—行动的分析思路，提出一个多重逻辑的分析框架，以解释运动式治理的动态过程与治理结果。运动式治理涉及多个主体（及其行动逻辑），我们需要从不同行动主体背后的多重逻辑互动中加以认识。这些逻辑是指某个主体的内生性资源和所依赖的制度安排、行动机制、价值规范，能够诱发、指导和塑造该主体的行为方式。

1. 政府的逻辑

这里的政府是指广义上的政府，代表着国家权力部门，是运动式治理的实施主体。我国是中国共产党领导下的单一制国家，执政党权威是运动式治理的保障和支撑（孙峰、魏淑艳，2017）。前文通过文献梳理发现运动式治理的行动逻辑包括政治权威、国家权力、政治动员、领导部门或领导人意志、公共政策、官僚制。运动式治理的具体落实一般是在地方政府，作为一项影响广泛的集体行动，地方政府必然需要请示中央或得到上级领导部门的支持，既是获得上级授权，也为获得行动的合法性、正当性来源，所以，政治权威和国家权力是运动式治理开展的强有力保障，其内在机制、政治权威与权力的逻辑体现为一种自上而下的强力思维，是命令—控制型的治理方式，能集合政府掌握的一切资源。权力的落实还依赖一定的形式，即政策，运动式治理是为完成某项治理任务，政府通常以制定并执行某项政策开展治理，政府的行为还体现为政策的逻辑，即治理方案的科学化、民主化和法治化，政策的问题界定、目标确立、方案设计与抉择、政策执行直接影响政策对象的反应和运动式治理的效果。使用运动式执法这一灵活性政策工具可以使得违反环境法规的行为得到改进,在短期内成效显著(Van Rooij,2006)。为了更好、更迅速地落实政策,运动式治理中政府主体的第三条逻辑就是科层制。依靠科层制分工明确、层级节制的权力体系、规程办事的特征有序完成任务目标,科层制或官僚制能得到可预期的行为和结果,被认为是最高度理性的组织方式(马克斯·韦伯,1997),组织内部的激励机制和组织外部环境诱导了相应的组织行为(S.Kerr,1979;P.Milgrom and J.Roberts,1992)。地方官员、基层官员在自上而下的科层体系中接受政策任务、行政命令并与自身的职业生涯相关,运动式执法是一种将官僚制引入短期行动的方式(Biddulph et al.,2012),所以科层制也属于政府的逻辑。总之,在运动式治理中,政府的逻辑可以分为权威逻辑、政策逻辑和科层制(组织)逻辑,这三大逻辑塑造了运动式治理的政府行为,体现为通过权力集合资源、通过权力与政策布置任务、通过科层制组织自上而下有效完成任务,使得运动式治理具有行动迅速、覆盖面广、见效快等特点。

2. 民众的逻辑

这里所谈的民众特指运动式治理涉及的治理对象,一般是作为运动式治理的利益相关主体。在运动式治理中,在面对政府所发起的动员治理时,民众往往采取配合的行为,因为相对于政府的权威逻辑,民众则以服从的逻辑应对。一项运动式治理的开展是以国家权力、政府文件为支持的,具有一定的合法性,民众会根据政策要求采取行动。这是在与政府的互动中衍生的行动逻辑,还有民众的内生性逻辑。以具体的个人为单位,关系则成为民众的重要行动逻辑。个体需要先在关系序列中定位自己,然后遵循既定的行事规则开展合宜的行为(李芊蕾、秦琴,2008)。在社会关系中有:以血缘为基础的家庭、家族关系,即原生型关系,个人与生俱来的纽带关系;以工作为基础的同事关系,以友情为基础的朋友关系,即社会型关系,个人通过社会活动建立的关系。这些关系牵动着个体的行动,同时,个体也会利用这些关系实现某项行为的达成。在运动式治理中,治理主体也会利用这些关系与民众互动,民众也会通过这些关系参与运动式治理,或联合,或合作,或对抗。关注到个体的外延,即关系逻辑之外,个体的内生逻辑也至关重要,即个体的文化与习俗。个体的文化观念直接决定其行为,随着历史的演进,一些行为习惯也内化为习俗镌刻在人们身上,个体的习俗观念也会影响其行为,主要是一种路径依赖、对于变革的不适应性和抵制,所以习俗逻辑往往会产生不配合改革的行为。总之,民众的行为受着服从、关系、文化和习俗逻辑的影响,在运动式治理中,在与政府的互动中,相互发生作用。

3. 社会的逻辑

这里所谈的社会是指以专家学者、媒体、社会组织为主体的行动群体,他们通过舆论影响着运动式治理进程。专家学者是具备知识资本的特殊群体,他们对于运动式治理的见解和具备的专业知识能够影响到治理主体,还能动员社会其他群体。中国专家参与政策的行为模式有四种:"迂回启迪模式"、"直接咨询模式"、"外锁模式"和"专家社会运动模式"(朱旭峰,2012),专家学者的公众启迪和社会运动可以充分利用舆论发挥影响力。除了知识之外,责任也是其行动的一大逻辑,专家学者是具备专业知识、能够影响政策制定者的知识分子,他们对于社会一般具有一定的责任,通常会自发地抵制或改革不适应的政策。例如孙志刚事件中,几位法学专家就凭借专业知识和作为公民、学者的责任感向国务院进言,推动了收容遣送制度的改革。对于媒体而言,责任也是其行动逻辑之一,媒体通过真实报道运动式治理过程中的真实事件来反映其治理效果,将学者的评论、民众的反响、社会的看法通过网络或纸质平台进行传播,扩大影响力,形成社会舆论。所以真正影响政府行为的应当是社会不同主体发出的社会舆论,其逻辑是话语,这种话语对政府而言具有一定的压力,公共舆论在话语的逻辑作用下形成公共能量场,"公共能量场是由各种灵活的、民主的、话语性的社会形态构成的(查尔斯·J.福克斯、休·T.米勒,2002)",场中有足够的目标和意图,这些目标和意图使人们被吸引和被改变。综上,社会中的专家学者、媒体、社会组织通过知识、责任、话语等逻辑发挥出社会舆论的作用,对运动式治理中的政府与民众产生影响,从而影响运动式治理的过程与结果。

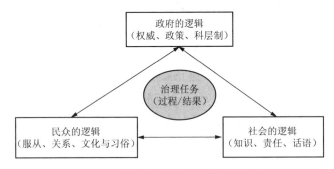

图1 运动式治理的多重逻辑分析框架

综上所述,本文主要研究运动式治理动态的过程和结果出现的原因,所以对运动式治理内外机制的分析既有政府逻辑的考察,更重要的是考察运动式治理引发的相关主体连锁反应行为,这些主体间的互动影响着运动式治理结果的出现。因此,运动式治理可以看作涉及其中的政府、民众、社会三大主体相互作用的动态过程,政府发起运动式治理直接作用于民众,民众对此进行回应,以政策为形态的运动式治理的方案制定和执行也会引起社会的反馈,社会舆论将反作用于政府和民众,如果舆论形成压力,将会迫使政府改变行为,同时也启迪民众作出非服从行为。在运动式治理的初期,各主体的行为都是发自其内在的逻辑,但由于各主体逻辑"在不同的情形和次序排列组合中相互作用,从而导致相去甚远但又循迹可查的结果(Tilly C., 1995)",使得治理的过程发生改变,在这场由主体—逻辑—行为所展开的角力当中,两方的联合将会战胜另一方,决定治理的结果。本文将以此分析框架(见图1)对周口平坟失败的原因进行解读,展现平坟发起到最后走向失败的整个过程。

三 基于多重逻辑框架的周口平坟失败析因

河南省周口市从2012年6月至2012年11月的平坟和2012年11

月至 2013 年 4 月的圆坟经历被称为"周口平坟"。在五个月的时间里,二百多万座坟头被平掉,部分村县甚至达到"天下无坟"。然而,2012年 11 月 16 日平坟工作戛然而止,在之后的五个月时间里,被平掉的坟头如雨后春笋般奇迹"复活"。在这一"平"一"圆"的过程中,平坟运动先经历了成功,后走向失败。周口平坟在短时间内取得了成功,而后的失败则表明运动式治理过程的复杂性和曲折性,此案例的选择是为了说明对运动式治理的研究需要考察其动态过程与结果,能够增加学界对运动式治理复杂过程与结果的理解。

（一）周口平坟失败的多重逻辑分析

1. 政府的逻辑:权威、政策与科层制

中华人民共和国成立后,平坟复耕政策由来已久,国家大力推广火葬制度,目的就是为了避免"死人占活人的地"这种情况。为了移风易俗,国家甚至用法律的形式强制执行,而党中央的领导人也做出了榜样。1997 年国务院发布的《殡葬管理条例》对于殡葬政策有"拒不改正的,可以强制执行"条款,这为周口平坟的开展提供了中央层面的制度支撑。周口市委、市政府在既有的殡葬政策改革和工业化、新型城镇化背景下于 2012 年 3 月发布 1 号文件《关于进一步推进殡葬改革的实施意见》,计划用三年时间实现"四个覆盖,即火化全覆盖、农村公益性公墓全覆盖、平坟复耕全覆盖、惠民政策全覆盖(王艳,2012)。"也就是说,为实现目标可以强制推行。在治理过程中,领导人的肯定也提供了权威支持。2012 年 10 月 9 日,周口市殡葬改革暨平坟复耕推进会在商水县再次召开,会上指出:"周口市的做法得到了省委书记、省长、民政部部长等上级领导的批示肯定,他们的批示是对我们工作的鼓励,更是鞭策(周口市政府 a,2012)"。周口市的平坟运动得以快速有效展开的重要一面就是在于来自中央、来自上级的权威支持,赋予了体制内的合法性,权威的逻辑为平坟前期的"成功"提供了条件。

此次平坟运动主要以政策的形式自上而下推行,全过程都体现了政策的逻辑。在政策制定中,政策问题界定与目标确立的偏颇造成后续的殡葬改革走样。殡葬政策改革的目的本是移风易俗,但此次的周口平坟不止于这一个目标,其最大特点就是"平坟复耕",所以,周口平坟将问题界定于耕地的缺少,通过平坟实现复耕的目标。在河南财经政法大学教授史璞看来,这次周口平坟运动,之所以进展迅猛神速,完全出于地方政府的土地饥渴(新民周刊,2012)。我们从周口市政府工作报告(周口市政府 b, 2012)中可以看出周口市伴随着工业化与城镇化发展,需要大量的土地来满足基础社会建设与城市用地。

《2012 年周口市政府工作报告》:"今后 5 年的奋斗目标和主要任务是:城乡社会一体发展。城镇化率超过 40%,中心城区建成区面积达 100 平方公里,人口达到 100 万人。基础设施更加完善。建设机场、高速公路,建设中心城区至项城、淮阳、西华快速通道,铁路周口段改造,建设周口新火车站、汽车站,燃气热电厂、豫东煤炭储配基地。"

资金和土地成为周口市经济社会发展的关键因素,政府既要利用资本与土地促进发展,还要保证不越过国家 18 亿亩耕地红线。在此背景下,周口市政府要采取措施获得更多的建设用地与周转资金。但是由于城市土地已规划,继而周口市政府将目光转向了农村坟墓。在政策方案设计中并没有详细规划公益性公墓的建设,所以会导致后来实施中出现平坟墓或迁完,但都将骨灰放到家中,没有进公墓的情况。在政策抉择中,一是缺少专家论证;二是并未举办民众听证会;三是跳过向法院申请强制执行环节使其缺乏严密的法律依据,有很多舆论在法制化上质疑此次的平坟事件,认为"周口平坟跳过法院是程序败笔(《检察日报》,2012)"。总之,从政策的逻辑角度看,周口平坟的政策制定将殡葬改革现代化文明方向带入了平坟的"死胡同",政策从制定到出台都较为粗糙,政策方案的不完善加剧了民众的抵制。

以科层组织为基础的运动式开展平坟是政府快速实现平坟目标的重要"法宝",科层制的逻辑是政府推行运动式治理的重要一方面。首先是组织基层队伍大张旗鼓造势,营造"唯服从"氛围。项城王明口镇"同时出动平坟复耕宣传车 9 辆,在全镇 26 个行政村巡回宣传,悬挂宣传横幅 82 条,张贴宣传标语 12 400 多张,调频广播每日 3 次反复播放(新华网,2012)。"横幅上大多写着"阻碍或抗拒平坟工作,严厉处罚"的字样，充分利用广播电视、报刊、宣传车、标语条幅、政府文件、村组大喇叭等方式加强宣传力度，通过运动式的宣传，大造平坟之势，让整个村庄笼罩在"唯服从"的氛围中。其次，干部带头平坟，消除村民抵触心理。项城市提出，对市处级干部、科级干部和公务员自家坟头的平迁情况，每天在电视上公布，不能在规定时间内完成平坟任务的，予以停职，专项处理此项工作（《法制日报》，2012）。政府动员公务员、教师、国企或央企职工、事业单位员工、村干部先将自己家坟墓平完，干部先行、示范带头使得有抵制情绪的村民也无话可说。再其次，自上而下的行政命令推进平坟进程，在平坟运动的全过程中，都充斥着命令—控制式的执行方式，以行政命令推进改革的进度，这大大提高了平坟速度，但也埋下了隐患。最后，奖惩措施不当。

罚：完不成任务且排名后三位的单位，第一次，县里对党政要职诫勉谈话；第二次，降职半格使用；第三次，就地免职。村干部不带头，就免职；教师不带头，就停课；党员不带头，就撤销党籍。

奖：平一个坟头可获得 200 元，主动迁坟进公墓地的还可获 350 元补助。全县登记人口可享受 600 元标准的免费火化。相关费用都由县财政负担。

周口平坟中的科层制逻辑实现了平坟的速度和覆盖面，但其中的强力执行、奖惩不当、命令—控制式治理无疑激化了政府与民众的逻辑冲突。

2. 民众的逻辑：服从、文化与习俗

至 2012 年 7 月 21 日完成平（迁）坟墓近 10 万座，实现 30 万亩耕地无坟头，复耕土地 600 多亩。到 2012 年 11 月底，平坟已达到 246 万座，恢复耕地近 3 万亩（曹伟，2013）。原本计划 3 年完成的任务，只用不到一年的时间就基本完成了。提前完成平坟任务的目标是政府权威、政策、科层制逻辑的行动体现，更重要的是民众的服从与配合。在平坟运动前期，由政府出台政策并自上而下一以贯之，民众对于国家的号召与政府的政策是一种默认与服从，承认其合法性。在平坟过程中，虽然按照政策进行平坟，但是民众抱着得过且过、敷衍将就的心理对待

自上而下的平坟政策,足以可见,传统文化与民俗的抵触力量是非常强大的。

尊崇祖先、奉行孝道、封坟护墓是中国人的传统文化与习俗,对于传统中国人来说,祖坟的内涵非常丰富,同传统中国人的孝义观念、风水观念、祖产观念和宗法观念密切关联(魏顺光,2013)。另外,坟墓作为先人的"宅基地"具有特殊的社会功能,寄托着后辈对先辈的思念缅怀、情感寄托,某种程度上维系着民众的宗教生活;支撑着我国几千年的孝文化、宗族秩序、长幼有序,它是一种文化载体。所以,祭祖扫墓的习俗与文化深深地烙印在中国人的心中,这种文化与习俗的逻辑必定使得民众敷衍应付平坟政策。而且文化习俗的影响力是深远持久的,在周口平坟的后期,民众圆坟的行为就是在这一逻辑的驱使下形成的。"十月里来十月一,家家户户送寒衣,祭奠先人御寒气,敬老孝老时代传。"在河南民间流行着这样一首民谣,每到农历十月初一至年底,家家户户会上坟为逝去的亲人烧"纸钱"。坟头被平,无处祭奠,人们开始圆坟。令人意想不到的是,被平掉的"坟头"仿佛一夜之间,在原处纷纷被隆起,有些被隆起的坟头比原来的坟头还大。从 2012 年 11 月底到春节前后,被平掉的二百多万座坟头竟有一半以上被重新圆起。接着,就是清明节,尽管周口市政府下发通知,"制止借用清明节之机进行重新拢坟",但至清明节前夕,周口被平掉的坟头几乎全部被圆起。

3. 社会的逻辑:知识、责任与话语

周口市的运动式平坟,引发了社会各界,包括广大民众、专家学者的热议,在新闻媒体的集中报道下,对强制平坟的不满与反对汇成了批判政府行为的强大公共舆论压力。在周口平坟中,这种公共舆论突出体现为媒体的风向报道与专家学者的批判。

自 2012 年 6 月周口开始大规模强制推行来,媒体对于周口平坟的报道就从未断过,前期的报道更多的是对政策的宣传与对平坟成绩的报道。在 11 月 3 日,新华网报道了周口大规模的平坟复垦现状后,各主流媒体纷纷进行转载,并对事件进行了更加深入的后续报道(见表1)。一时间,周口平坟事件为社会广泛关注与质疑。

表 1　主流媒体对周口平坟事件的报道

	时　间	报道来源	报道标题或主要内容
上升阶段	2012 年 11 月 3 日	新华网	河南周口推行"惠民殡葬"，已平坟 200 多万座
	2012 年 11 月 4 日	新浪网、人民网	河南周口市"平坟复耕"，农民已迁坟 200 多万座
	2012 年 11 月 5 日	钱江晚报	周口平坟，三年太急
	2012 年 11 月 5 日	新华报业网	平坟复耕掘出了"入土为安"的根
热议阶段	2012 年 11 月 16 日	人民网	河南周口要求宣传平坟复耕典型 舆论质疑强制平坟
	2012 年 11 月 17 日	法制网	民政部门不得强制平坟
	2012 年 11 月 18 日	荆楚网	肖冰：河南周口"平坟书记"的真正危害在哪？
	2012 年 11 月 19 日	人民网	舆情解读：别让平坟的锄头破坏"美丽中国"
	2012 年 11 月 20 日	凤凰网	殡葬改革就要"强制平坟"？
	2012 年 11 月 20 日	人民网	"平坟复耕"：简单粗暴成为质疑之源
	2012 年 11 月 21 日	21 世纪经济报道	河南平坟运动：征地还是殡葬改革？
	2012 年 11 月 22 日	前瞻网	周口 5 个月消灭近 90% 坟墓　"平坟"卖地风不可长
	2012 年 11 月 22 日	中国青年报	河南周口暂停"平坟复耕"问题依然难解
	2012 年 11 月 23 日	检察日报	周口平坟跳过法院是程序败笔
	2012 年 11 月 23 日	齐鲁晚报	"留坟不留官"火药太浓　"平坟复耕"慎之又慎
	2012 年 11 月 23 日	长江网	周口"平坟"还"平"掉了民心民意
	2012 年 11 月 26 日	长江日报	平坟事件后面的地区发展公平问题
	2012 年 11 月 28 日	正义网	河南周口大规模"强制平坟"涉嫌违宪

（续表）

时　间	报道来源	报道标题或主要内容
2012 年 12 月 5 日	红　网	周口平坟引发舆情反弹在于程序正义缺失
2012 年 12 月 5 日	新闻晨报	这账咋算：平坟复耕，公墓又圈地
2012 年 12 月 9 日	红　网	陈文胜：周口平坟运动与更具人性的传统文化
2012 年 12 月 17 日	法制网	媒体揭河南平坟背后土地账：政府可获利百亿元
2012 年 12 月 25 日	在线报道	农业部发言人谈河南平坟复耕：愿望是好的但办法欠妥

（缓和阶段）

资料来源：根据网络新闻报道整理。

运动式治理的强制行为也是媒体报道的重点，"宣传平坟的队伍后面，跟着挖掘机和推土机；组建殡葬改革执法大队，聘用退伍兵（祝华新，2012）。"新闻媒体对平坟运动的雷霆手段与执行中的强制性（见表2）的报道与评论逐渐演化成一种舆论压力，在社会上形成氛围并激发民众的抵触行为。

表 2　新闻媒体对平坟运动强制执行的报道

时　间	新闻标题	来　源
2012 年 11 月 3 日	河南周口平坟复耕已平坟 200 多万座	新华网
2012 年 11 月 5 日	河南周口平坟调查：挖掘机开进村教师不带头就停课	光明网
2012 年 11 月 5 日	大规模平坟复耕，申请法院强制执行了吗	深圳商报
2012 年 11 月 6 日	周口平坟调查：挖掘机开进村平一坟头可获 200 元	光明网
2012 年 11 月 20 日	强制"平坟"有违行政强制法	新京报
2012 年 11 月 23 日	平坟复耕须破除"强制执行"	红　网
2012 年 11 月 28 日	河南周口大规模"强制平坟"涉嫌违宪	正义网
2013 年 2 月 21 日	强制平坟的权力尴尬与民意反弹	西安晚报
2014 年 12 月 21 日	从周口到沛县，强制平坟何时休	新京报

资料来源：根据网络新闻报道整理而成。

媒体的评论来自其对社会问题真相报道的责任逻辑，对于周口平坟的学理意义上的诟病还需要专家学者的知识支撑。有学者称周口平坟事件折射出地方财政对土地的依赖，周口市的"运动式"的操作，广受诟病。中国人民大学农业与农村发展学院教授郑风田说："我们现在种粮食，既没有钱，又没有GDP，要想种地方式转变就是把农用地转非农用地，搞农村工业，然后搞招商引资，这就赚钱了，搞宅基地，搞商品房，这些都赚钱了。"中国政法大学教授王涌认为："（周口市）表现了地方的GDP的增长，地方财政对于土地的依赖。地方政府处在十八亿亩红线和GDP增长对土地依赖的两个夹缝之中，所以地方政府在绞尽脑汁寻找出路（《法制周报》，2013）。"

综上所述，专家学者的知识逻辑、媒体的责任逻辑推动之下，对周口平坟的质疑之声逐步化为话语逻辑主导下的舆论压力，施压政府、启迪民众。社会舆论主要集中在三点，一是平坟违背文化，坟墓是后辈祭奠祖先、缅怀先辈的重要途径，在我国已经形成固有的文化传统，其中清明节成为法定节假日正是表明我国政府对优秀的传统文化的尊重，冒进的平坟运动俨然侵犯了这一乡俗民愿、祭奠文化；二是强制平坟违法，政府的行为是有法律规范的，政府的强制行为是要在法律许可的范围内行使，运动式平坟，强制性自上而下地推行，有违法律。2012年1月1日生效的《中华人民共和国行政强制法》第十三条规定，"法律没有规定行政机关强制执行的，作出行政决定的行政机关应当申请人民法院强制执行"。因此，周口平坟执行过程中的工作人员跳过法院直接进行"强制平坟"的方式不符合行政强制执行程序；第三是平坟圈地获利，社会舆论还关注到2012年周口市开展的殡葬政策改革远不同于之前的渐进改革，其重要原因就是经济利益之手在背后的推动，这是工业化、城镇化特殊背景下形成的，平坟是为了获得更多的建设用地用以牟利，这是社会所不赞同的。

（二）多重逻辑互动与平坟失败原因

周口平坟运动先获得了平坟成功，取得平坟200多万座的"成绩"，后在三大主体多重逻辑博弈下走向了失败，以民众圆坟、政府默认草草收场,平坟的失败原因、平坟过程的演变(见图2)在于多重逻辑的互动。政府逻辑与民众、社会的逻辑发生冲突是原因之一,地方政府以中央政策为支撑和上级领导的批示,获得政治权威,并以科层制组织为依托逐级落实以政策为主要形式的平坟运动。从政府的角度看,权威、政策、科层制这三大逻辑合力铸就了运动式治理的快捷有效、覆盖面广、平坟计划提前完成的成绩。但在实际的平坟运动中,政府的逻辑遭遇到了民众的逻辑。特别是面对民众的文化、习俗逻辑时,政府与民众的逻辑发生了冲突,从而两者行为也相悖而行。平坟运动采取简单粗暴的行为破坏了坟墓的特殊社会功能,激化了权力与文化、现代文明与传统文化的矛盾。普通民众习惯于"扫墓"、"祭祖"等传统习俗,短时间内在认知上无法接受平掉自家坟墓的现实。陈文胜(2013)认为,从"坟"字体构造来看,形象表明了土地和中国文化、坟墓和中国人生命的天然又紧密的联系。坟墓是中华民族由野蛮走向文明的一个重要标志,也是中国文化"崇拜祖先"、"敬畏自然"的集中体现。而周口的"平坟运动"将我们的民族文化连根拔起,将对中华民族围绕坟墓所形成的孝道、忠义、仁爱等价值观念和礼仪体系产生了重大影响。在面临根深蒂固的文化与习俗时,政府的逻辑就丧失了效力。社会舆论的话语逻辑是对平坟运动中的政府行为,特别是对于此次运动式治理中政府平坟违背文化、强制手段违法、平坟目的是为获利等方面的批评,营造了舆论氛围,施压政府。社会舆论的话语力量也实现了与民众逻辑的契合,一方面,专家学者的分析启迪民众,社会媒体报道民众的真实想法与做法,另一方面,民众的文化观念、传统习俗也是社会舆论所认同的,所以,当民众与社会的逻辑联合时,政府单一的逻辑就呈现衰退之势。在2012年11月之后,随着民众与社会逻辑开始发挥作用,政府逻辑失效,运动式治理停止,这是政府运动式执法引发民众与社会的反制行为所导致的,民众与社会逻辑的联合很明显造成了政府平坟运动的停止。而周口平坟运动中,让地方政府的平坟逻辑与行动出现停止则是权威逻辑变迁起到了决定性的作用。

就在平坟运动达到高潮之时,11月16日,中国政府网公布国务院第 628 号令，对《殡葬管理条例》第二十条进行修改，原规定"将应当火化的遗体土葬，或者在公墓和农村的公益性墓地以外的其他地方埋葬遗体、建造坟墓的，由民政部门责令限期改正；拒不改正的，可以强制执行"中，"拒不改正的，可以强制执行"被删除。社会舆论可能形成了强大的平坟阻力，但是"'平坟复耕'不会因网上吵闹而停止（范传贵，2012）"，但是国务院 628 号令的出台，把"周口平坟"运动推向了风口浪尖，国务院这一条例的修改表达了政府高层对于殡葬政策改革的态度，即渐进改革，而非运动式治理。权威逻辑由支撑变迁为否定，使得地方政府的逻辑丧失作用，平坟行动难以开展。

结束这次平坟运动的还有来自民众的逻辑与行动力量，周口圆坟运动比平坟运动速度更快，"'周口圆坟'是许多周口人春节期间遇到的最快乐的一件事情，周口市 200 万坟头在龙年的一场平坟运动中荡然无存，而蛇年春节至今还不到一周，200 万坟头重新隆起挺立。所有的暴戾都抵不过传统的柔韧，所有的争议都烟消云散（《鲁中晨报》，2013）。"总之，政府、民众、社会多重逻辑的互动、《殡葬管理条例》的修改和村民的圆坟运动使得周口平坟运动在历时近一年中落下帷幕。《殡葬管理条例》的修改使得权威逻辑变迁，造成政府、民众、社会多重逻辑互动的失衡，政府再也无力运动式执法，也停止了平坟运动，是失败的最重要原因，民众的圆坟运动则是导致平坟运动失败的"最后一根稻草"。

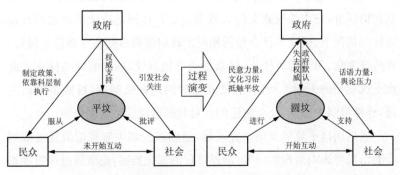

图 2　基于多重逻辑分析框架的周口平坟运动演变过程

四　结　论　与　讨　论

运动式治理受到学界越来越广泛的关注,已经成为理性化、制度化、专业化的常规治理机制(刘开君,2017),但是学界对运动式治理的动态演变过程及结果的研究较少。本文研究发现,运动式治理的实质是政府、民众、社会等多元主体的多重逻辑及行为的互动过程,其治理结果既受到内在机制,即政府逻辑的影响,也受到外在机制,即多重逻辑互动的影响。本文所构建的多重逻辑分析框架用以分析运动式治理的动态发展过程,能够找到运动式治理成功/失败的原因,但是该框架中民众的关系逻辑未能得到验证,对于框架的可推广性,还需要进一步的验证,存在一定的局限性。周口平坟成功后走向了失败,对于这种成功与失败两个截然相反的结果同时存在一个运动式治理的情况,通过多重逻辑分析框架研究发现,在周口平坟运动前期,权威逻辑一直支持地方政府开展运动式治理,民众属于服从并配合平坟,社会舆论的压力还未形成,政府逻辑相对于民众与社会的逻辑占据主导地位,以科层制组织为基础的运动式推行平坟政策造就出短短数月时间平掉 200 多万个坟墓的盛况。但是平坟运动并未就此结束,在周口平坟后期,中央政策调整,权威逻辑变迁,不再支持地方政府的运动式平坟,民众的文化、习俗逻辑促使其开始抵触平坟政策,社会舆论的压力已然形成并与民众逻辑联合,在丧失权威支持且政策制定存在问题造成殡葬改革政策走样的情况下,民众与社会逻辑相对于政府逻辑占据主导地位。最后,在传统文化、习俗的驱使下,民众纷纷开始圆坟,圆坟的成功标志着此次平坟运动的失败。所以,运动式治理的内在机制中,权威逻辑的变迁,外部机制中民众、社会舆论的反对共同造成了平坟的失败。

通过周口平坟的案例研究发现,运动式治理中多重逻辑互动或博弈的结果将影响治理的结果,治理过程的变化发展,也能通过多重逻辑框架展现出来。政府、民众、社会的逻辑具有不同的特点:第一,政府逻辑主导下的运动式治理具有速度快、力度大、覆盖广、效果明显的特点，权威逻辑具有支撑和保障治理展开的作用，政策的逻辑具有将运动式治理转化为合理合法的政策形式来完成治理任务的目标并受政策制定的影响，科层制的逻辑能够自上而下地逐步落实政策，干部带头与群众配合结合、激励与惩罚并用，涉及范围广。第二，文化与习俗的力量具有作用起效慢，但力量大的特点。在民众中，这些逻辑能够驱使民众的配合或抵触行为，文化或习俗所内化的理念能够转化成民意与舆论力量联合压倒政府逻辑所驱使的行动。第三，舆论力量具有自发性、客观性、专业性、启迪性，是社会主体基于政府政策、治理行为而相应产生的话语力量。在网络日益发达的今天，这种话语力量对政府的影响不容轻视。最后，在我国推行运动式治理应当多从治理所涉及的各个主体背后遵循的逻辑去分析其行为，重视多重逻辑所驱使的行动力量，改善政府逻辑主导下的强制性行为，重视民众和社会的逻辑力量与行为，正视多元主体的互动，减少冲突，倡导不同逻辑下不同行为的合作，改良运动式治理的方式，打造适应于公共治理时代下的中国特色治理模式。

参考文献

柏必成：《我国运动式治理的发生机制：一个宏观层面的分析框架》，《学习论坛》2016 年第 7 期。

曹龙虎：《国家治理中的"路径依赖"与"范式转换"：运动式治理再认识》，《学海》2014 年第 3 期。

曹伟：《河南周口：平坟损益账》，《小康》2013 年第 1 期。

查尔斯·J.福克斯、休·T.米勒：《后现代公共行政：话语指向》，曹沁颖等译，中国人民大学出版社 2002 年版，第 10 页。

陈恩：《常规治理何以替代运动式治理——基于一个县计划生育史的考察》，《社会学评论》2015 年第 5 期。

陈文胜：《周口平坟运动与更具人性的传统文化》，《中国乡村发现》2013 年第 2 期。

程熙：《"运动式治理"日常化的困境——以 L 县基层纠纷化解活动为例》，

《社会主义研究》2013 年第 4 期。

丁轶：《权利保障中的"组织失败"与"路径依赖"——对于"运动式治理"的法律社会学考察》，《法学评论》2016 年第 2 期。

范传贵：《"平坟复耕"不会因网上吵闹而停止》，《法制日报》2012 年 11 月 22 日，第 4 版。

冯仕政：《中国国家运动的形成与变异：基于政体的整体性解释》，《开放时代》2011 年第 1 期。

冯志峰：《中国运动式治理的定义及其特征》，《中共银川市委党校学报》2007 年第 2 期。

何显明：《政府转型与现代国家治理体系的建构——60 年来政府体制演变的内在逻辑》，《浙江社会科学》2013 年第 6 期。

郎友兴：《中国应告别"运动式治理"》，《同舟共进》2008 年第 1 期。

李辉、皇甫鑫、孙艳伟：《运动式治理研究：核心议题与学术论争》，《天津行政学院学报》2017 年第 4 期。

李芊蕾、秦琴：《试论中国人的"关系理性"》，《中共浙江省委党校学报》2008 年第 3 期。

李晓燕：《社会治理现代化的必由之路：从运动式治理走向法治——党的十八届四中全会精神的解读》，《理论探讨》2015 年第 1 期。

刘开君：《运动式治理的历史、现状与转型：一个研究综述》，《山西农业大学学报》（社会科学版）2017 年第 3 期。

马红光：《运动式治理常规化的特征、原因及其后果——基于驻京办整顿的思考》，《理论导刊》2016 年第 11 期。

马克斯·韦伯：《经济与社会》，林荣远译，商务印书馆 1997 年版，第 245—251 页。

孟迎辉、崔萌萌：《社会管理战略的范式转变——从运动式管理到常态化治理》，《党政干部学刊》2014 年第 11 期。

彭勃、张振洋：《国家治理的模式转换与逻辑演变——以环境卫生整治为例》，《浙江社会科学》2015 年第 3 期。

任星欣、余嘉俊、施祖麟：《制度建设中的运动式治理——对运动式治理的再思考》，《公共管理评论》2015 年第 2 期。

孙峰、魏淑艳：《国家治理现代化视域下运动式治理模式转型研究——以深圳"禁摩限电"为例》，《甘肃行政学院学报》2017年第2期。

孙培军、丁远朋：《国家治理机制转型研究——基于运动式治理的视角》，《江西师范大学学报》（哲学社会科学版）2015年第2期。

唐皇凤：《常态社会与运动式治理——中国社会治安治理中的"严打"政策研究》，《开放时代》2007年第3期。

唐贤兴：《政策工具的选择与政府的社会动员能力——对"运动式治理"的一个解释》，《学习与探索》2009年第3期。

王连伟、刘太刚：《中国运动式治理缘何发生？何以持续？——基于相关文献的述评》，《上海行政学院学报》2015年第3期。

王艳：《大力推进殡葬改革服务经济社会发展》，《周口日报》2012年3月13日，第A01版。

汪大海、张玉磊：《从运动式治理到制度化治理：新型城镇化的治理模式选择》，《探索与争鸣》2013年第11期。

文宏、崔铁：《运动式治理中的层级协同：实现机制与内在逻辑——一项基于内容分析的研究》，《公共行政评论》2015年第6期。

文宏、郝郁青：《运动式治理视阈中地方政府调配非隶属关系主体资源的逻辑分析——以兰州大学"双联"工作为例》，《思想战线》2017年第1期。

魏顺光：《殊相的文化：传统中国社会中的祖坟观念——关于河南周口市平坟事件的文化省思》，《江苏警官学院学报》2013年第2期。

杨志军：《当代中国政府"运动式"治理模式的解释与反思》，《当代中国政治研究报告》2012年第10辑。

杨志军：《运动式治理悖论：常态治理的非常规化——基于网络"扫黄打非"运动分析》，《公共行政评论》2015年第2期。

杨志军：《三观政治与合法性基础：一项关于运动式治理的四维框架解释》，《浙江社会科学》2016年第11期。

燕继荣：《从规范化制度化建设入手消除对专项治理的路径依赖》，《中国市场监管研究》2016年第4期。

叶敏：《从政治运动到运动式治理——改革前后的动员政治及其理论解读》，《华中科技大学学报》（社会科学版）2013年第2期。

张新义：《典型治理与项目治理：地方政府运动式治理模式探究》，《社会科学》2015年第12期。

朱旭峰：《政策变迁中的专家参与》，中国人民大学出版社2012年版，第179页。

周飞舟：《锦标赛体制》，《社会学研究》2009年第3期。

周雪光：《运动型治理机制：中国国家治理的制度逻辑再思考》，《开放时代》2012年第9期。

周雪光、艾云：《多重逻辑下的制度变迁：一个分析框架》，《中国社会科学》2010年第4期。

《河南周口市长曾称平坟事件已无退路是一场革命》，法制日报，http://news.163.com/12/1225/15/8JJ2NJHD0001124J.html，2018-01-24。

《学者称周口平坟事件折射出地方财政对土地依赖》，法制周报，http://news.sina.com.cn/c/sd/2013-03-19/145426577131.shtml，2018-01-24。

《周口平坟跳过法院是程序败笔》，检察日报，http://legal.people.com.cn/n/2012/1123/c188502-19670275.html，2018-01-25。

《河南周口百万坟墓一夜间被圆起平坟运动彻底失败》，鲁中晨报，http://news.lznews.cn/2013/0220/688578.html，2018-01-25。

《周口项城王明口镇顺利完成平坟复耕任务》，新华网，http://news.xinhuanet.com/city/2012-10/26/c_123876616.htm，2018-01-25。

《周口政府平坟获300万奖励，市长祖坟遭"人肉"》，新民周刊，http://news.hexun.com/2012-11-30/148567391.html，2018-01-25。

《网友发出停止"平坟运动"呼吁书》，祝华新，http://yuqing.people.com.cn/n/2012/1120/c210123-19630480.html，2018-01-27。

《周口市殡葬改革暨平坟复耕推进会召开》，周口市政府a，http://www.henan.gov.cn/zwgk/system/2012/10/10/010337630.shtml，2018-01-27。

《2012年周口市政府工作报告》，周口市政府b，http://www.henan.gov.cn/zwgk/system/2012/05/31/010310585.shtml，2018-01-27。

Biddulph, S., Cooney, S., & Zhu, Y. (2012). "Rule of law with Chinese characteristics: the role of campaigns in lawmaking," *Law & Policy*, 34(4), pp.373—401.

Kerr, S. (1979), "On the folly of rewarding a, while hoping for b," *Academy of Management Journal*, 18(4), pp.769—783.

Liu, N.N., Lo, C.W.H., Zhan, X., & Wang, W. (2015). "Campaign-style enforcement and regulatory compliance," *Public Administration Review*, 75(1), pp.85—95.

Milgrom, P. & Roberts, J. (1992). *Economics, organization and management*, Englewood Cliffs, NJ: Prentice Hall.

Sun Ying, Affilah, R., Guo Jia. (2015). "Rethinking Chinese campaign-style governance model: the case study of APEC Blue," *11th International Conference on Public Administration*, pp.359—364.

Tilly, C. (1995), To explain political processes. *American Journal of Sociology*, 100(6), 1594—1610.

Van Rooij, B. (2006). "Implementation of Chinese environmental law: regular enforcement and political campaigns," *Development and Change*, 37(1), pp.57—74.

落脚大都市:广州新市民住房贫困研究[*]

吴开泽　陈　琳[**]

[内容提要]　利用2014年广州来穗务工人员住房调查数据,研究新市民住房贫困状况及影响因素。广州新市民住房贫困相异于西方国家,住房贫困与收入贫困密切相关,住房贫困率低于收入贫困率。新市民具有高住房面积贫困率和低住房负担贫困率等特征,该特征与人群构成多元化,以及商品住房等正规住房和城中村出租屋等非正规住房二元共存的住房租赁市场有关。住房贫困类型受家庭人均收入、居住形式、住房类型、婚姻状况、教育水平、就业行业和职业地位等因素影响。

[关键词]　大都市,新市民,住房贫困,二元住房市场

[Abstract]　According to the 2014 housing questionnaire data on new comers to Guangzhou, this paper studies new citizen's housing impoverishment and influencing factors. There is a large difference between new citizen's housing impoverishment in Guangzhou and in western countries, which manifested as housing impoverishment be closely tied with income poverty, and housing impoverishment rate lower than income poverty rate. Due to the diversity of new comers, and dualistic rental housing market includes both formal housings like commercial housing and informal housings like village-in-city rental housing, new citizen has higher poverty rates in housing area and lower poverty rates in housing affordability. Housing impoverishment type affected by household income per capita, dwell form, housing type, marital status, educational level and occupational status.

[Key Words]　Metropolis, New Citizen, Housing Impoverishment, Dualistic Housing Market

＊　本文系国家社科基金青年项目"新时代农民工住房供应与保障机制研究"(项目编号:18CSH056)、上海市软科学研究领域重点项目"上海青年人才公共住房供应与服务机制研究"(项目编号:18692104700)、北京大学—林肯中心研究基金项目"新型城镇化背景下新市民住房贫困应对机制研究"(项目编号:FS-2016100107)、2014年广州市哲学社会科学规划课题(项目编号:14Y05)、广州市属高校科研项目(项目编号:2012B109)的阶段性成果。感谢两位匿名评审专家的宝贵意见。

＊＊　吴开泽,华东理工大学社会与公共管理学院讲师;陈琳,广州大学工商管理学院教授,房地产研究所所长。

一 引 言

经济学家斯蒂格利茨曾预言:中国的城市化与美国的高科技发展将是深刻影响 21 世纪人类发展的两大课题(吴良镛等,2003)。国家统计局(2015)数据显示中国农民工人口规模达 2.74 亿人[①],国家卫计委估计2030 年中国流动人口规模将达到 3.1 亿[②],中国的人口迁移成为人类历史上最大规模的迁移(Liang,2016)。农村人口向城镇迁移有效提升了城镇化率,2016 年我国常住人口城镇化率达 57.35%,预计到 2020 年达到 60%(李克强,2016)。城镇化的核心是农村转移人口的城镇化、市民化和本地化(李强,2013)。长期以来,我国推行政府主导、以土地经营和房地产开发为手段的传统城镇化模式,物质层面的城镇化效果显著(李强等,2012;李郇,2012),但人口城镇化率明显滞后。以 2014 年为例,中国户籍人口城镇化率为 36%左右,比常住人口城镇化率低近 19 个百分点,低于发达国家 80%和发展中国家 60%的平均水平(王雨飞等,2016)。

传统城镇化模式引发住房价格持续上涨,住房问题成为中国最受关注的民生问题之一(刘祖云、吴开泽,2014)。住房是农民工立足城市、融入城市的关键(胡书芝、刘桂生,2012)。由于高房价和歧视性的住房制度,数以百万的外来人口面临住房贫困,居住权得不到有效保障,落脚城市非常困难。国家统计局(2015)调查显示农民工购房比例仅为 1%,居住工地、经营场所和合租比例达 45.5%。高房价和住房贫困使农民工面临既回不去农村,也留不下城市的困境(苗国,2010;胡小武,2013)。解决住房贫困,使新市民得以在城市落脚和发展,成为化解城镇化困境和跨越中等收入陷阱的关键(文时萍,2014)。

---

① 文献中流动人口、农民工和农业转移人口含义相近,我们保留原文献提法,统称为新市民。

② 国家卫计委:《2030 年流动人口将逾 3 亿 增速将放缓》,中国新闻网,2015-07-10,http://www.chinanews.com/gn/2015/07-10/7396008.shtml。

二 文 献 回 顾

　　进步和贫困形影相随仍是我们时代的难解之谜,即使是经济发达的国家和地区也深受贫困问题困扰(刘祖云、徐欢,2015)。有学者认为贫困是指物质上、社会上和情感上的匮乏,它悄悄地夺去了人们享受生命不受疾病侵害、有体面教育、有安全住房和长时间退休生涯的机会(Oppenheim *et al.*,1993)。也有学者认为贫困是一种社会上客观存在的生活状况,是由社会环境造成的社会后果(唐钧,1997)。还有学者认为贫困是由低收入造成的缺乏生活所需的基本物质和服务,以及没有发展的机会和手段这样一种生活状况(童星、林闽钢,1994)。贫困分为绝对贫困和相对贫困两种形式,绝对贫困标准是维持生存所必需和基本的物质条件,相对贫困标准是相对中等生活水平而言的贫困,绝对贫困又分为生存贫困和生活贫困(童星和林闽钢,1994)。有学者根据社会转型前是否处于贫困状态,将贫困分为原发性贫困和继发性贫困,并认为三分之二的贫困人口是转型过程中剥离出来的较低素质劳动力人口(尹海洁、关士续,2004)。

　　近年来,学术界对贫困的多重本质有了更多共识,贫困不仅指收入低,而且指在住房、就业、教育和医疗等领域参与不足(Dewilde and Keulenaer,2003)。跨国研究表明,"当前的家庭收入"未能反映较长期的资源积累和消耗,以各种非货币指标衡量的生活方式贫困和经济压力与社会阶层更密切相关(Whelan *et al.*,2003)。由于住房在社会稳定和居民生活中具有重要作用,被认为是"福利国家摇摆不定的支柱"(Torgersen,1987)和"社会政策中摇摆不定的支柱"(Malpass,2005),住房贫困越来越多受关注(芦恒,2012)。国外住房贫困研究既关注发展中国家的"贫民窟"和"棚户区",也研究发达国家住房条件低于贫困标准或因住房致贫等现象(Sharma,1996;Stephens and Steen,2011)。学者主要从三方面定义住房贫困,一是根据人均住房面积标准和满足基本居住需要的质量标准(李实等,2005;罗楚亮等,2013),二是根据住房租金支出占家庭总支出比重(Sato,2006),三是采用 FGT 类贫困指数和 MPi 多维贫困指数(Zhang and Chen,2014)。国外学者发现收入贫困和住房贫困有很强的独立性,住房贫困率高于收入贫困率。(McConnell,2012)发现美国 50%的受访者因住房致贫,部分居民收入达到贫困线的两倍(Stephens and Steen,2011),发现英国和荷兰超过80%的住房贫困者收入并不贫困,(Invincibles,2011)发现美国 25—34岁青年房租收入比超过 30%的人口比重,从 1980 年的 28%增加到2009 年的 41.3%。

在住房贫困现状方面,主要有城市低收入家庭住房贫困现状(陈琳、丁烈云等,2010;Sato,2006),蚁族、房奴等大学毕业生住房贫困现象(廉思,2009;风笑天,2011;胡小武,2014;石婷婷,2010),农民工和大学毕业生住房现状和城中村聚居现象等(吴维平、王汉生,2002;顾朝林等,2012;盛明洁,2016)。在城市住房贫困率方面,李实和罗楚亮(2005)估计城镇居民和农民工住房面积贫困率分别为 2.7%和 40%。Zhang and Chen(2014)估计上海农民工住房面积贫困率达到 45%。(Sato,2006)估计北京流动人口住房负担贫困率大约为 28%,其他城市为 21%。在住房贫困的社会影响方面,学者们认为住房贫困加剧社会贫富分化,加剧社会结构内部冲突(许秉翔,2002;吴开泽,2017),阻碍城市社会流动并形成房地产定型化社会(芦恒,2014)。

在住房贫困形成机制方面,国外有学者归因于住房政策并未成为福利国家组成部分(Dewilde and Keulenaer,2003),也有学者认为城市新移民的贫困率高于常住居民,表明城市居民的财富可能会随时间推移而大幅度增加(格莱泽,2012:71)。国内学者将住房贫困归因于家庭经济能力(廉思,2009;陈琳、丁烈云等,2010),认为住房市场天然地对低收入人群有着强烈的排斥(崔凤等,2005)。有学者认为新市民的住房贫困是城市住房政策对农民工的排斥(Sato,2006;董昕、张翼,2012;张品、林晓珊,2014),以及公共住房政策对夹心层群体的忽视(董海军、郭云珍,2003),或利益驱动下的地方政府与开发商合谋(文建龙等,2007)。

城市政策制定者基于城市利益导向的经济、社会和政治考虑,将农民工视为劳动力而不考虑其居住权(秦晖,2012;赵晔琴,2013)。因此,农民工面临市场歧视和制度排斥双重约束(王玉君、杨文辉、刘志林,2014)。农民工的居住方式基本上是资本主导或社会主导,几乎看不到国家或地方政府在解决农民工居住方面的直接贡献(任焰、梁宏,2009)。

在住房贫困应对方面,有学者认为应建立与经济救助相区别的住房救助制度,实行政府主导的社会服务体系(刘祖云、徐欢,2015),或制定住房选择中性的公共政策和住房税收制度(Priemus,2001;Malpass,2005)。在中国移民住房供给研究基础上,有学者提出建立政府主导的多主体住房供应体系,由政府、雇主、正式和非正式住房市场共同为移民提供多样化住房(Huang and Tao,2015)。

尽管很多学者从不同维度考察中国城市贫困,但新市民住房贫困研究仍很缺乏(Sato,2006;罗楚亮等,2013),城市人口的住房贫困分布仍鲜为人知(Zhang and Chen,2014)。新市民住房贫困研究还存在一些不足,一是将住房贫困等同于住房面积贫困,忽视了住房负担贫困;二是将新市民等同于农民工,忽视了外地城市移民和大学毕业生等群体;三是忽视了商品住房等正规住房和城中村出租屋等非正规住房二元并存的住房市场对住房贫困类型的影响。在现有研究基础上,我们基于新市民群体构成的多元化和住房市场的二元性,分析新市民住房贫困状况及影响因素,研究移民落脚大都市的实现路径。

三 数据和模型

(一)数据来源

我们采用2014年《广州市来穗务工人员住房需求调查》数据,该调查是广州市来穗人员服务管理局和广州大学房地产研究所开展的大规模住房需求调查。该次调查范围包括广州市辖11个区,调查对象是在广州常住或具有稳定就业的非广州户籍务工人员。住房需求调查方法如下:(1)针对居住在城中村出租屋、老城区出租屋和商品住房出租屋内的来穗务工人员,采取入户调查方式;(2)针对居住单位宿舍和工地工棚、借住亲友、租住政府公房的来穗务工人员,采取电话调查方式。该次调查获得有效调查问卷7 981份,其中入户调查5 968份,电话调查2 013份。

(二)住房和收入贫困标准界定

1. 住房负担标准

Stato(2006)将住房租金支出超过家庭支出30%定为住房负担贫困标准,Invincibles(2011)将房租收入比超过30%作为住房负担贫困标准,我们以房租支出占家庭收入的30%作为住房负担贫困标准。

2. 住房面积标准

在住房面积贫困标准界定方面,联合国于1990年提出《不同规模家庭住宅的最小建筑面积标准》,其中5人户家庭人均住房面积最低为12平方米,4人户为15平方米(陈劲松,2005)。国务院办公厅《关于保障性安居工程建设和管理的指导意见》(国办发〔2011〕45号)提出经适房单套建筑面积控制在60平方米以内。李实和罗楚亮(2005)在参考廉租房申请标准的基础上,根据家庭人口结构认定最低住房标准,即单身户、二人户和三人户分别为10、15和18平方米,四人户以上按人均6平方米递增。刘琳等(2009)根据国家标准《住宅设计规范》(GB50096—1999)推算具备基本功能的廉租房所需面积,界定住房贫困标准为两人及以下户为28平方米,每增加1人新增10平方米。罗楚亮等(2013)采用家庭人均居住面积低于10平方米作为住房面积贫困标准。我们以人均10平方米为住房面积绝对贫困标准,以人均15平方米为作为相对贫困标准。

3. 收入贫困标准

经济合作与发展组织将收入贫困标准线设定为该国或地区中位收入或平均收入的50%—60%(唐钧,1997)。我们以城镇居民人均可支配收入的50%作为收入贫困标准,以调查前1年(2013年)收入线为基准。

(三)变量和模型

1. 因变量

住房贫困:包括住房面积贫困(S)、住房负担贫困(F)、住房双重贫困(Z)和住房总体贫困(T)。住房面积贫困指人均住房面积低于 10 平方米;住房负担贫困指房屋租金超过家庭收入的 30%,住房双重贫困指同时具有面积贫困和负担贫困,住房总体贫困是三类贫困之和。收入贫困:以城镇居民人均可支配收入的 50%作为收入贫困标准。

2. 自变量

户籍分为农村户籍和城镇户籍。婚姻状况分为未婚、已婚、离异或丧偶。教育程度分为小学及以下、初中、高中/中专/职中、大专、本科及以上。居住形式分为家庭居住和非家庭居住。住房类型分为正规住房和非正规住房,正规住房包括普通商品住房、机关事业单位住房和老旧私房,非正规住房包括城中村出租屋、工业园区宿舍、企业单位宿舍、工地工棚和其他。单位类型分为公共事业单位、制造企业、商业或服务业、其他行业和无工作单位。职业:包括专业与管理人员、普通职员、技术工人、个体户、非技术工人及体力劳动者、临时工和其他。迁出地区包括广东省内、东部省份、中部省份和西部省份。家庭人数指在穗家庭总人数,家庭人均收入对数指在穗家庭成员总收入除以家庭人数后取对数。控制变量包括性别、年龄和年龄平方。

3. 统计模型

采用二分变量 logit 模型研究住房总体贫困,采用多变量 mlogit 模型估计住房贫困类型。logit 模型表达式如下:

$$\ln \frac{p(t)}{1-p(t)} = b_1 x_1 + b_2 x_2 + \cdots b_k x_k \tag{1}$$

mlogit 模型同时估计一组 logit 回归方程(唐启明,2012:317—318),无住房贫困为基准组,其他选项与基准组比值的计算公式如下:

$$\ln \frac{p(Y=j \mid X)}{p(Y=0 \mid X)} = a_i + \sum_{k=1}^{k} b_{ki} X_k \tag{2}$$

公式(1)和公式(2)中,$x_1, \cdots, x_k$ 是一组解释变量,$b_1, \cdots, b_k$ 是每个解释变量对应的回归系数。

我们用列删方法处理相关变量缺失值,最终纳入模型的个案是

5 952个。相关变量描述性统计如表1所示。

表1　新市民相关变量的描述统计

定 类 变 量			定 类 变 量		
	人数	百分比		人数	百分比
住房贫困情况			**单位类型**		
住房不贫困	3 305	55.53	公共事业单位	522	8.77
住房面积贫困	1 800	30.24	制造企业	964	16.20
住房负担贫困	699	11.74	商业和服务业	3 153	52.97
住房双重贫困	148	2.490	其他行业	724	12.16
性别			无工作单位	589	9.90
女性	2 300	38.64	**职业**		
男性	3 652	61.36	专业与管理人员	833	14.00
婚姻状况			普通职员	1 392	23.39
未婚	1 694	28.46	技术工人	446	7.490
已婚	4 147	69.67	非技术工人及体力劳动者	1 167	19.61
离异或丧偶	111	1.860	个体户	1 415	23.77
户籍情况			临时工或其他	699	11.74
农业户口	4 618	77.59	**租住情况**		
城镇户口	1 334	22.41	家庭居住	3 499	58.79
教育程度			非家庭居住	2 453	41.21
小学及以下	324	5.44	**住房类型**		
初中	2 188	36.76	正规住房	3 081	51.76
职中/高中/中专	1 910	32.09	非正规住房	2 871	48.24
大专	929	15.61	**连续变量**		
本科及以上	601	10.10		均值	标准差
迁出地区			家庭人数	3.32	1.36
广东省内	2 478	41.63	家庭人均收入对数	7.42	0.71
东部省份	336	5.650	年龄	33.81	8.84
中部省份	2 127	35.74	年龄平方/100	12.26	6.80
西部省份	1 011	16.99			

四 新市民住房贫困状况描述

（一）新市民人群特征

新市民群体中男性占 61.36%，未婚占 28.46%。新市民群体构成具有多元化特征。从教育程度来看，大学毕业生占 25.7%，学历较低的务工人员占 74.3%①。从户籍情况来看，农村户籍的乡城移民占 77.54%，中小城市移民占 22.46%。从移民来源地来看，省内移民占 41.75%，中部省份移民占 35.67%，省外移民主要来自湖南、广西、湖北、四川、江西和河南 6 个省。新市民就业行业主要集中在商业和服务业，职业类型既有专业和管理人员，也有普通职员，更多的是非技术工人和体力劳动者。

（二）新市民住房类型

新市民居住自有住房比例仅为 0.92%，居住出租屋比例达 84.67%，单位宿舍占 10.05%，借住亲友占 3.21%，工地工棚占 0.24%，其他居住方式占 0.91%。从居住形式看，家庭居住占 58.79%，非家庭居住占 41.21%。务工人员和大学毕业生住房类型差异明显，大学毕业生拥有住房和借住亲友比例更高，务工人员租住出租屋和工地工棚的比例更高。

表 2　务工人员和大学毕业生居住情况比较 （单位：%）

人群分组	自有住房	单位宿舍	出租屋	借住亲友家	工地工棚或工作间	其他	合计
务工人员	0.75	9.66	85.86	2.49	0.27	0.97	100
大学生	1.44	11.18	81.23	5.3	0.13	0.72	100
合　计	0.92	10.05	84.67	3.21	0.24	0.91	100

---

① 本文所称大学毕业生指具有大专以上学历的非广州户籍居民，外来务工人员指仅具有高中以下学历的非广州户籍居民。

新市民租住房屋类型以城中村出租屋和商品住房为主，城中村出租屋占41.94%，商品住房（含单位公房）占49.19%，工业园区和企业宿舍占3.75%，老旧私房和其他占5.12%。务工人员和大学毕业生住房类型差异明显，务工人员租住城中村出租屋比例为46.36%，租住商品住房占44.50%，大学毕业生租住城中村出租屋比例仅为29.15%，租住商品住房达62.75%，租住企业宿舍占4.25%。商品住房和城中村出租屋租住群体人均面积差异明显，商品住房人均面积为23.35平方米，是城中村出租屋（15.03平方米）的1.56倍。

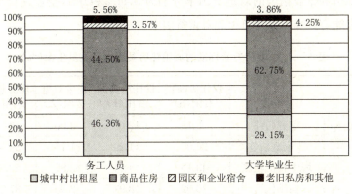

图1 不同人群住房类型

（三）新市民住房贫困率

新市民人均住房面积为19.02平方米，2014年广东省城镇居民人均住房面积为31.88平方米，仅为全省人均住房面积的59.66%[①]，其中家庭户为18.66平方米，非家庭户为22.24平方米。按人均10平方米的标准，新市民住房贫困率为44.43%，按人均15平方米的标准，住房贫困率上升到60.79%。新市民住房面积贫困率较高，住房负担贫困率较低，以人均10平方米标准为例，住房面积贫困率（S＋Z）为32.73%，住房负担贫困率（F＋Z）为14.23%。家庭户住房贫困率高于非家庭

---

① 广东省统计局：《2014年广东国民经济和社会发展统计公报》，广东省统计信息网，2015-02-28，http://www.gdstats.gov.cn/tjzl/tjgb/201507/t20150722_310084.html。

户,其中家庭户为 48.24%,非家庭户为 39.09%,两者相差 9.15 个百分点。

住房总体贫困情况显示,租住园区和企业宿舍、老旧私房的贫困率最高,租住商品住房的贫困率最低。住房面积贫困情况显示,租住企业宿舍和城中村出租屋的面积贫困率最高,分别为 54.26% 和 43.15%,租住商品住房贫困率最低,仅为 16.09%。住房负担贫困情况显示,租住商品住房和老旧私房的贫困率最高,分别为 18.92% 和 9.28%,租住企业宿舍和城中村出租屋的贫困率最低,仅为 1.79% 和 4.54%。租住老旧私房和企业宿舍的双重贫困率分别为 3.44% 和 0%,企业提供员工宿舍能有效降低住房负担和双重贫困率。

表 3　人均 10 平方米标准的城镇住房贫困类型及发生率(%)

		仅住房面积贫困(S)	仅住房负担贫困(F)	住房双重贫困(Z)	住房总体贫困(T)
按居住类型	家庭居住	33.18	12.06	3.00	48.24
	非家庭居住	26.05	11.29	1.75	39.09
按住房类型	城中村出租屋	43.15	4.54	2.87	50.56
	商品住房	16.09	18.92	2.25	37.26
	园区和企业宿舍	54.26	1.79	0.00	56.05
	老旧私房和其他	42.96	9.28	3.44	55.67
合　计		30.24	11.74	2.49	44.47

（四）新市民收入贫困和住房贫困比较

新市民人均年收入为 25 486 元,以广州城镇居民人均收入为标准算出收入贫困率为 54.17%[①],其中家庭户为 57.50%,非家庭户为 49.21%,相差 8.29 个百分点。农村户籍移民收入贫困率高于城镇户籍移民,其中家庭户城乡户籍移民贫困率相差 16 个百分点,非家庭户相差 12.69 个百分点。新市民收入水平高于广州农村居民,若以农村居

---

① 2013 年广州城镇居民人均可支配收入为 42 049 元,广州农村居民人均可支配收入为 16 013 元。

民人均收入为标准,新市民收入贫困率仅为8.28%,这正是城市吸引移民的动力所在。

住房贫困的户籍差异显示,农村移民住房贫困率高于城镇移民。以10平方米标准为例,家庭户中农村移民住房贫困率为50.79%,城镇移民为38.35%,相差12.44个百分点。城乡户籍移民住房贫困类型差异较大,农村移民面积贫困率(S+D)较高,城镇移民负担贫困率(F+D)较高。城镇移民住房类型以租金较高的商品住房为主,具有较高的负担贫困率。

表4 不同户籍新市民的住房贫困率 （单位:%）

居住形式	户籍情况	仅住房面积贫困(S)	仅住房负担贫困(F)	住房双重贫困(Z)	住房总体贫困(T)	收入贫困(I)
家庭居住	农村户籍	36.92	10.75	3.13	50.79	60.78
	城镇户籍	18.69	17.15	2.51	38.35	44.77
	合 计	33.18	12.06	3.00	48.24	57.50
非家庭居住	农村户籍	28.92	9.31	1.80	40.03	52.40
	城镇户籍	17.50	17.18	1.62	36.30	39.71
	合 计	26.05	11.29	1.75	39.09	49.21

新市民收入贫困和住房贫困存在正相关性,收入贫困者的住房总体贫困率为54.43%,收入非贫困者的总体贫困率为32.75%,两者相差21.68个百分点。收入贫困者的住房面积贫困率(S+D)为40.38%,住房负担贫困率(F+D)为17.95%,分别比收入非贫困者高16.67和8.11个百分点。

表5 新市民收入和住房贫困交互表 （单位:%）

收入贫困情况	住房不贫困	仅住房面积贫困(S)	仅住房负担贫困(F)	住房双重贫困(Z)	住房总体贫困(T)
非收入贫困	67.25	22.91	9.04	0.8	32.75
收入贫困	45.57	36.47	14.04	3.91	54.43
合 计	55.53	30.24	11.74	2.49	44.47

注:Pearson chi2(3)=304.028 1　Pr=0.000。

各年龄段住房和收入贫困率(见图2)显示,住房面积贫困率和收入贫困率随年龄增长呈现"侧S形"变化趋势,19—29岁贫困率均显著下降,30岁是重要拐点,30—49岁贫困率上升,50岁以后贫困率有所下降。新市民住房面积贫困和收入贫困率变化趋势有两个原因:一是新市民往往以降低住房面积的方式维持低居住成本,二是新市民生命周期内收入持续变化。新市民在20—29岁收入平稳增加,住房条件持续改善,收入贫困和住房贫困率下降;30岁后,婚姻和生育增加了家庭成员数量,收入水平和住房条件改善不明显,住房面积贫困和收入贫困率上升。

住房负担贫困率整体上呈现"U形"趋势,20—49岁负担贫困率呈下降趋势,50岁以后负担贫困率上升。住房负担贫困率在50岁出现拐点主要受生命周期内收入变化的影响,20—49岁是新市民职业成长期和成就期,收入持续增加使住房负担下降;50岁以后是职业衰退期,收入减少使住房负担增加。

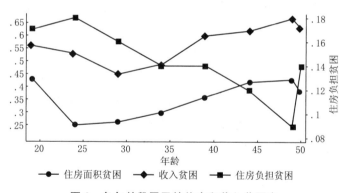

图2 各年龄段居民的住房和收入贫困率

随着教育程度提高,新市民的收入水平持续上升,住房面积贫困率和收入贫困率持续下降。以住房面积贫困为例,小学及以下教育程度者的面积贫困率为54.88%,本科及以上教育程度者下降为9.61%。新市民住房负担贫困率随教育程度提高呈上升趋势,其中小学以下教育程度者的贫困率为11.58%,本科以上教育程度者的贫困率上升为

20.86%。新市民住房负担贫困变化趋势,与城乡二元土地制度基础上
形成的二元住房市场密切相关。在快速城镇化进程中,城市周边村民
面对急剧增加的住房需求,在集体用地上大量建设出租屋,逐渐形成与
商品住房等正规住房并存的城中村非正规住房。调查显示,正规住房
和非正规住房租金具有显著差异,正规住房户均月租金为 1 160 元,非
正规住房户均月租金为 621 元,前者是后者的 1.87 倍。随着教育程度
提高,新市民改善居住条件的能力和愿望增强,住房选择类型从非正规
住房转向正规住房。由于正规住房租金涨幅高于新市民教育回报涨
幅,从而出现高教育程度者高住房贫困率现象。

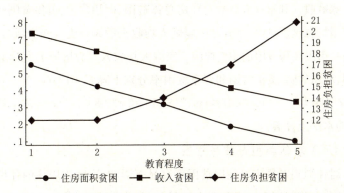

图3　不同教育程度居民的收入和住房贫困率比较

注:教育程度 1 为小学及以下,2 为初中,3 为高中/中专,4 为大专,5 为本
科及以上。

五　新市民住房贫困影响因素回归分析

(一)家庭人口特征与住房贫困

新市民住房贫困没有显著的性别差异,但女性住房负担贫困率显
著高于男性。年龄对住房总体贫困的影响为正,年龄平方的影响为负,
住房总体贫困率随年龄增长呈"倒 U 形"趋势,但均不显著。已婚对住
房总体贫困影响为正但不显著,离异和丧偶有显著的负向影响。已婚

对住房面积贫困有显著的正向影响,对负担贫困有显著的负向影响,这反映已婚家庭通过降低居住标准节省住房支出。教育程度对住房总体贫困有显著负向影响,教育程度越高贫困率越低。从住房贫困类型来看,教育对面积贫困和双重贫困有显著负向影响,对负担贫困有显著正向影响。由于正规住房租金高企,高学历新市民在改善居住条件时背负了较高的住房负担。新市民住房总体贫困和住房面积贫困没有显著的城乡户籍差异。住房负担贫困的户籍差异显著,城镇移民负担贫困率是农村移民的 1.29 倍,且通过显著性检验。

（二）家庭状况与住房贫困

家庭收入和家庭人口数对住房总体贫困、面积贫困、负担贫困和双重贫困均有显著负向影响,其中家庭人均收入的影响更为强烈,收入偏低是新市民住房贫困的主要原因。家庭人均收入对数增加 1,住房总体贫困、面积贫困、负担贫困和双重贫困率分别下降 61.01%（$e^{-0.942} - 1$）、48.82%（$e^{-1.072} - 1$）、76.87%（$e^{-1.464} - 1$）和 82.98%（$e^{-1.771} - 1$）,均在 1% 的水平上显著。

（三）居住类型与住房贫困

居住形式对新市民住房贫困率有显著影响,家庭式居住的住房面积贫困、负担贫困和双重贫困率都更高,家庭户落脚城市更为困难。家庭户住房面积贫困率是非家庭户的 1.26 倍,负担贫困率是非家庭户的 1.73 倍。家庭户的高住房贫困率反映了新市民落脚城市的困难,由于高房租和低收入,农民工往往选择家庭分离的居住形式（刘爱玉,2012）,形成规模庞大的留守儿童和留守妇女。

住房类型对新市民的住房贫困也有显著影响,租住正规住房新市民的面积贫困率更低,负担贫困率更高。租住非正规住房的面积贫困率是正规住房的 2.63 倍,负担贫困率仅为正规住房的 0.28 倍。商品住房等正规住房和城中村出租屋等非正规住房二元共存的市场特征,为各类移民落脚大都市提供了多样化途径。在解决新市民住房问题方面,租金低廉的城中村非正规住房发挥了重要作用,这也是中国快速城市化和工业化的重要支撑。

（四）职业状况与住房贫困

住房市场的二元性特征,使不同行业和职业的新市民可以选择适合自身的住房类型,住房贫困类型具有鲜明的职业特征。新市民住房总体贫困没有明显的行业差异,面积贫困和负担贫困有显著的行业差异。制造业职工的住房面积贫困率最高,商业和服务业职工的面积贫困率最低,仅为制造业职工的 0.78 倍（$e^{-0.412}$）,且通过显著性检验。商业和服务业、无工作单位职工住房负担贫困率分别是制造业职工的1.47倍（$e^{0.384}$）和 2.10 倍（$e^{0.746}$）,且非常显著。无工作单位职工住房双重贫困率最高,是制造业职工的 8.30 倍（$e^{2.116}$）,且非常显著。

新市民住房总体贫困没有显著的职业差异,住房面积贫困和住房负担贫困的职业差异显著,较高职业地位群体的面积贫困率较低,负担贫困率较高。住房负担贫困率情况显示,专业与管理人员和个体户贫困率最高,分别是体力劳动者的 1.47 倍（$e^{0.383}$）和 2.13 倍（$e^{0.757}$）且影响显著。住房双重贫困情况显示,体力劳动者的贫困率最低,技术工人和个体户贫困率高且影响显著。

（五）迁出地与住房贫困

住房总体贫困整体上没有显著的地区差异,其中西部省份移民总体贫困率最高,且通过显著性检验。住房面积贫困率有显著的地区差异,东部省份移民贫困率最低,中西部省份移民贫困率最高,且影响显著。住房负担贫困率也有显著的地区差异,中西部省份移民住房负担贫困率最低。

表6　新市民住房贫困影响因素分析

	模型1 住房总体贫困	无住房贫困为参照		
		模型2 面积贫困	模型3 负担贫困	模型4 双重贫困
性别(女性＝0)	－0.016 1 (0.059)	0.077 3 (0.069)	－0.184* (0.094)	－0.062 3 (0.188)
年龄	0.006 17 (0.012)	0.008 74 (0.017)	－0.002 82 (0.017)	0.002 46 (0.035)

（续表）

	模型 1 住房总体 贫困	无住房贫困为参照		
		模型 2 面积贫困	模型 3 负担贫困	模型 4 双重贫困
年龄平方	-0.012 4 (0.015)	-0.017 4 (0.022)	-0.002 79 (0.020)	-0.002 63 (0.043)
婚姻（未婚 = 0） 已婚	0.141 (0.087)	0.498*** (0.105)	-0.412*** (0.134)	-0.152 (0.290)
离异或丧偶	-0.741*** (0.232)	-0.868*** (0.315)	-0.772** (0.326)	-0.165 (0.556)
教育程度（小学及以下 = 0） 初中	-0.284** (0.129)	-0.317** (0.138)	0.213 (0.273)	-0.803*** (0.305)
高中/中专	-0.412*** (0.135)	-0.506*** (0.145)	0.372 (0.278)	-1.076*** (0.339)
大专	-0.590*** (0.153)	-0.932*** (0.173)	0.531* (0.295)	-0.874** (0.405)
本科	-0.559*** (0.172)	-1.334*** (0.216)	0.917*** (0.310)	-2.051*** (0.691)
户籍（农村 = 0）	0.033 8 (0.074)	-0.146 (0.092)	0.256** (0.107)	0.204 (0.237)
家庭人均收入对数	-0.942*** (0.059)	-0.670*** (0.068)	-1.464*** (0.089)	-1.771*** (0.122)
家庭人口数	-0.200*** (0.027)	-0.0835*** (0.030)	-0.490*** (0.045)	-0.333*** (0.077)
居住形式（非家庭居住 = 0）	0.350*** (0.067)	0.236*** (0.077)	0.550*** (0.114)	0.640*** (0.237)
住房类型（正规住房 = 0）	0.380*** (0.057)	0.968*** (0.067)	-1.260*** (0.110)	0.180 (0.179)
行业/单位（制造业 = 0） 公共事业单位	0.001 37 (0.122)	0.059 6 (0.141)	0.183 (0.215)	1.565** (0.680)
商业和服务业	-0.137 (0.084)	-0.251*** (0.093)	0.384** (0.168)	1.528** (0.606)
其他行业	-0.103 (0.107)	-0.246** (0.119)	0.399** (0.201)	1.211* (0.661)
无具体单位	0.025 0 (0.149)	-0.170 (0.166)	0.746*** (0.268)	2.116*** (0.729)

(续表)

	模型1 住房总体 贫困	无住房贫困为参照		
		模型2 面积贫困	模型3 负担贫困	模型4 双重贫困
职业(非技术工人和体力劳 动者＝0)				
专业和管理人员	-0.146	-0.288**	0.383**	0.910*
	(0.110)	(0.128)	(0.191)	(0.525)
普通职员	-0.117	-0.295***	0.337**	1.103***
	(0.089)	(0.101)	(0.161)	(0.421)
技术工人	-0.178	-0.289**	0.243	1.199**
	(0.121)	(0.135)	(0.227)	(0.541)
个体户	0.066 4	-0.203**	0.757***	1.738***
	(0.090)	(0.100)	(0.161)	(0.394)
无业或其他	-0.310**	-0.266*	-0.225	0.071 6
	(0.132)	(0.146)	(0.240)	(0.550)
地区(东部省份＝0)				
广东省内	0.193	0.439***	-0.134	0.119
	(0.128)	(0.169)	(0.172)	(0.355)
中部省份	0.205	0.602***	-0.440**	-0.372
	(0.129)	(0.169)	(0.179)	(0.383)
西部省份	0.319**	0.751***	-0.351*	-0.745
	(0.138)	(0.177)	(0.200)	(0.458)
系数	7.227***	3.843***	10.50***	8.948***
	(0.572)	(0.684)	(0.871)	(1.448)
样本量	5 952		5 952	
Pseudo R^2	0.074 0		0.149 0	
Log likelihood	-3 786.76		-5 226.05	

注:(1)括号内为标准误;(2) *、**、*** 分别表示在10%、5%和1%的置信度水平下显著。

六 结论和建议

我们从住房面积贫困、负担贫困和双重贫困三个角度分析新市民

住房贫困状况,并与收入贫困进行比较。与西方学者发现收入贫困和
住房贫困有很强的独立性不同,新市民住房面积贫困与收入贫困密切
相关,收入低是新市民住房贫困的主要原因。中西方住房贫困形式也
有较大差异,发达国家青年住房负担贫困率高,广州新市民住房贫困现
象具有高面积贫困率和低负担贫困率等特征。婚姻状况、教育水平、居
住形式、住房类型、就业行业和职业地位等对新市民的住房贫困类型有
显著影响。婚姻影响显示,已婚新市民的住房面积贫困率高,住房负担
贫困率低。教育程度和职业地位越高的新市民,住房面积贫困率更低、
住房负担贫困率更高。户籍影响显示,城市移民的住房面积贫困率低,
住房负担贫困率高。从居住形式上看,家庭户的住房面积贫困和负担
贫困率更高。从住房类型上看,非正规住房的住房面积贫困率更高,住
房负担贫困率更低。

　　大都市新市民住房贫困类型的差异性,与移民构成的多元化和居
住分异现象有关。在城镇化进程中,广州形成了正规住房和非正规住
房二元共存的房屋租赁市场,两个市场的房屋租金差异显著。在解决
新市民住房问题方面,城中村出租屋等非正规住房发挥了重要作用。
当大学毕业生和城镇户籍移民以较高价格租赁商品住房等正规住房
时,务工人员则租住相对廉价的城中村出租屋,这种方式降低了移民落
脚城市的成本,促进了人口城镇化进程。近年来,一线城市大规模清理
地下室出租屋、大力拆除“违规建筑”、积极推动城中村改造,非正规住
房市场受到挤压。在城市更新改造过程中,务工人员成为被城市社会
忽视的边缘化群体(赵晔琴,2013)。新市民经历了“买不起房—租不起
房—租不到房”的变化,只能承租更高价格的商品住房,加重了住房贫
困状况,落脚大都市更为困难。正如桑德斯(2014:113)所言,乡村的命
运主要取决于国家如何经营大城市,以及为这些城市的外来人口提供
的权利与资源,城市的命运通常也取决于如何对待农村以及农村移民,
经营不善的落脚城市可能使乡村更为衰败。因此,通过缓解住房贫困
让新市民能在大都市“落下脚”,也是乡村振兴和城市可持续发展的
关键。

无论是以农民工为主体的乡城移民，还是以大学毕业生为主体的知识移民，都是城市发展的重要驱动力。移民的市民化和本地化是新型城镇化的核心，也是化解城镇化困境的关键。针对发展中国家的住房研究认为，仅靠正式的公共住房或市场住房并不能解决城市贫困人口的住房问题（Wang，2000）。解决新市民住房贫困，需要建立规范有序的房地产市场和健康合理的住房保障体系，使不同阶层拥有体面且负担得起的住房，既不陷入住房贫困，也不因住房致贫。因此，未来的住房制度改革应兼顾经济功能和社会功能，应更加注重保障居民和新市民的居住权。中国政府提出建立多主体供给、多渠道保障、租购并举的住房制度。在建立多主体住房供应体系和规范有序的住房市场时，应考虑城中村出租屋等非正规住房在解决新市民住房问题和促进人口城镇化的保障作用，规范非正规住房的管理，维持合理价位的房屋租赁市场，让新市民在大都市"落稳脚"。

在城镇化进程中，人口迁移呈现区域阶梯迁移规律，即劳动力首先从农村向城镇和中小城市转移，最终目标向大城市和城市群迁移（蔡昉，1998），中国大都市的住房压力将长期存在。城市政府应该综合考虑城市发展阶段、人口迁移规律、住房需求总量和政府财政实力等因素，建立住房保障长效机制和住房建设长远规划，更好地解决新市民的住房问题。

参考文献

爱德华·格莱泽：《城市的胜利》，刘润泉译，上海社会科学院出版社 2012 年版，第 71 页。

蔡昉：《转轨时期劳动力迁移的区域特征》，《中国人口科学》1998 年第 5 期。

陈劲松：《公共住房浪潮——国际模式与中国安居工程的对比研究》，机械工业出版社 2005 年版。

陈琳、丁烈云、谭建辉、周耀旭、吴开泽：《低收入家庭住房需求特征与住房保障研究——来自广州的实证分析》，《中国软科学》2010 年第 10 期。

崔凤、毛凤彦:《社会排斥与城市贫困家庭的住房问题》,《学习与探索》2005 年第 5 期。

道格·桑德斯:《落脚城市》,陈信宏译,上海译文出版社 2014 年版,第 113 页。

董昕、张翼:《农民工住房消费的影响因素分析》,《中国农村经济》2012 年第 10 期。

董海军、郭云珍:《住房:城市青年所承的结构压力》,《中国青年研究》2008 年第 4 期。

国家统计局:《2014 年农民工监测调查报告》,国家统计局网站,2015-04-29,http://www.stats.gov.cn/tjsj/zxfb/201504/t20150429_797821.html,2018-04-28。

芦恒:《"工作贫困"及其社会风险探析——以韩国青年贫困现象为例》,《青年研究》2012 年第 3 期。

芦恒:《房地产与阶层定型化社会解读〈房地产阶级社会〉》,《社会》2014 年第 4 期。

顾朝林、盛明洁:《北京低收入大学毕业生聚居体研究——唐家岭现象及其延续》,《人文地理》2012 年第 5 期。

胡书芝、刘桂生:《住房获得与乡城移民家庭的城市融入》,《经济地理》2012 年第 4 期。

苗国:《"蜗居之痛":一项关于青年置业观念的社会学考察》,《中国青年研究》2010 年第 7 期。

胡小武:《候鸟型白领:逃离北上广与"大都市化陷阱"》,《中国青年研究》2013 年第 3 期。

李克强:《2016 年政府工作报告》,新华网,2016-03-05,http://news.xinhuanet.com/fortune/2016-03/05/c_128775704.htm,2018-04-28。

李强、陈宇琳、刘精明:《中国城镇化"推进模式"研究》,《中国社会科学》2012 年第 7 期。

李强:《论农民和农民工的主动市民化与被动市民化》,《河北学刊》2013 年第 4 期。

刘爱玉:《城市化过程中的农民工市民化问题》,《中国行政管理》2012 年第 1 期。

刘祖云、吴开泽：《住房保障准入与退出的香港模式及其对内地的启示》，《中南民族大学学报》(人文社会科学版)，2014 年第 2 期。

刘祖云、徐欢：《澳门的贫困援助及其对内地的启示》，《中南民族大学学报》(人文社会科学版)2015 年第 5 期。

李郇：《珠三角社会转型背景下的新型城市化路径选择》，《规划师》2012 年第 7 期。

刘琳、罗云毅等：《我国城镇住房保障制度研究》，《宏观经济研究》2009 年第 8 期。

罗楚亮、王亚柯：《城镇居民的住房贫困——基于 2000 年与 2005 年人口调查数据的经验研究》，《经济学动态》2013 年第 9 期。

任焰、梁宏：《资本主导与社会主导——"珠三角"农民工居住状况分析》，《人口研究》2009 年第 2 期。

盛明洁：《北京低收入大学毕业生就业空间分异——来自史各庄地区的实证研究》，《城市规划》2016 年第 10 期。

石婷婷：《大学生就业后的住房贫困现象探析——基于浙江普通高职毕业生的调查》，《浙江社会科学》2010 年第 5 期。

唐启明著：《量化数据分析：通过社会研究检验想法》，任强译，社会科学文献出版社 2012 年版，第 317—318 页。

唐钧：《确定中国城镇贫困线方法的探讨》，《社会学研究》1997 年第 2 期。

童星、林闽钢：《我国农村贫困标准线研究》，《中国社会科学》1996 年第 3 期。

王雨飞、冷志明、丁如曦：《中国新型城镇化道路与房地产市场发展转型——"新型城镇化与房地产发展学术论坛"综述》，《经济研究》2016 年第 2 期。

王玉君、杨文辉、刘志林：《进城务工人员的住房变动及其影响因素——基于十二城市问卷调查的实证分析》，《人口研究》2014 年第 4 期。

文时萍：《住房贫困问题是中国城市化的核心问题——基于中国如何跨越"中等收入陷阱"的思考》，《重庆交通大学学报》(社会科学版)2014 年第 1 期。

吴开泽：《房改进程、生命历程与城市住房产权获得(1980—2010 年)》，《社会学研究》2017 年第 5 期。

吴良镛、吴唯佳、武廷海:《论世界与中国城市化的大趋势和江苏省城市化道路》,《科技导报》2003 年第 9 期。

吴维平、王汉生:《寄居大都市:京沪两地流动人口住房现状分析》,《社会学研究》2002 年第 3 期。

尹海洁、关士续:《经济转型与城市贫困人口生活状况的变化》,《中国人口科学》2004 年第 2 期。

赵晔琴:《"居住权"与市民待遇:城市改造中的"第四方群体"》,《社会学研究》2008 年第 2 期。

张品、林晓珊:《制度与观念:城镇化与农民工家庭的住房消费选择》,《青年研究》2014 年第 2 期。

Clark, W.A.V., Deurloo, M. C., & Dieleman, F.M.(1994). "Tenure changes in the context of micro level family and macro level economic shifts," *Urban Studies*, 31(1), pp.131—154.

Dewilde, C., & Keulenaer, F. D. (2003). "Housing and Poverty: The 'Missing Link'," *International Journal of Housing Policy*, 3(2), pp.127—153.

Huang Y,& Tao R.(2015). "Housing migrants in Chinese cities: current status and policy design," *Environment and Planning C: Government and Policy*, 33(3), pp.640—660.

Invincibles Y.(2011). "The state of young America: economic barriers to the American dream," *Demos*, (8), pp.41—43.

Liang Z. (2016). "China's Great Migration and the Prospects of a More Integrated Society," *Annual Review of Sociology*, 42(1), pp.451—471.

Logan, J. R.,& Bian, Y. *et al*.(1999). "Housing inequality in urban China in the 1990s. International," *Journal of Urban and Regional Research*, 23(1), pp.7—25.

Malpass P.(2005). "Housing and the welfare state: the development of housing policy in Britain," *Housing Studies*, 36(4), pp.165—167.

McConnell, E. D. (2012). "House poor in Los Angeles: examining patterns of housing-induced poverty by race, nativity, and legal status," *Housing Policy Debate*, 22(4), pp.605—631.

Oppenheim C, Lisa H, & Group, C. P. A. (1993). *Poverty the facts*. London: Child Poverty Action Group.

Priemus, H. (2001). "Poverty and Housing in the Netherlands: A Plea for Tenure-neutral Public Policy," *Housing Studies*, 16(3), pp.277—289.

Sharma, R.N. (1996). "Housing Poverty in Third World," *Economic and Political Weekly*, 31(50), pp.3241—3242.

Sato, H. (2006). "Housing inequality and housing poverty in urban China in the late 1990s," *China Economic Review*, 17(1), pp.37—50.

Stephens, M. & Steen, G. V. (2011). "'Housing Poverty' and Income Poverty in England and The Netherlands," *Housing Studies*, 26 (7—8), pp.1035—1057.

Scanlon, K. *et al*. (2015). "Social housing in Europe," *European Policy Analysis*, (17), pp.1—12.

Torgersen, U. (1987). "Housing: the Wobbly Pillar under the Welfare State," *Scandinavian Housing & Planning Research*, 4(1), pp.116—126.

Wang, Y.P. (2000). "Housing Reform and its Impacts on the Urban Poor in China," *Housing Studies*, 15(6), pp.845—864.

Zhang, Y. & Chen J. (2014). "Housing Poverty in Post-Reform Shanghai: Profiles in 2010 and Decompositions," *Open House International*, 40(1), pp.12—17.

Whelan, C.T. Layte, R. Maître, B. & Nolan, B. (2003). "Persistent Income Poverty and Deprivation in the European Union: An Analysis of the First Three Waves of the European Community Household Panel," *Journal of Social Policy*, 32(1), pp.1—18.

民生支出、财政结构与经济发展
——一项基于跨国数据的实证研究 *

赵剑治　张　平　苟燕楠**

[内容提要]　财政支出的结构一直是公共经济学的重要研究问题。然而,已有的文献大多关注生产性支出对于经济增长的影响,对于民生支出与经济发展的关系却缺乏足够的研究。基于2006年至2016年共计98个国家的面板数据,民生支出占财政支出的比例与经济发展存在显著的"U"形关系。当一国的人均国内生产者总值低于临界点时,越低的发展水平使得民生支出占财政支出的比例反而会越高。而当超越临界点后,经济发展水平与民生支出存在显著的正相关关系。我们的发现对于政府制定合理的民生支出具有一定价值。

[关键词]　民生支出,财政支出,人均国内生产总值,"U"形曲线

[Abstract] The structure of fiscal expenditure has always been an important topic in public economics. However, most of the existing literature focuses on the impact of productive expenditure on economic growth and but little attention has been put on the empirical research on the relationship between *minsheng* expenditure and economic development. Based on a panel data of 98 countries from 2006 to 2016, this paper attempts to explore the intrinsic relationship between *minsheng* expenditure, public finance structure, and economic development. A significant "U"-type relationship is identified in our paper between the proportion of *minsheng* expenditure to fiscal expenditure and economic development. In other words, when a country's GDP per capita is below the threshold, lower level of development makes the ratio of *minsheng* expenditure reach higer. When the per capita GDP of a country exceeds the threshold, the higher the level of economic development is often accompanied by higher levels of *minsheng* expenditure. Our findings provide valuable empirical evidence for governments public-policy makings of *minsheng* expenditure.

[Key Words] Minsheng Expenditure, Fiscal Expenditure, GDP per Capita, "U"-type Curve

* 本文系教育部哲学社会科学研究重大攻关项目(项目编号:17JZD029)和上海市"科技创新行动计划"软科学研究领域重点项目(项目编号:16692101800)的研究成果之一。

** 赵剑治,复旦大学国际关系与公共事务学院讲师、全球治理研究中心副主任;张平,复旦大学国际关系与公共事务学院副教授;苟燕楠,复旦大学国际关系与公共事务学院教授。

一　引　言

　　尽管国际社会形成了以《联合国千年发展目标》为代表的共识,强调了对人的关怀和以此为基础的民生价值,"民生财政"却是一种具有中国特色的表达。在国际语境中并没有对"民生财政"的探讨(刘尚希,2008),而是较多地以内涵与外延都不尽相同的"福利财政"为主题。然而,目前学界对"民生财政"的概念却并未形成统一的共识,甚至在党和政府的报告中关于民生内容的覆盖也不断更新和调整(张馨,2009)。

　　在学界的探讨中,关于"民生财政"的定义大致有如下四种。第一种是以民生支出占财政支出的地位来定义民生财政(安体富,2008;稽明,2011),即民生财政是以教育、医疗、社保、环保等民生方面的支出在财政支出中占相当高的比例甚至处于主导地位的财政。第二种观点则认为,民生财政不应该与公共财政割裂开来,公共财政本身就是服务于国计民生,公共财政与民生财政是一体两面(贾康等,2011)。第三种观点秉承这一看法,但同时强调民生财政的产生具有特殊性,认为民生财政是中国的公共财政在现阶段针对当前社会中广泛的民生问题的特定产物(马海涛、和立道,2010;魏立萍、刘晔,2008;张馨,2011)。第四种观点则进一步强调了对人的关怀,认为民生财政不仅要解决当前的问题,更应当要以人为本、促进人的全面发展(刘尚希,2008)。

　　尽管学界对民生财政仍未形成共识,公共财政也被认为本质上直接或间接服务于民生,但在当前的特定阶段,学者也广泛认可对民生财政的强调是之前以经济建设为中心的财政模式的转向(张馨,2011),在具体衡量时在统计口径上相对较"窄",具有特定的向民生倾斜的特征(马海涛、和立道,2010)。因此,本文在行文以及数据处理的过程中,强调民生财政与民生的直接相关性,将与保障人民最基本生活直接相关的教育、卫生、就业、社会保障等领域的财政支出作为对民生财政的考量。

从经济学的角度来考虑公共财政,当出现市场失灵时,公共财政被认为是解决市场失灵的一种有效途径,从而能降低社会成本,提高社会效率,对经济发展也有促进作用。凯恩斯学派则指出了政府的扩张公共财政开支具有乘数效应,通过增加总需求而推动经济增长(凯恩斯,1936)。然而,这种观点后来被新古典主义经济学派批评。新古典主义经济学强调货币政策的重要性而认为财政政策由于长期总供给曲线稳定不变而无效(卢卡斯,1972),因此公共财政支出从长期来说对经济增长是没有促进作用的。而新古典经济学中旨在探讨长期经济增长的索罗模型指出,在长期的经济增长中,人均资本存量具有关键意义(索罗,1956)。舒尔茨(1960)开创性地提出人力资本(human capital)的理念,指出人力资本作为经济学分析中的资本含义,对后来的关于经济发展的讨论产生了深刻的影响。从这一角度考虑,民生财政旨在促进人的福利和全面发展,其中包含的健康、教育、社会安全等方面的支出,能保障和提高整个社会中的人力资本,民生财政的支出从这个角度而言,对经济发展具有积极而正面的意义。

然而,另一方面,在公共财政的研究中,公共财政的"挤出效应"(crowding out effect)在衡量政府支出的有效性时也不容忽视(巴列伊,1971;巴罗,1981)。政府在提供公共服务时,事实上代替了居民部门自身用于购买这一公共服务的支出,居民因此在政府提供相应的公共服务时会减少自身的开支,从而使得政府在民生财政中对人力资本的促进作用大打折扣。而由于社会中居民对于民生购买的偏好各不相同,从社会整体而言,民生财政通过提高人力资本的途径而促进经济发展的具体结果仍有待进一步考量。

19世纪80年代,德国经济学家瓦格纳在综合了欧美日等国的公共财政情况后,提出了著名的"瓦格纳定律":一国的政府支出占国民生产总值的比重会随着经济的发展而上升。理查德(1959)认为主要原因包括三点,一是长期举债利息支出增加,二是国家对经济活动的支出增加,三是国家对医疗保障、社会保障等的民生社会责任不断增加。许多学者基于这一假设对各个国家的财政支出做了实证检验(贝克,1976;

阿比赞迪克、格雷,1985;瓦格纳、韦伯,1977;姚静,2009)。

一些学者针对国家的发展程度做了分别研究,兰多(1983,1985,1986)通过对发达经济体和不发达经济体的研究认为,无论是发达国家还是不发达国家,公共财政与经济增长都负相关。萨塔尔(1993)则认为,公共财政支出与发达国家的发展水平关系不大,但对发展中国家的经济增长具有正面意义。

然而,这些实证检验都是基于整体的财政支出而做出的,并没有基于其组成部分而对民生财政做专门研究。一些学者开始考量财政支出中不同组成部分与经济发展的联系,区分了对经济增长有促进作用的生产性公共支出(productive public expenditure)和对经济增长没有贡献的非生产性公共支出(unproductive public expenditure),对于研究民生财政与经济发展具有较大的借鉴意义。科尔克拉夫(1983)通过对非洲国家进行研究,认为对教育和健康的财政支出有助于提高劳动生产率,从而促进增长。阿绍尔和格林伍德(1985)以及巴罗(1990)认为政府的消费性支出一方面提高了居民部门的福利,另一方面通过高税收的方式降低了社会的投资回报和投资意愿,因此对经济发展具有负面作用,格里尔和图洛克(1987)通过对115个国家的面板数据的分析,佐证了这一观点。巴罗(1991)通过对98个国家的数据进行分析后认为政府非生产性的消费开支是经济增长较慢的原因。另一方面,那些对基础设施建设等的政府投资支出则被认为对经济增长有促进作用。伊索言和雷贝洛(1993)通过对发展中国家的面板数据的实证分析证实了政府对交通和通信的投资有助于发展中国家经济的增长。德瓦拉哈等(1996)通过对43个发展中国家的面板数据进行分析后指出,对于发展中国家而言,政府的投资性支出所占比例超过一定限度后,对于经济增长具有负面作用或者效果不明显,而消费性支出则具有更高的增长回报。

因此,本文试图基于翔实的跨国面板数据,深入探究民生支出、财政结构与经济发展的内在关系。本文接下来的结构如下:在第二部分,我们将对数据来源、变量的构建做详细介绍,并对主要变量做统计描述和相关性检验;在第三部分,我们首先对民生支出和人均国内生产总值做线性和二次项拟合,并尝试通过回归分析来验证;最后一部分将对全文进行总结并提出相应的政策含义。

二　数据来源、变量构建和统计描述

(一)数据库介绍

本文所用数据全部选取自国际货币基金组织(IMF)政府财政统计(Government Finance Statistics,GFS)数据库和世界银行(World Bank)世界发展指标(World Development Indicator,WDI)数据库。关于政府的财政收入、财政支出以及财政支出组成的数据来源于IMF政府财政数据库,其中关于财政支出的组成共分为10大类,包括一般公共支出(Expenditure on general public services),国防支出(Expenditure on defense),经济事务支出(Expenditure on economic affairs),教育支出(Expenditure on education)、医疗和健康支出(Expenditure on health),社会保障支出(Expenditure on social protection),住房和社区设施相关支出(Expenditure on housing & community amenities),休闲、文化和宗教等相关支出(Expenditure on recreation,culture,& religion),环境保护支出(Expenditure on environment protection),公共安全等相关支出(Expenditure on public order & safety)。关于各国经济增长、国民生产总值(gross production product,GDP)和人均GDP的数据来源于世界银行的世界发展指数数据库。面板数据涵盖1972年至2016年,共包含包括发达国家和发展中国家在内的98个国家和地区。

(二)变量选取和介绍

表1列出了本文的模型中解释变量的名称和定义。本文的核心变量为财政民生支出占财政总支出的比重,基本是对于财政支出类别的探讨,广义上的民生财政支出(即非生产性的民生支出)对于跨国比较

研究更加具有可比较性。因此,本文的财政民生支出包括教育支出
(Expenditure on education),医疗和健康支出(Expenditure on health),
社会保障支出(Expenditure on social protection),住房和社区设施相关
支出(Expenditure on housing & community amenities),休闲、文化和宗
教等相关支出(Expenditure on recreation, culture, & religion),环境保
护支出(Expenditure on environment protection),公共秩序和安全相
关支出(Expenditure on public order & safety)等 7 项。核心自变量为
人均国内生产总值(GDP per capita),对该变量以 2010 年美元作为基
准汇率做了标准化。还控制了在已有的文献中影响财政民生支出占比
的因素,包括用来衡量规模经济的 GDP 总量、经济增长率等。

(三)变量统计

在表 2 中,基于样本中 98 个国家在 2006 年至 2016 年间的数据,将
所对应的模型中的变量进行统计描述。对因变量民生支出占财政支出
比重,先对变量的加总进行统计描述,再对分项中的七大类做了分别描
述。在民生支出占财政支出比中,可以观察大民生(即非生产性的民生
支出)占财政总支出的平均值达到 61.82%,而中位数更是达到65.56%,
说明我们的样本存在轻度左偏态分布(left skewed distribution)。不过从
25 分位和 75 分位的观测值分位为 56.45% 和 70.01% 以及较小的标准
差可以观察到,左偏态分布并不是很严重,显示因变量存在较为理想的
分布状态。

在七大类支出中,社会保障支出、教育支出、医疗和健康支出的占
比最高。其中以社会保障支出占比尤甚,其平均值和中位数分别达
27.43% 和 30.70%。更有意思的是,社会保障支出的 25% 分位和 75%
分位的差别达到近两倍,标准差也达到平均值的一半。换句话说,社保
支出占财政支出的比重在不同国家之间存在较大的差异,但是这也是
比较符合直觉的,因为社保支出跟经济发展的阶段是高度相关的,而我
们的数据不仅包括阿富汗等低收入国家,而且也包括北欧等高收入国
家。相对而言,尽管教育支出的平均占比在 13.25%,但是其国别之间
的差异却很小,非常接近中位数的 12.81%,而且 25% 和 75% 分位的差

异也仅有 5%,仅略高于一个方差 3.75%。因此,我们的数据显示不管是低收入发展中国家还是高收入国家,对于教育投入的重视都是很相似的。相类似的还包括健康方面的财政支出,75% 分位和 25% 分位国家的差距略高于 5%,尽管其标准差略高于教育方面的支出。

相比较而言,财政支出在公共安全、住房和社区设施、休闲文化以及宗教、环保支出等方面的比例要明显小于前面三大类。公共安全的支出平均值不到健康支出的一半,但是其标准差却接近健康支出,显示其在国家之间的分布存在较大差异。公共住房和社区设施等方面的支出存在相似的情况,或者说其差异更大,我们的样本显示平均 2.83% 的财政支出用在这方面,然而 25% 分位和 75% 分位的差异甚至高于 3 倍,标准差也接近平均值。休闲、文化和宗教等相关支出同样如此,样本中的国家仅将平均 2.51% 的财政支出用于该方面,而且国别之间的差异也较大,75% 分位的支出几乎两倍于 25% 分位的国家。环境保护方面的支出尤其低,样本中国家仅将 1.56% 的财政支出用于与环保相关的支出,而这方面的支出在国家之间存在的差异最大,75% 分位国家在环保上的支出是 25% 分位国家的 3.5 倍。

自变量的统计指标则更加容易解释。其中用来衡量经济发展水平的核心控制变量人均国内生产总值,我们的样本报告了人均 26 487.6 美元,显示样本包含了较多的中高收入国家。不过人均国内生产总值的中位数却大幅小于平均值,仅有 22 107.8 美元,显示其存在一定程度的右偏态分布(right skewed distribution)。尤其是我们观察到 25% 分位的人均国内生产总值仅有 6 346.15 美元,而 75% 分位则达到 41 341.94 美元,显示我们样本在人均国内生产总值方面存在较大的差异。用来衡量规模经济的国内生产总值更是如此,中位数和平均值的差异近 5 倍,75% 分位的观测值的国内生产总值是 25% 分位的近 20 倍,显示样本国家的经济规模存在显著的差异。国内生产总值增长率同样存在较大差异,平均增长率为 3.50%,接近中位数的 3.23%,而标准差却达到 6.64%,是中位数和平均值的两倍,这主要因为 15% 左右的观测值的增长率为负。

表 1　主要变量的列表和统计信息

变　量　名	观测值	平均值	中位数	25th分位	75th分位	标准差
因变量						
民生支出占财政支出比	1 078	61.82	65.56	56.45	70.01	11.65
其中：						
社会保障支出	1 078	27.43	30.70	20.75	36.65	12.05
教育支出	1 078	13.25	12.81	10.65	15.68	3.75
健康支出	1 078	11.59	11.79	9.21	14.41	4.45
公共安全支出	1 078	5.18	4.66	3.44	5.90	2.96
住房和社区设施相关支出	1 078	2.83	2.12	1.29	3.78	2.63
休闲、文化和宗教等相关支出	1 078	2.51	2.41	1.68	3.11	1.49
环境保护支出	1 078	1.56	1.46	0.60	2.08	1.97
自变量						
人均国内生产总值(单位美元)	1 078	26 487.6	22 107.8	6 346.15	41 341.94	22 812.82
国内生产总值(单位百亿美元)	1 078	941	183	25.3	492	234
国内生产总值增长率(单位百分率)	1 078	3.50	3.23	1.47	5.27	6.64

数据来源:国际货币基金组织(International Monetary Fund，IMF)政府财政统计(Government Finance Statistics，GFS)数据库和世界银行(World Bank)世界发展指标(World Development Indicator，WDI)数据库。

三　变量相关性分析

为了进一步探究各变量的相关性以及为实证分析做基础,表 2 报告了变量之间的相关性分析。正如表1所发现的,社会保障支出与总民生支出高度相关,因为其占据民生支出的一半左右。更有意思的是民生支出下面各个子目录之间的相关关系。我们发现社保支出与教育支出存在较强负相关关系,但却与健康支出存在较强正相关关系,相关系数达到0.43,这有可能是因为社保支出和健康支出背后反映了一国的年龄结构,老龄化国家更倾向于同时面临较高健康支出和社保支出,相应地意味着所需的教育支出相对较少。民生支出与控制变量的相关性是我们关注的重点。比较有意思的是,民生支出与人均国内生产总值存在一定的负相关关系,这有可能是因为社保支出在一些国家存在刚性,这使得低收入国家也被迫将较高比例的财政用于民生支出。其与国内生产总值及其增长率也存在微弱的负相关关系,这可能意味着经济规模越大的国家往往都是大国,比如美国,而这类大国可能因为存在较高军事开支而会挤压民生的支出。此外,较高的经济增长率国家可能一般都是新兴国家,一方面其社保和健康体系并不完善,另一方面也意味着必须将财政支出用于经济支出等生产性领域,这些都导致其民生支出可能会减少。在民生支出的分项中,我们发现社保支出与人均国内生产总值和国内生产总值存在一定负相关关系,这与民生支出的情况是一致的,可能都是因为支出刚性。同样的情况还存在于健康支出,其与人均国内生产总值存在较强的负相关关系。而教育支出则正好相反,我们发现更高人均国内生产总值国家更容易具有较高教育支出,尽管这种关系相对比较微弱,这意味着教育支出在低收入国家的刚性相对较小。此外,教育支出与休闲、文化和宗教等支出存在较强正相关关系,这也比较符合直觉。住房支出同样如此,其与人均国内生产总值呈现较强正相关关系,意味着住房支出更像是中高收入国家才会提供的一种福利。比较有意思的是,我们发现环境支出与人均国内生产总值存在微弱负相关关系,经过数据深入分析,我们发现,这可能部分因为美国的环境支出占财政支出比不到1%,显著低于样本平均的1.5%,更是低于OECD国家的3.1%,而因为美国经济规模较大,导致加权后的相关性呈现微弱负值。

表2 民生支出及其子变量与控制变量的相关性分析

变 量 名	(1)	(2)	(3)	(4)	(5)	(6)	(7)	(8)	(9)	(10)
(1) 总民生支出	1	—	—	—	—	—	—	—	—	—
(2) 社会保障支出	0.668 3	1	—	—	—	—	—	—	—	—
(3) 教育支出	0.108 2	−0.241 3	1	—	—	—	—	—	—	—
(4) 健康支出	0.495 3	0.428 6	0.121 7	1	—	—	—	—	—	—
(5) 公共安全支出	−0.294	−0.498	0.030 8	−0.319 7	1	—	—	—	—	—
(6) 住房和社区设施相关支出	−0.236 1	−0.492 1	0.201	−0.402 4	0.263 6	1	—	—	—	—
(7) 休闲、文化和宗教等相关支出	0.305 7	0.018	0.305 1	0.092 7	0.007 5	0.079 9	1	—	—	—
(8) 环境保护支出	0.020 7	−0.066 1	−0.311 8	0.022	0.037 5	−0.059 8	0.001 2	1	—	—
(9) 人均国内生产总值（单位美元）	−0.322 8	−0.221 7	0.080 1	−0.192 3	−0.105 4	0.210 6	−0.158 5	−0.023 2	1	—
(10) 国内生产总值（单位亿美元）	−0.042 1	−0.252	0.112 7	−0.189 2	0.179 9	0.284 6	0.051 5	−0.063 4	0.043 9	1
(11) 国内生产总值增长率（单位百分率）	−0.032 5	0.036 2	−0.009 3	0.314 5	−0.103 8	−0.045 9	−0.283 6	−0.070 9	0.030 8	−0.032 5

注：括号内为变量之间的相关系数。
数据来源：同表1，由作者计算而成。

四 拟合和回归分析

由于文章的主要研究问题是找出经济发展水平与民生支出的关系。因此,首先对数据做两个变量的线性和二次项拟合,以期找出直观的初步结论(如图1显示)。图1的横坐标为用人均生产总值衡量的经济发展水平,纵轴为民生支出占财政支出的比重,实线为线性(一次性)的拟合曲线,虚线为二次项的拟合曲线。线性的拟合曲线呈现正相关的关系,尽管比较微弱。换句话说,数据显示随着经济发展水平与民生支出可能存在微弱的正相关关系。二次项的拟合更有意思且更加准确,经济发展水平与民生支出存在非对称的"U"形曲线,当人均国内生产总值小于临界点(6 000—7 000 美元)时,更低收入国家可能存在更高水平的民生支出,这可能因为财政在民生方面存在一定的刚性支出。比如我们发现教育支出的比例在国家之间的差别并不是很大,这导致越低收入国家在教育方面的比重可能越高。而当人均国内生产总值高于临界点时,民生支出占比与经济发展水平存在正向关系,这可能由于

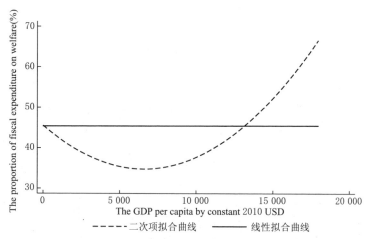

图1 民生支出与人均国内生产总值的线性和二次项拟合线

数据来源:同表1,由作者制作。

随着经济的发展,政府更加有能力和责任将更大比例的财政支出用于民生,尤其是社会保障的支出。因为在表1中,社保平均支出占财政的比重近30%,而更高收入国家更倾向于增加社保支出,这使得民生支出和经济发展水平更容易正相关。此外,二次项的拟合曲线也表明,线性的拟合并没有准确显示民生支出和经济发展水平的关系,因为事实上的"U"形分布更容易使得线性分布呈现微弱的表现。

为了进一步查看拟合的结果是否具有统计上的显著性,本文尝试通过回归模型来诊断民生支出和财政支出的关系,模型的回归方程如下:

$$民生支出占比_{i,t} = \alpha + \beta_1 人均国内生产总值_{i,t-1}$$
$$+ \beta_2 人均国内生产总值^2_{i,t-1}$$
$$+ \gamma 其他控制变量_{i,t-1} + \varepsilon_{i,t}$$

上面模型中的因变量为民生支出占比,而核心自变量为人均国内生产总值,我们还控制了其他自变量,包括国内生产总值和国内生产总值增长率等。民生支出占比使用的是即期的变量,也即国家 i 在年份 t 的信息,而人均国内生产总值选取的是前期的滞后变量,即该国 i 在前一年 $t-1$ 的信息。这样做的原因主要是考虑到民生支出有滞后效应,也就是说,一国政府在决定当年民生支出的时候,会更多地基于该国上一年的经济情况。同样的,我们在选取其他控制变量的时候,也将它们滞后一年,尤其是经济增长率的指标,因为当期更高的经济增长率和良好的经济表现使得政府更倾向于在下一年增加民生支出。

表3报告了模型的回归结果。考虑到使用了11年的面板数据,加上对于跨国研究而言,国家自身的固定因素更加重要,主要选用固定效应(fixed effects)回归估计方法。①模型(1)是仅包括线性方程的估计结果,模型(2)是包含了二次项的回归结果,模型(3)的报告结果则考虑了

① 我们也使用了随机效应(random effects)对模型进行估计,发现不管是系数还是显著性都没有变化。此外,我们还对随机效应的结果和固定效应的结果做了豪斯曼检验(Hausman test),结果发现两种估计方法并没有显著的差异。考虑到我们是横跨11年的面板数据,我们选取固定效应模型作为主要估计方法。

福利支出的规模效应(通过人均国内生产总值和国内生产总值的交叉项来识别)。总体而言,我们的结果较好地证明了我们之前基于直觉的假设。在模型(1)中,我们发现核心变量人均国内生产总值的系数尽管为正,但是显著性却只有 10%,意味着尽管民生支出会在一定程度上随着经济发展而增加,但是我们的数据和模型显示这种正相关关系比较微弱。其他变量的结果也比较有意思,本文的回归结果并没有发现经济增长率跟民生支出有相关性,这有可能是因为在短期内,尤其是在我们采用滞后一期变量的情况下,经济的增长很难立即实现民生支出的增加。有意思的是,用以衡量经济体规模的国内生产总值与民生支出呈现微弱的负相关,显示经济体量大国的民生开支总体比较少,这有可能经济大国更需要把财政用于非民生相关的支出,比如美国的大量财政支出必须用于军费支出,从而挤压民生支出。模型(2)是我们关注的重点,也是本文的主要贡献,我们发现当加入人均国内生产总值的二次项后,不仅其一次项变得更加显著,二次项也显著为正。这证实了我们之前的假设,即民生支出占财政支出的比重与经济发展阶段呈现"U"形曲线的关系,也就是说,当一国人均国内生产总值低于一定发展阶段时,由于该国必须将财政收入用于一些刚性的民生支出,比如教育和医疗,使得其民生支出的比重不可避免地升高。然而当经济发展超越一定阶段,民生占财政支出的比重随着经济发展水平的提高逐步提高。根据我们的系数计算出来的曲线,这个临界点大约在人均国内生产总值 13 000 美元左右(2 000 年美元的价格为基准)。回归结果计算出来的临界点相比拟合的结果更加精确,因为相比拟合的结果,回归计算的结果控制了更多的自变量。其他变量的回归结果则都与模型(1)基本一致。由于在模型(1)中经济规模更大的国家更容易削减在民生上的财政支出,尽管这个结果比较有意思,但是我们更想检验这种差异是否会因为一国发展水平的差异而存在异质性,在模型(3)中我们对人均国内生产总值和一国的国内生产总值做了交互项。①符合直觉的是,

---

　　①　本质上这是对人口总量变量做了分解分析,因为两者相乘的结果正好是一国的总人口。

交互项的系数在 1% 的显著性水平上正,也就是尽管一国在民生方面的支出会随着经济规模的增大而受到挤压,但是这种挤压效应在较高收入国家会得到有效缓解。其他变量的回归结果也与模型(1)基本一致,比如经济增长率本身并没有显著带来民生支出的增加。

表3 经济发展水平与民生支出方程的回归结果

变　量	模　型		
	(1)	(2)	(3)
人均国内生产总值(滞后一年)	0.003 2*	− 0.020 8**	− 0.020 8**
	(0.001 9)	(0.007 5)	(0.007 5)
人均国内生产总值²(滞后一年)		0.000 8**	0.000 8**
		(0.000 2)	(0.000 2)
经济增长率(百分率)	− 0.192	− 0.194	− 0.196
	(0.170)	(0.169)	(0.177)
国内生产总值(百亿)	− 0.008 2*	− 0.007 4*	− 0.007 4*
	(0.003 43)	(0.003 4)	(0.003 5)
人均国内生产总值 * 国内生产总值			0.001 2***
			(0.000 4)
截距	64.08***	67.09***	67.10***
	(2.689)	(2.902)	(2.946)
观测值	784	784	784
拟合值	0.126	0.157	0.183
国家数量	98	98	98
国家固定效应	是	是	是
年份固定效应	是	是	是

注:1.模型(1)、(2)和(3)的回归都是控制了国家和年份固定效应之后的结果,国家和年份哑变量的估计系数和标准差省略;2. * 、** 、*** 分别表示在 1%、5% 和 10% 水平上显著。

五　结论与讨论

民生支出、财政结构与经济发展是公共财政和经济增长领域的重要话题。本文从国际比较的视角,探究了民生支出、财政结构与经济发展的内在关系。根据 IMF 政府财政数据库,考察了其中的 7 类民生支出项目,发现社会保障支出、教育支出、健康支出的占比最高。其中,由于社保支出跟经济发展的阶段高度相关,占财政支出的比重在不同国家之间存在较大的差异。由于不管是低收入发展中国家还是高收入国家,教育投入和健康方面的财政支出相对刚性,国别之间的差异很小。财政支出在公共安全、住房和社区设施、休闲文化以及宗教、环保支出等方面的比例要明显小于前面三大类,但各国之间差异较大。从不同民生支出的相关性角度来看,社保支出与教育支出存在较强负相关关系,却与健康支出存在较强正相关关系,这可能是因为社保支出和健康支出背后反映了一国的年龄结构等大背景,老龄化国家更倾向于同时面临较高健康支出和社保支出,因此所需的教育支出也就相对较少。

通过拟合和回归分析,我们进一步发现,经济发展水平与民生支出存在非对称的"U"形曲线,人均国内生产总值的临界点约为 13 000 美元。因为财政在民生方面存在一定的刚性支出,低收入国家可能存在更高水平的民生支出。当人均国内生产总值高于临界点时,民生支出占比与经济发展水平存在正向关系,这是由于随着经济的发展,政府更加有能力和责任将更大比例的财政支出用于民生,尤其是社会保障的支出。经济大国更需要把财政用于非民生相关的支出,会削减在民生上的财政支出。尽管一国在民生方面的支出会随着经济规模的增大而受到挤压,但是这种挤压效应在较高收入国家会得到有效缓解。

这一发现对我们理解民生支出和经济发展的关系具有重要意义,同时对公共财政在民生支出方面的财力配置具有一定的指导价值。一个国家或地区在经济发展的不同阶段可以在发展性支出和民生支出方面有差异化的侧重。在经济发展的起步阶段,由于主要的民生支出存在相对刚性的特征,民生支出比重会相对较高。随着经济的增长,民生支出的比重会有一定程度的下降,我们不应一味将民生支出比重的下降看作政府的不作为,相反,某些阶段对发展性支出的重视可能正是效率最优的一种选择。这在一定程度上可以很好地解释中国的地方政府一段时间以来重视发展性支出而轻视民生支出的现象。随着中国经济的进一步增长，近年来各级政府越来越重视民生支出，这恰好验证了我们这里的结论。可以预期随着中国经济的持续增长，伴随着改革的深入，中国民生支出的比重也将逐步上升。

需要注意的是，尽管普遍认为政府民生支出对人民生活水平至关重要，但也不能一味强调民生支出的增长而走入福利国家的陷阱。普拉格（Prager，2017）认为，"法定福利"（entitlements）是一种瘾，比毒瘾、酒瘾、烟瘾等更难戒掉，因为这是人们对不劳而获的上瘾。法定福利被享用者当成"应得的权利"（是 entitlements 字面的意思），这使得福利接受者在道德上理直气壮，也是与其他瘾患者重要的不同之处。①现在欧洲的一些福利国家普遍陷入财政困难，积重难返的境地。因此，随着中国经济的进一步增长，在强调民生支出的同时，也要充分考虑财政支出的成本，而不是一味"免费"过度满足无止境的民生支出需求。一种可能的做法是，引入相应的市场机制，在提供民生服务的同时将相应的成本考虑进去；也就是说，需要为相应的民生服务提供一定的价格机制，在享受服务的同时付出一定的成本，这样才是提供民生服务的一种可持续的模式。如果一个地方政府拥有完整的财政收入和支出的权力，即相应的财政自主权，那么该地区的居民缴纳的税收实际上就是为了获得公共服务所支付的价格（张平、邓郁松，2018）。中国的房地产税改革方向在中共十九大报告和 2018 年政府工作报告中已经得到基本确认。房地产税若成为地方主体税种，其受益税特征在一定程度上可以起到为相应公共服务提供价格机制的作用。北京、上海的如基础教育、道路设施等基本公共服务已达到发达国家水平，而中西部一些地区公共服务还很落后。这种巨大的地区差异之所以较易引起社会的普遍不满，是由于在一定程度上不同地区的居民并没有为相应的公共服务"付费"。房地产税作为受益税，可以很好地在不同的公共服务之间引

---

① 资料来源：The Most Dangerous Addiction of Them All: Entitlements, http://www.dennisprager.com/the-most-dangerous-addiction-of-them-all-entitlements/。

入不同的消费成本,提高公共服务差异的公平性内涵。从民生财政的角度来看,民生支出千万不可不计成本的投入,而应该通过以多种方式引入价格机制的方式兼顾效率与公平。

对于中国来说,地方政府尤其是区县级以下政府,在普遍缺乏财力的情况下往往倾向于有利于经济增长的发展性支出而忽视民生支出。因此,区、镇两级地方财政支出需努力压缩一般行政成本,把财力优先用于民生投入,加大对社会事业发展的支撑力度。推动更深层次的改革和更广领域的开放,促进更优质量的转型发展,实现更大程度的民生改善,推进城市品质整体提升。乡镇级政府在中国是最接近民众的地方政府,尤其是在提供公共服务领域具有天然的信息优势,应该着力推动财政事权与支出责任相适应,下沉区域管理权,保障镇级政府履行财政事权,充分发挥镇级政府提供基本公共服务的重要性。这些需要中国整个财政体制理顺政府间关系以及收入和支出责任划分,2018年1月27日国务院印发的《基本公共服务领域中央与地方共同财政事权和支出责任划分改革方案》提出的"权责清晰、财力协调、标准合理、保障有力"的基本公共服务制度体系和保障机制,一定程度上提供了方向性判断。

当然,本论文的分析仍然存在一定的局限性。这里的民生支出是在整个国家层面的考虑,限于数据未能对不同层级政府的民生财政状况进行考察。实际上,不同层级政府的支出责任与民生支出的比重息息相关,在不同国家之间的差异会更大,也就使得跨国比较变得更加复杂。另外,本文得出的民生支出与经济发展之间的 U 形关系,除了民生支出的刚性之外还有什么其他原因也值得进一步探讨。我们还可以进一步区分不同的民生支出类型,如民生支出是否与经济发展仍然具备这样的 U 形关系? 如何结合市场的作用优化民生支出的结构? 这些问题都值得在未来的研究中进行考察。

参考文献

安体富:《民生财政:我国财政支出结构调整的历史性转折》,《地方财政研究》2008 年第 5 期。

嵇明：《关于民生财政的若干思考》，《经济研究参考》2011 年第 19 期。

贾康、梁季、张立承：《"民生财政"论析》，《中共中央党校学报》2011 年第 15 期。

刘尚希：《论民生财政》，《财政研究》2008 年第 8 期。

马海涛、和立道：《公共财政保障民生的次序研究——基于民生支出项目的"层级分布"要求》，《地方财政研究》2010 年第 2 期。

魏立萍、刘晔：《民生财政：公共财政的实践深化》，《财政研究》2008 年第 12 期。

姚静：《中国财政支出增长的实证分析——基于瓦格纳法则的研究》，《经济论坛》2009 年第 1 期。

张平、邓郁松：《中国房地产税改革的定位与地方治理转型》，《经济社会体制比较》2018 年第 2 期。

张馨：《论民生财政》，《财政研究》2009 年第 1 期。

Abizadeh，S.，& Gray，J. (1985). "Wagner's law：A pooled time-series, cross-section comparison," *National Tax Journal*，pp.209—218.

Beck，M. (1976). "The expanding public sector：some contrary evidence," *National Tax Journal*，pp.15—21.

Aschauer，D.A.，& Greenwood，J. (1985). "Macroeconomic effects of fiscal policy," *Carnegie-Rochester Conference Series on Public Policy*，*23*，pp.91—138.

Bailey，Martin.(1971). *National Income and Price Level*，New York：Mcgraw-Hill.

Barro，R.J. (1981). "Output effects of government purchases," *Journal of political Economy*，*89*(6)，pp.1086—1121.

Barro，R.J. (1990). "Government spending in a simple model of endogenous growth," *Journal of political economy*，*98*(5，Part 2)，ss.103—125.

Barro，R.J. (1991). "Economic growth in a cross section of countries," *The quarterly journal of economics*，*106*(2)，pp.407—443.

Colclough C.(1983). "Are African governments as unproductive as the Accelerated Development Report implies?" *IDS Bulletin*，*14*(1)，pp.24—29.

Devarajan, S., Swaroop, V., & Zou, H.F.(1996). "The composition of public expenditure and economic growth," *Journal of monetary economics*, *37*(2), pp.313—344.

Easterly, W., & Rebelo, S. (1993). "Fiscal policy and economic growth," *Journal of monetary economics*, *32*(3), 417—458.

Grier, K. B., & Tullock, G. (1989). "An empirical analysis of cross-national economic growth, 1951—1980," *Journal of monetary economics*, *24*(2), pp.259—276.

Keynes, J. M. (2016). *General theory of employment, interest and money*, Atlantic Publishers & Dist.

Landau, D.(1983). "Government expenditure and economic growth: a cross-country study," *Southern Economic Journal*, pp.783—792.

Landau, D.L. (1985). "Government expenditure and economic growth in the developed countries: 1952—76," *Public Choice*, *47*(3), pp.459—477.

Landau, D. (1986). "Government and economic growth in the less developed countries: an empirical study for 1960—1980," *Economic Development and Cultural Change*, *35*(1), pp.35—75.

Lucas Jr, R.E. (1972). "Expectations and the Neutrality of Money," *Journal of economic theory*, *4*(2), pp.103—124.

Musgrave, Richard A. (1959). *The Theory of Public Finance: A Study in Public Economy*, New York: McGraw-Hill.

Sattar, Z. (1993). "Public expenditure and economic performance: A comparison of developed and low-income developing economies," *Journal of International Development*, *5*(1), pp.27—49.

Schultz, T.W. (1960). "Capital formation by education," *Journal of political economy*, *68*(6), pp.571—583.

Solow, R. M. (1956). "A contribution to the theory of economic growth," *The quarterly journal of economics*, *70*(1), pp.65—94.

Wagner, R.E., & Weber, W.E. (1977). "Wagner's law, fiscal institutions, and the growth of government," *National Tax Journal*, pp.59—68.

"道"亦有道

——从《新加坡公共管理之道》说起 *

徐国冲　毕苏波**

最近,品读《道法无常——新加坡公共管理之道》(于文轩,2015),颇多感触。虽是不太厚的一本著作,其中承载的思想却是沉甸甸的。该书在开篇中提到罗伯特·达尔(Robert Dahl)(1997:151)的经典命题——"是否会有一门基于一组普遍原理基础之上,不依赖各国特殊背景的公共行政科学呢?"在追问一个国家的政府管理经验是否可以被其他国家学习借鉴? 作者在该问题上经历了一个从肯定到否定的思想转变过程,归结出"道无常道,法无常法"的管理原则。其实,作者暗含了一种渐进理性主义的哲学,认为可以通过一点一滴的积累,集腋成裘,集众人之智慧,可以逐渐接近公共管理之道,最后悟"道"。这也就是"'道'亦有道"的由来。

比较是公共行政研究中一个传统且非常重要的视角。该书虽以新加坡为题,但并未局限于探讨新加坡的故事,而是以其作为起点,落脚点是中、新比较,打开了一个新、中、美的比较视角。通读全书,发现作者擅长捕捉比较的基点,以小故事讲大道理,首篇便是从苹果手机的更新换代看新加坡的治国之道,兼具趣味性与学术性。

＊ 本文受福建省社会科学规划项目(项目编号:FJ2017B025)、厦门大学繁荣哲学社会科学项目、中央高校基本科研业务费专项资金(项目编号:20720181099)资助。

＊＊ 徐国冲,厦门大学公共事务学院副教授、硕士生导师;毕苏波,厦门大学公共事务学院学生。

在比较方法的运用中,作者善用批判性思维,敢于直面问题,不掩饰新加坡的瑕疵,指出新加坡的花园城市是清洁工人"扫"出来的(于文轩,2015:55)。同时,批评当下流行的各种排行榜对公众产生的误导,从专业研究的角度指出要根据排名的目的、适用对象和方法论等来解读这些绩效信息(于文轩,2015:63—66)。

在比较的结论上,作者反其道而行之,敢于挑战学术权威的观点。比如认为强政府在中国是一个假命题,现在中国还不具备发展"公民社会"的条件,现阶段的目标应该是建立"强政府","中国的问题不是因为政府太强,乃是因为政府太弱,在该强的地方不够强,在该弱的地方不弱。"(于文轩,2015:127)。再如,认为私营企业比政府机构更加有效率、回应性和责任性是个伪命题,挑战了"新公共管理运动"的前提假设(于文轩,2015:63—64)。又如,在批评"超级高考工厂"的准军事化教育模式的同时,并未迎合大众,而是主张不需要对高考进行激进式的改革,认为中国教育最大的问题在于高等教育(于文轩,2015:122)。如此种种,不胜枚举。

正如该书作者所言,新加坡处于中西之间,是一个地球村的样本,尽管是一个小小的城市国家,却五脏俱全,向全世界输出"新加坡经验"。她所面临的这些挑战,中国也正在经历和将要经历(于文轩,2015:4)。那么,该如何看待新加坡公共管理之"道",对他国政府治理有何裨益?

对于公共管理而言,什么是"道"? 如果"道"是方法、技术、某项具体政策,则是"道无常道,法无常法"。一国的政策未必适合他国的国情,复制移植则会水土不服,"橘生淮南则为橘,生于淮北则为枳"。如果"道"是思路、理念,是由各种基础层次的"道"提升综合而凝练成的更高层次上的"道",则有推广应用的价值。因此,新加坡经验对中国的借鉴意义不在于新加坡选择了何种制度和采取了哪些措施,而在于她是依据什么来选择了适合自己发展的模式,以及为降低这种模式运行成本作出的一系列制度安排。因为思路比方法更加重要,尤其在比较研究中。

如何获得这种"道"？则需对"道生一，一生二，二生三，三生万物"采取逆向思维的方法，遵循渐进理性主义的路径，对纷繁复杂的公共管理实践不断总结累积，积少成多，发现规律。因此，对新加坡管理个案进行深入解剖，从水治理、语言、组屋、执政党、法治等角度切入探索国家治理之道，就是其中基础的环节。比如语文政策是公共管理学界较少关注的一个领域，却可窥见一个国家的竞争力和文化软实力。语文政策的重要性或许从斯里兰卡内战中可以窥见一斑。新加坡和斯里兰卡同是一个多元种族的国家，具有相似的种族比例，主体民族都占到总人口的70%以上。民族矛盾和仇恨的种子都是肇始于英国殖民统治时期所采取的分治和挑拨手段。新加坡有先见之明，于1965年《新加坡共和国独立法案》有关语文政策的规定，三大种族的母语和英语都是平等的官方语言；英语作为主要的行政语文和全民的共同语。直至形成今天英语为主、母语为辅的双语政策格局(吴元华，2014：203—204)。不同的是，斯里兰卡将主体民族的僧伽罗语定为国语，少数民族泰米尔语被边缘化；新加坡将英语而不是华语定为官方语言。结果是，斯里兰卡爆发了持续26年(1983—2009年)的内战，导致10万多人丧生，国家的基础设施遭到严重破坏，阻碍了经济发展；而新加坡却迅速崛起，经济腾飞，被誉为"亚洲四小龙"和"花园城市"。两相比较，立见高下，国家治理之道隐含其中。世界上多数国家主体民族的语言往往就是国语和官方工作语言，同时也是教育、传媒等的主要语言，而新加坡的语言政策却没有遵循通例，而是依据基本国情作出的。蕞尔小国能有如此重要的国际地位，与其语言规划不无关系。双语教育既为平衡国内各族语言和种族和谐，也为保持与英联邦的关系，与全球金融商贸市场接轨(吴元华，2008：2)。令人讽刺的是，在英国殖民新加坡期间都没有宣布英文为官方使用语言，反而是英国撤走后，李光耀政府做到了。重温历史，李光耀做出的这一务实决策，恐怕比任何政治制度都更深远影响新加坡的未来发展。到了20世纪90年代，随着中国的改革开放，新加坡政府积极鼓励学华语，以便赶搭中国经济的快车。可见，语文政策里面的"道"就是务实，这种"道"于国家治理具有推而广之的价值。

诚然,每个人心中都有一个"道",该书作者心中的新加坡治理之"道"是"道无常道"。正如陈抗(严崇涛,2007)所言:"新加坡的经验到底是什么?对于这些问题,可以说是仁者见仁,智者见智。从不同的角度,会有不同的解读。政治家看到的是权威政治的成功,国企老总看到的是新加坡政联企业的成功,政府官员看到的却是高薪养廉。大家各取所需,都要拉上'新加坡经验'的大旗。"那么中国能从新加坡经验中学到什么?这个城市国家的发展道路能不能在其他国家重现?

李光耀政府用一代人的时间就构建了一个现代的城市国家,在东方与西方、民主与专制的传统二分法中开拓了一条新的道路,并成功地越过"中等收入陷阱",跻身最富裕的国家行列。"中等收入陷阱"的本质是公共管理的危机,因为在任何时刻财富分配的冲动都可能压倒财富的创造(孙兴杰,2015)。保罗·克鲁格曼(Krugman,1997)也具有类似的观点,他在1997年亚洲金融危机出现后对"东亚奇迹"做了这样的反思评价:亚洲危机的最大启示不在于经济方面,而在于政府方面,当亚洲经济进展顺利时,你可以认为这些经济体的规划者知道他们在做什么,而现在真相大白了,其实他们不知道自己在做什么。在这个意义上,新加坡的公共管理之道具有重大理论价值。新加坡国家治理成功解决了人类社会的两大难题:一是权力的腐败,这是任何国家、任何制度背景环境都会发生的;二是民主选举的腐败,通过法治化克服这个民主国家的阿基琉斯之踵。如书所述,人民行动党连续一党执政半个世纪以上已属罕见,执政中高度廉洁,甚少贪污更是堪称世界奇迹。吕元礼(2011)把它总结为"一是以德养廉,使人不想贪;二是以俸养廉,使人不必贪;三是以规养廉,使人不能贪;四是以法保廉,使人不敢贪",得到李显龙总理的认可。这说明非本土学者也可以研究新加坡并得到理性认识,为比较研究提供了一个范本。

如果着重从"新加坡政府做了什么"来理解"新加坡经验",而忽略了其制度因素,只研究关注"技术性问题",就会一叶障目。"新加坡经验"最本质的内核是其依据城市国家所特有的信息结构,选择了强化权威政治的国家资本主义的发展制度。它对中国的启示恰恰在于制度方面而不是技术方面,但并不意味着中国要像新加坡那样建立一个权力集中的中央政府,而是要反其道而行之,确立与本国信息成本结构相适应的基础性制度,建立一个权力适度分散的政府行政体系(邱勇等,2012:43)。基础性制度的运行效率是通过一系列的制度安排来降低其运行成本的,比如与国家资本主义相适应的一系列制度安排,包括:"一党独大"和"党政一体化"的政治体制、精英治国的策略、廉洁高效的政府运行体制。只学其一,不学其二,终归无效。

在比较研究中,具有相似制度背景固然重要,但更应考虑国家的治理规模。因而,在学习某种模式时,应该考虑"规模"这个关键变量,关注国家治理的面积和人口要素(周雪光,2013)。在新加坡这个城市国家,一党执政的政治体制、精英主义的治国策略、单一层次的行政架构、高效透明的行政程序较好地解决了信息成本的问题。中国是一个面积大、多民族、地区发展结构不平衡的大国,需要通过一个多层级的官僚架构并依赖向各级政府授权来实施对国家的管治。多层级的政府架构将增加信息成本,从而增加国家的治理成本,因此,中国需要最大限度地简化政府行政层级(邱勇等,2012:38)。

综上,任何一个国家都无法再造出另一个新加坡,而新加坡公共管理之道也不能被复制克隆,只能在深刻理解的基础上加以再创造,再生产出新的"道"。

参考文献

罗伯特·达尔:《公共行政科学:三个问题》,载彭和平、竹立家等编:《国外公共行政理论精选》,中共中央党校出版社1997年版,第155页。

吕元礼:《新加坡治贪为什么能?》,广东人民出版社2011年版。

邱勇等:《新中社会发展对比研究》,八方文化创作室2012年印。

孙兴杰:《现代的国家——李光耀的"遗产"》,《新华网》,2015年3月25日,http://www.gd.xinhuanet.com/newscenter/2015-03/25/c_1114755589.htm。

吴元华:《新加坡良治之道》,中国社会科学出版社2014年版,第203—204页。

吴元华:《务实的决策:新加坡政府华语文政策研究》,当代世界出版社2008年版,第2页。

于文轩:《道法无常——新加坡公共管理之道》,上海三联书店2015年版。

严崇涛:《新加坡发展的经验与教训:一位老常任秘书的回顾和反思》,汤姆森学习出版集团2007年版。

周雪光:《国家治理规模及其负荷成本的思考》,《吉林大学社会科学学报》2013年第1期。

Krugman,P.（1997）."What ever happened to theasian miracle?" *Fortune*,pp.26—29.

关于中国房地产税设计和公共财政学科发展

[编者按]

  中国当前面临全面深化改革的关键阶段。财政制度安排是国家治理体系的重要组成部分,国家治理体系的演进和完善,均以财政制度的不断发展为基础(财政部长刘昆语)。财政是国家治理的基础和重要支柱,财税体制在治国安邦中始终发挥着基础性、制度性、保障性作用。健全地方税体系是深化税收制度改革的重要一步,而房地产税改革是完善地方税体系必需的一环。

  针对中国房地产税设计和公共财政学科发展的问题,我们有幸邀请到美国锡拉丘兹大学(Syracuse University)麦克斯韦尔公民与公共事务学院侯一麟教授(受访人)和复旦大学经济学院公共经济学系杜莉教授(采访人)。我们很荣幸可以在此聆听到两位财政学领域专家,就房地产税、地方财政以及公共财政学科发展等话题展开对话。

侯一麟

  美国锡拉丘兹大学(Syracuse University)麦克斯韦尔学院教授。研究专注于财政预算制度,近几年主要研究中国地方治理和房地产税税制设计问题。

杜　莉

  复旦大学经济学院公共经济学系教授,经济学博士;复旦大学公共经济研究中心执行主任。

  杜:我注意到您在公共财政管理方面已经积累了十分丰硕的成果,

并且您的研究兴趣非常广泛,从税收、政府支出、预算管理到政府债务、财政风险防控都有所涉猎,但是您最近的研究主要集中在中国的房地产税问题,想请教您选择房地产税这个研究主题是出于何种考虑,您是否认为房地产税是完善中国政府治理的一个突破口?

侯:感谢您花时间查阅了我之前的研究情况。我自1998年以来的研究领域其实集中在政府财政预算稳定运行,涉及政府间财政关系及地方治理与政府财政交互关系;在财政稳定之下,我尤其专注于财政预备金机制和预算平衡机制。您提到的我在政府支出、预算管理、风险控制等方面的工作,其实都是围绕财政预算稳定运行这个中心进行的。

近年来我研究中国财政转移支付制度和地方政府财政稳定及公共服务配置(2007—2010年),尤其用力于设计一套适合中国(大陆)的房地产税税制,进行相关的实证分析(2011年以来)。现在正探究美国纽约州的地方房地产税改革方案,进行相关微观实证研究;同时与国内团队及合作者进行大陆房地产税的微观实证分析并着手地方债制度设计。

从2010年起,我开始考虑把自己关于财政稳定的研究成果放在另一个政治经济政策环境下,看其是不是成立,是否可以应用。这样,中国自然就是一个最好的样本选择了——人口、地域和经济大国,三十多年来快速推进的改革转变进程等;当然关键是我也熟悉国情,相对容易把握可靠度,做调研、找文献数据等相对方便;再有就是合作伙伴多,因为我一个人的学识、技能以及时间和精力都很有限;而做大项目就需要组织一个团队。

确定考查中国的财政收支稳定问题之后,首先要选择一个抓手。咱们知道中国的经济至少到2010年左右时,还是政府干预的成分比较大,市场经济出现的那种经济周期不是最主要的,倒是基本建设规模和政府调控周期比较明显。再有就是中国经济既然是政府主导的,中央(全国)、省级和(省以下)地方的政策呈现明显的趋同性,稍有滞后但三级政策的方向是一致的。因此,要另辟蹊径。

我选择从地方层级深入进去。这个选择的基础,是我此前做的关于实行分税制之后中央对下转移支付效应的分析。那项研究的发现之一是:基层政府的财权与其支出责任很不相称。在我看来,这是一个明显、突出的问题根源,可能滋生、引发不少深层次的问题。再深入看基层的财权事责失衡现象,我觉得若只在现状上做文章,很可能结果是"搞不清,理还乱",所以还得另找抓手。

比较了中国与发达经济体的地方财政和治理体系后,我觉得房地产税会是一个抓手。这样,研究路径就比较清晰了:从论证房地产税在中国的可行性入手,再设计一套适合中国的房地产税税制,接着细化开征、税政管理中的若干主要事项。这个思路是从政府财源切入,使之与事责趋向一致,解决地方政府的激励机制问题。开征房地产税,不只是给予地方政府一个主体税种,更是使之对当地的居民纳税人负责,对地方的公共产品和公共服务负责。这是解决地方政府的责任机制问题。开征房地产税是把居民纳税与其得到的服务挂钩,使他们的期望值趋于实际,这也是责任机制的另一个维度。这样设计的目的就是改进、完善地方治理。把税收与国家建设、地方治理结合起来,从政治、财政、法律和管理四个维度,综合地筹划、解决地方财政稳定。这些是我2010年以来从事中国房地产税设计研究的深层考虑和特征。

杜:一年多以前曾有幸参加您主持的关于中国房地产税制设计问题的一个研讨活动,对于您提出的关于中国房地产税制设计的总体方案留下了深刻的印象,特别是您明确主张应该将房地产税培育成地方政府的主体税种,为了让房地产税能够筹集比较充分的财政收入,并且更好地发挥房地产税的再分配功能、尽可能减少征税造成的效率损失,应该贯彻宽税基、低税率的原则。最近国内学术界关于房地产税问题的讨论持续升温,一种代表性的观点是强调从避免征管中的操作风险和可能存在的社会公共风险出发,房地产税不应设计为普遍征收的一种税,而应定位为一种住房调节税。对这种观点您如何评论?

侯:上面说了,中国自20世纪90年代中期以来积累的一系列问题,主要原因之一就是地方政府的财权与事责失衡。只靠转移支付不仅解决不了问题,还在激励机制和责任机制上造成诸多问题。解决办法就是要给予地方政府一个主体税种,就是赋予财权,同时绳之以责。所以,我坚持将房地产税培育成地方政府的主体税种。我听到一些声音,例如:主张只要中央加大转移支付的力度,就没有必要考虑地方主体税种的事。我觉得这个看法失之偏颇,偏在只看到财力本身,忽略了财力与激励及责任之间的内在、必然关联。让地方政府充分并且负责地使用自己的财力,尽力办好本辖区的公共事务,再用上级转移支付缩小地区间财力的差距,提供不低于基本水准的公共服务。这样的体制才合理,也更公平。

从国家税收体系来讲,要着眼结构配置,把全部税收看作一个整体,其中累进的直接税和累退的间接税布局务须合理。中国现行的税制以间接税为主,总收入中来自直接税的收入只占不到10%,这种局面显示出我们还没有做到的基本面,需要尽快改变。需要进行的改革,一项是改进个人所得税的征收办法;另一项就是开征属于财产税的房地产税。房地产税从税政难易程度和可行性来看,最适合作为地方税。这两项改变会使国家的税收体系涵括了收入所得税、消费税(现行的增值税)和财产税,这是现代化国家应有的三个支柱税种。缺少其中任何一项,税制都不完整,体系就不牢固,影响税收的公平性,因为该征的税没有开征,应有的税收没有收进来。其结果不会公正,应收未收就意味着在某些其他地方不该征的税征了,应当适可而止地多收超收了,这是税制体系的漏洞,势必造成相当程度的经济效率损失,进而影响企业和个人的纳税意愿。所以,适时、尽早开征房地产税在宏观上涉及健全国家税收体系,是国家管理现代化的大事;在微观上则是公平、公正以及经济效率的大问题。

具体到房地产税,既然是从头开始,就要遵从一般原理,从最优设计开始。为此我总结出一个分析框架,含有五条一般原理,分别是:税负公平、注重效率、税政得当、透明运行和收入充足。这五条相互啮合,互为支撑,缺一不可,否则就不是一个妥当的、优化的设计。譬如:在税负公平的原则下,应税标准要统一,即:全部可征税资产平等考量,所有公民一视同仁,不论收入高低,不管家庭消费取向;应当说明,房地产也是投资手段,税制设计不要歧视投资者。按照税负公平的要求,税基必须统一,即:凡税种设置范围内的应税物,均纳入辖区税基;税率务须一致,就是:不分个人拥有的税基大还是小,同辖区内施行单一税率。同时,按照相关法律规定,房地产税收入只能用于普惠性的当地的公共服务项目,即辖区内全体纳税人受益的公共产品;这是体现房地产税的受益税性质,借此提高居民的纳税意愿。

涉及税负公平还要多说一句:征税以房产拥有量的价值为基础,公共服务受益以家庭人口多少体现,这样就发挥出了房地产税的再分配功能。所谓按面积累进税率或者按面积大小设档的想法,并不可靠,徒损效率、搅乱税政。若按一家减免一套或人均减免一定面积的提法,结果也是使普通百姓吃亏,很不公平。

再譬如:第二条原理是尽可能减少因征税而造成的效率损失,就是使业主没有必要想方设法逃税;或者即使有的业主主观上想逃税,简单改变一些做法也无法逃税。减少效率损失的办法就是采用宽税基、低税率。税基越宽,逃税避税越难,经济效率越高。宽税基了,能把税率压到最低,增加此税的可接受性,使新税可行、易征。对低收入和特殊人群的照顾,通过社会福利政策体现,而不纳入税制;就是说,不把社会福利政策嵌入房地产税制。

另外,透明运行原则是实现、体现、落实公平和公正的保障,是获得当地多数纳税人支持的关键,是税制内嵌的自我纠错机制,因为公平、公正感是纳税人个体在与他人的比较之后才能建立的感受,经历证实、去伪才能树立,经常确认得以确立。做不到公开、透明,就无法开征房地产税。

您问到关于让房地产税能够筹集比较充分的财政收入,这其实真是一个大问题。上面回答您的第一个问题时,我提到地方政府的主要职能,其实就是其根本职能,非常明确:提供基本公共服务。考察一个国家的国民生活水准,必定从基层政府是否充分、负责地行使其职能看起。中国经济高速发展近 40 年,国民收入成倍增加,多项指标迅速提升,但基本服务方面还普遍存在结构性欠缺,其中的原因固然是多方面的,但主因在于地方治理体系存在体制性漏洞。

要想使基层政府尽职,就需要赋予它充分的财政收入。其他途径不可靠,会出责任和激励方面的问题,顺着这个逻辑,就推理到给予地方政府一个主体税种。一旦有了这个税,基层政府就要切实地用好——宽税基、低税率,才能做到公平高效,使得房地产税能够征得比较充分的收入,这是第四条原理。如果一家减免一套住房或者人均减免40平方米,且不说公平效率做不到,从税基大小考虑也通不过。一家减免一套或者人均减免40平方米,税基基本上就没有了;没有了税基,这个税种就不能成立。

这里说"比较充分",不是"绝对充分",因为政区之间的房地产税基差别很大,房地产税收入差距自然就大,所以要有其他收入来源做补充。高层级政府享有宽税基的所得税,尤其是增值税,上级转移支付的主要作用之一就是"补助弱者",所以不能削弱。

至于有的人强调,从避免征管中的操作风险和可能存在的社会公共风险出发,房地产税不应设计为普遍征收的一种税,而应定位为一种住房调节税,这种担心我们一方面可以理解,另一方面也要明确指出:这个担心源自一个假设:普遍征收会引发民众抗议甚至暴乱,这是所说的社会风险;操作风险指房地产税征管复杂繁琐。其实,大众反对的不是某一项税收本身,而是该税收不公正,不公平。至于操作风险,我们说房地产税的设计要充分考虑到征管的可操作性——第五条原理,就是为了尽量避免这种风险。如果把房地产税确定为住房调节税,只征房子多的、价值高的,看似满足了纵向公平,其实不然。减免过宽,会使这个税种无法征收,也无法确保征收公平。譬如:一户免征一套,说起来简单,但没法操作,因为市中心的一套与郊区的一套、一栋别墅与一个单元房有着巨大差别。人均减免若干平方米也是一样:市中心的100平方米与郊区的100平方米远不是一回事;别墅100平方米的市值也远远高于一般住宅的100平方米。所以,宽减免必然造成巨大的不公平。换句话说,即使刚需型的普通人家一时满足于自己不用缴纳房地产税,可他们一旦得知很多人家减免的是豪华、高市值、黄金地段的房子时,会起来造反的。

另外,一户减免一套或者人均减免若干平方米,还必然导致行为扭曲泛滥。前几年在中心城市屡见不鲜的为了绕开限购而出现的假离婚就是明证。若一户减免一套,一对夫妇离婚不就可以免两套了吗?人们必然要求减免黄金地段的、高价值的。人均减免平方米数,也会是这个结果。这样的话,这个税可就真的没法开征了。所以,按房产价值普遍征收是最公平的,对普通大众最有利。这样只要很低的税率就可以获得较充足的收入;关键是然后用这笔收入提供当地基本公共服务,对普通公众最实惠;这才是真正意义上的纵向公平,才能最大限度地从源头管控社会风险。

所谓"住房调节税",其实是个似是而非的说法,恰恰落入了以上所说的几个陷阱——税收不公平、纳税人行为扭曲、税政繁杂无法实施、基层政府不能为大众提供充足的基本公共服务。

杜:我还关注到您认为房地产税的税率设计应该贯彻以收定支的原则,即每个地方根据当地医疗、教育等主要公共支出项目的需要确定房地产税率,但是我国目前地方政府各项公共支出的资金来源十分复杂,一般都是本级支出和上级补助结合在一起的,有的支出项目的资金还同时来源于一般公共预算和政府性基金预算,各地政府支出预算的透明度和管理水平也参差不齐,由此可能难以科学合理地界定地方主要公共支出项目的支出需要,这是否会成为房地产税制推行的一个障碍?

侯:谢谢杜教授,这是一个很实际的问题,这个问题还跟地方治理中的其他深层次问题缠到了一起。首先,各国各地政府的收支都是复杂的,没有简单一刀切的;所以,所谓"基层政府收支复杂"不是阻碍使用房地产税的理由。各地政府的管理水平当然也不可能一致,也没必要要求他们一致。其二,开征房地产税务必跟切实推进公共预算有机结合,两者不可分离。基层政府既然征收了当地纳税人的直接税,就必须对当地居民负责,凡事交代清楚:征税之前,要通过公共预算程序获得公众许可——征多少,用于什么项目,与现有其他收入的关系等等;

税入使用之后,要通过年度决算向公众报告。所以,授予基层政府一个主体税种不是给他们一份免费的午餐,而是在这项自有收入中嵌入责任机制和监督机制,建立贴近民众、负责、高效的基层政府。至于基层政府收入支出是否"科学、合理",这不能由外地人决定,也不需要高层级政府的繁复规划;因为当地的多数人会"尚贤思齐",当地官员也会愿意办实事、行好事。再者,房地产税收入用于哪项公共服务,完全由当地政府与居民协商、征求意见,根据当地当时的需要而定,不可由上级政府指定或者根据其他政区的需要来确定。花自己的钱、干自己的事,不论对于地方政府还是当地居民,都是促使他们高效、负责的利器。

杜:最后还想请教您如何评论国内学术界公共财政相关的学科分类和公共管理学科、财政学学科的跨学科合作的问题。

侯:学科分类、跨学科合作和公共财政学科都是很大的问题,我不是专门从事这方面研究的,只能说说个人感受。对国内的许多事,我因为离开很久了,是局外人,对很多事情不了解,甚至有误解,所以不应该多说;但既然您问到了,我就说一说个人粗浅的观察,供国内的同行参考,并敬请批评指正。

国内的高校布局和学科分类至今仍然大体沿袭20世纪50年代从前苏联搬过来的体系,譬如:在综合性大学之外财经类院校单设;综合性院校在其经济学院下,单设财政系,等等。90年代以来,又主要从西方引进办学理念和做法,就是在管理类学院中设立经济学系;新世纪以来又引进开设了公共管理学院,其中也开始有搞公共财政和财政管理的教师。这些又都是融合的表征。

单设的好处是有利于精细,缺点是往往处于孤立状态;因为单设几乎是自设门槛,容易造成拒人于外的感觉和事实。融合的优点是视界宽,但可能流于肤浅。其实,不论单设还是融合,院系及其专业的设置是一回事,具体的单位和教师个人如何从事研究和教学,是窄还是宽,是深入还是肤浅,在很大程度上取决于单位和教师自己。关键是涉及培养学生时,课程设置在本科阶段是否够宽,使学生有就业和个人发展的潜力和基础;在研究生,尤其是博士生阶段又足够深入、精细,使高端人才具备深厚的功力,以便日后能够做出一流的研究成果。

具体到公共财政的教师,不论其编制和教学是在经济学院、管理学院或公共管理学院,其研究的对象、目标和使用的方法是相同的,都应当把握好。研究对象是政府,是政府的职能以及政府如何行使其职能;确切地说,是各级政府如何处理好公共事务与经济、社会及个人的关系。研究目标是使政府获得收入的方式和手段是公平、公正的,对企业和个人造成的经济效率损失最少,使政府支出的用途和结果与政府的应有职能相吻合,真正服务于公众的福祉,有利于经济发展和社会进步。严格地说,财政只是手段,达到政府存在的本意才是目的,就是服务人民、造福社会、实现公平正义。研究方法不拘一格,定量、定性、宏观、微观,取决于题目和内容,但都必须是规范的。

所谓规范,首先就是要有理论基础。20世纪30年代以来,公共财政羽翼渐长、日丰,逐渐有了明晰的框架,并且不断吸收经济学、政治学、法学和社会学以至心理学等学科的最新进展,公共财政的部分研究成果也反馈到这些母体学科。毕竟,现代社会是无法离开政府的职能和作用的。规范研究还必须有数据支撑,一切用事实说话,用事实检验理论,从政务实践总结出理论,再用理论指导实际。另外,虽然公共财政研究多数靠近政府实务,为应用型的,但也不乏基础性的、前瞻性的探索;基础研究与应用研究并行不悖。

以上这些关于公共财政研究对象、目标和方法的表述是共性的和规律性的,与具体国家所采用的政治制度及国家制度无关。做到以上这些,也就无所谓跨学科的问题以及学科合作中的沟坎了。本应如此,非如此不成为公共财政学科、学者和学人。就学者个人而论,不论其出身和训练背景是经济学、政治学,或者法学、社会学,都可以从事公共财政的研究、教学和实践。评价研究成果的高低或实际工作的优劣,不是看研究者的学科出身或者所在院系,而是根据共性的一套规范。

换一个说法:不同学科、训练背景的公共财政学者之间的关系,应该是融而不混、合而不同,相互补充、相互促进,而不是相互替代。学科及学者之间更重要的是相互学习、相互尊重,取人之长补己之短,绝不应该互相鄙视、甚至挤兑;也不应该自视高于其他学科或者自视清高。个别人那样做,是其视界狭窄的表现。

以上所说的纯属个人观察和思考,不当和偏颇之处请杜教授及其他同仁批评指正。谢谢。

侯一麟简介

美国西拉丘斯(雪城)大学麦克斯维尔学院公共管理学硕士、博士,曾任教于乔治亚大学,2009—2013年任公共财政冠名讲席教授。2013年回到西拉丘斯大学任教,现任"(麦克斯维尔学院)百年纪念学者"、教授。主要研究领域为财政预算稳定运行、政府间财政关系及地方治理与政府财政交互关系,尤其专注于财政预备金机制和预算平衡机制。除这几方面的英文中文学术刊物论文外,著有《次中央级政府预算稳定:政策、工具与效应》(2013年,斯普林格出版社),主编《地方政府预算稳定:探索与实证》(2015年,斯普林格出版社)。

近年来研究中国财政转移支付制度、地方政府财政稳定及公共服务配置,尤其用力于设计一套适合中国(大陆)的房地产税税制,进行相关的实证分析。著有《中国房地产税与发展、治理》(2018年,麦克米兰出版社),合著有《中国房地产税税制要素设计研究》(2016年,经济科学出版社)和《房产税在中国:历史、试点与探索》(2014年,科学出版社)。合作的相关文章发表于《经济研究》《财贸经济》《财政研究》等刊物。

现在正带领团队探究美国纽约州的地方房地产税改革方案,进行相关微观实证研究;同时与国内团队及合作者进行大陆房地产税的微观实证分析并着手地方债制度设计。

"新发展援助与新兴经济体"
研究报告发布会会议综述

肖　丹　供稿

2017 年 9 月 22 日下午，"新发展援助与新兴经济体"研究报告发布会在复旦大学光华楼思源厅成功举办。"新发展援助与新兴经济体"研究项目是复旦大学和伦敦政治经济学院共同推动的科研项目，双方学者提出"新发展援助"概念，以反映、概括和分析新兴经济体的更多参与对国际发展援助领域所带来的理念、结构和效果的变化。本次研讨会发布和探讨了研究的初步成果。

本次发布会由复旦大学国务学院陈树渠比较政治发展研究中心承办。会议由复旦大学国际关系与公共事务学院副院长、该研究项目的共同发起人敬乂嘉教授主持。会议伊始，复旦大学校长助理陈志敏、

伦敦政治经济学院资深研究员 Alvaro Mendez 以及巴西驻上海总领事 Ana Candida Perez 女士分别致欢迎辞。随后,亚洲基础设施投资银行(AIIB)副行长 Joachim von Amsberg 发表了精彩的主旨演讲,分别对基础设施的财政悖论、多边开发银行以及亚洲基础设施投资银行三个主题进行阐述。演讲结束后设问答环节,Joachim 对参会者的问题进行一一回应,现场气氛热烈。

在随后的报告成果发布环节,研究项目的发起人和协调者敬乂嘉教授做了总结报告。其后,报告的各位作者概述了各章的主要内容。首先,来自伦敦政经的研究院 Alvaro Mendez 对西方式发展的演化史进行了梳理,比较了经合组织发展援助委员会(OECD-DAC)及其他组织援助方法的异同,并反思了援助理念的变迁。其后,复旦大学教授郑宇简要介绍了第二章的内容:该章识别出十三个在重塑发展援助中起重要作用的新兴经济体,提出了三个衡量新发展援助的原则并指出新旧发展援助的主要区别。紧接着,第三章的作者、来自复旦大学的赵剑治博士通过对金砖五国的官方声明、出版物及在线数据库等的分析总结了其发展援助管理体系的特点和优劣势。随后,复旦大学朱杰进教授介绍了第四章中提出的新发展援助的两种制度化手段:南南合作方式和亚投行的三方合作方式。第五章的作者、来自考文垂大学的教授 Neil Renwick 则回答了新兴经济体逐渐扩大的参与是否使发展援助变得更好这一问题,他们认为尽管存在潜在冲突的可能,这种转换更多地体现了"和平崛起"的特点。

第六至十章介绍了金砖五国即巴西、俄罗斯、印度、中国和南非的发展援助概况。其中,前世界银行顾问 Rogerio Pinto、宾夕法尼亚大学学者 Eswaran Sridharan 以及西开普大学教授 Christopher Tapscott 分别介绍了巴西、印度和南非的情况。这五章从新发展援助的视角出发,分析了金砖国家在实施发展援助时的不同出发点和期望、其不同援助方式和效果,揭示了金砖国家在实施发展援助时存在的对发展的不同理解以及在实践中存在的显著差异。

与会者就报告成果展开了积极讨论。学者们认为,以金砖国家为代表的新兴经济体在国际发展援助中不断增长的影响和作用,体现了全球政治经济格局的变化,必然会展现出新兴经济体对发展的理解和追求,从而会深刻改变"二战"后有西方发达国家所建立起来的国际发展援助的价值、工具和制度体系。"新发展援助"的概念需要在实践中不断丰富和凝练,从而能够有效地涵盖发展实践、衡量援助绩效和推动政策进步。

第二届金砖国家发展与治理国际论坛
"金砖国家的国际发展援助"会议综述

于春玲　供稿

2017 年 9 月 23 日至 24 日上午,主题为"金砖国家的国际发展援助"的第二届金砖国家发展与治理国际论坛在光华楼思源厅成功举行。继第一届论坛之后,本次论坛主要探讨金砖国家国际开发援助的相关课题,分析其对于公共管理和发展理论与实践的启示。复旦大学陈树渠比较政治发展研究中心、复旦大学国际关系与公共事务学院、复旦大学金砖国家研究中心、英国海外发展研究院、公共行政与发展期刊、伦敦政治经济学院全球南部研究中心、巴西 FGV 大学、中国机构编制管理研究会、英国发展研究院会议等单位共同举办了该次会议。来自中国、印度、巴西、南非、俄罗斯、英国、瑞士、德国等国家的三十多位学者参加了会议。

　　会议由复旦大学国际关系与公共事务学院副院长敬乂嘉教授及巴西热图利奥·瓦加斯基金会教授 Jose A.Puppim de Oliveira 共同主持。会议伊始,敬乂嘉教授、Jose A Puppim de Oliveira 教授、俄罗斯高等经济学院教授 Alexey Barabashev、英国海外发展研究院教授 Nilima Gulrajani、印度管理研究院教授 Navdeep Mathur 以及南非西开普大学教授 Christopher Tapscott 分别致欢迎辞,表达了对此次论坛的美好愿景。巴西驻上海总领事 Ana Candida Perez 女士参加会议并做了发言。

　　论坛分为 6 个主题进行,全面讨论了金砖国家的国际发展援助。6 个主题分别为:"国际援助与金砖国家的新形势"、"开发银行"、"非洲国家"、"援助与其他经济社会因素"、"援助方式与管理"以及"南南合作"。每个主题讨论后,学者们及在场听众一起进行了热烈的讨论。

　　最后,敬乂嘉教授总结了会议内容。复旦大学社会发展与公共政策学院彭希哲教授就一带一路和金砖国家的人口变化和公共政策作了主题演讲,对 2018 年金砖国家发展与治理国际论坛进行了预热。

"基于实证的中澳政策制定"学术论坛会议综述

肖　丹　供稿

2017年10月21日至22日,"基于实证的中澳政策制定"学术论坛在复旦大学文科楼成功举办。本论坛由新南威尔士大学公共服务研究组、香港城市大学公共政策学系、台湾大学公共事务研究所、墨尔本大学政府学院、复旦大学国际关系与公共事务学院以及中国人民大学公共管理学院共同举办,复旦大学陈树渠比较政治发展研究中心承办。来自中国内地、香港、澳门、台湾以及澳大利亚的30多名学者出席了论坛。

论坛开幕式由敬乂嘉教授主持。香港城市大学公婷教授、台湾大学苏彩足教授、中国人民大学杨开锋教授、墨尔本大学 Janine O'Flynn 教授和 Helen Dickinson 教授分别致欢迎辞。来自墨尔本大学的 Paul Jensen 教授就"何为基于证据的政策制定"发表了主旨演讲。随后,论

坛围绕6个主题展开,与会学者从多个角度分析了证据与政策制定的关系。

第一部分的发言者是香港大学的王赫教授、苏州大学的 Sam Yu 教授以及台湾大学的林子伦教授。王教授的研究主题是香港信息与通讯技术行业(ICT)的移民及产业政策。香港于1998年出台了内地人才引进计划,但与香港 ICT 行业雇主认为这一政策是失败的看法不同,王教授通过收集相关数据,认为人才引进政策并未失败,但存在与产业政策脱节、未能留住本地人才等问题。Sam Yu 介绍了中国公私伙伴关系(PPP)的应用背景、现状和改良建议。中国公私伙伴关系出现的背景是政府和私营部门试图合力解决养老问题。Sam Yu 通过对一些护理示范项目的考察,评估了机构环境对 PPP 过程的潜在影响。研究发现,低利润使得养老 PPP 项目缺乏对私营部门的吸引力,因此公共部门与其他行业的整合是养老保障行业的发展方向。林教授以台湾海上风电政策为例分析了基于证据的政策制定存在的阻力。林教授研究了在海洋风能环评案例中科学和价值观的复杂联系所带来的影响、证据定义者的身份以及证据在多大程度上被采用等问题。其结论和建议旨在消除这些障碍并提高证据的质量。

第二部分,台湾大学的洪美仁博士、香港城市大学的朱斌博士以及复旦大学的孙小逸博士进行了分享。洪博士的研究以台北市2015年开放犯罪数据为例,探讨了公民对于开放犯罪数据的态度及其与使用犯罪数据动机之间的关系。通过问卷和结构方程模型的分析,她发现当市民认识到开放数据的优势时更倾向使用它,反之当他们认为存在风险时会减少使用。朱斌博士的研究搜集了年鉴及政府网站的相关数据,通过空间自相关分析的方法,探讨了中国卫生人力资源的分布特征和影响其密度的决定因素。研究发现中国西南地区的人力资源密度明显偏低,集群特征也呈现跨越省级的地区化趋势,空间集群地区应是中国卫生人力政策的优先发展地区。最后,孙小逸博士以2013年昆明 PX 事件为例,探究了影响政策制定的各种因素及其互动机制。研究认为政治、科学和实践认知在中国政策制定中相互依存和影响,其中政治因素直接决定政策方向;网络舆论和街头抗议引起中央重视,直接干预或纠正地方政府的行为;而公众对政府的不信任决定着科学依据的实际价值;NGO等实践因素则扮演着愈来愈重要的作用。

第三部分由人民大学的李文钊教授、复旦大学的张平博士、台湾大学的郭铭峰博士以及台湾东海大学的刘志宏博士进行分享。李教授通过对中国2007—2016年的预算数据进行分析,发现中国的预算变化遵循间断平衡的逻辑,并深入地讨论了公共预算的一般实证方法、制度摩擦和比较预算研究、中国的区域分权制度等问题。张平博士的研究比较了中韩两国的户籍制度及其对财政的压力。文章以教育支出为例进行分析,结论为一线至四线城市的财政压力递减,并提出了相应的政策建议。紧接着,郭铭峰博士通过对税单和问卷数据的分析揭示了民进党和国民党执政期间台湾税法的功能。其结论如台湾政府更倾向于将税收作为实现其公共政策目标的手段,大多数人的税收意识较差且他们主要期望通过税收促进社会公平等。最后,刘志宏博士对台湾的参与式预算和透明化预算发展趋势进行了评估,探究其是否为主流的预算改革以及是否属于基于证据的政策制定。

第四部分,复旦大学的唐莉教授、香港大学的朱江南教授、同济大学的翁士洪教授以及香港城市大学的公婷教授展示了其研究成果。唐教授的研究评估了全国性的反腐运动对科研经费滥用及知识产出绩效的影响。研究使用断点回归方法,发现政策变化导致了经费滥用总体上大幅度缩减,且经费滥用的减少反过来对以出版数量来衡量的知识产出具有间接且积极的影响。朱教授通过调查数据和田野调查检验了中国反腐败运动对政治信任的影响。结果显示反腐可以提升政治信任。但提升程度存在群体间差异,如体制内成员比体制外成员弱,精英群体比草根群体弱。翁士洪教授的研究发展出了一个网民通过网络政治参与改变公共议程设定的正式框架。文章以漳州PX事件为例,表明公共议程设定的模式持续地从传统的单边向双边互动转变,且概括出了政府回应的"蜂王模式"。最后,公婷教授的研究分析了长沙、香港和台湾三个城市居民对其政府控制腐败的信心差异,提出并验证了被感知的腐败水平以及政府反腐绩效这两个解释变量与因变量的关系。研究认为强化政府绩效对提升公民反腐信心十分重要。

第五部分,新南威尔士大学的 Anna Li 博士后、中国人民大学的张楠迪扬博士、复旦大学的敬乂嘉教授以及赵剑治博士展示了他们的研究。其中,Anna Li 探讨了证据的分类、四个决定证据是否被采纳的影响因素等问题,认为"低层次证据"目前处于被忽视的状态,并提出了证据和知识的可靠性问题。张楠迪扬博士的报告主题是多层级的政策实施。张博士以中国的行政体系改革为例分析,认为政策实施者的目标与实际要求脱节,政策实施的阻碍因素还包括赤字和冲突问题等。这一以政策实施者本身为目标的改革取得了一定成就但并不令人满意。敬乂嘉教授以中国计划生育政策的变迁为例分析了"为什么显性证据总是被忽视"。他认为 2013 年政策调整的证据包括人口数据、学者研究报告、地方政策试验的效果及两会代表的提案等,但是技术的不确定性和政治激励不足导致显性证据被忽视,从而导致生育政策改革的滞后。最后,赵剑治博士分享了其关于"政府资助是否使非营利组织效率低下"的研究。他认为政府资助和非营利组织行政费用的比率呈倒 U 曲线的关系,并采用美国的数据进行了验证。结果显示政府资助在达到一定规模后,对非营利组织的效率会产生消极影响。

在第六部分,台湾大学的王贸博士、浙江大学的李江教授、墨尔本大学的 Catherine Althaus 教授以及来自复旦大学的于春玲分享了他们的研究。王博士运用计量分析的方法分析了公务员出现在新闻标题中的原因。他收集了台湾地区 1988 年到 2013 年间联合报和自由时报新闻标题中与公务员和官僚制有关的新闻数据,发现两者都存在对官僚制的抨击且退休、养老金、教育和腐败是新闻标题的热点关注问题。李江教授分析了两岸三地关系对其学术合作的影响。数据主要来自 SSCI 与 A&HCI,将学术合作区分为双边、三边和四边合作。运用文献计量分析的研究方法,李教授发现学术合作与地区间社会关系联系紧密。Catherine Althaus 的文章分析了对澳大利亚土著人认识和提供知识方式的理解、尊重和运用。Catherine 指出,不要选择性理解土著人,且有些当地义化是神圣和难以接近的。当地人的认识和提供知识方式为澳大利亚政策和公共行政提供了新的视角和独特的方法。复旦大学的研究生于春玲运用 DID 评估模型来对环保部公布的相关数据进行了数据分析以研究新环境法的影响，得出新环保法将执行新法的中国大城市空气质量提升了 3.3%，同时也指出空气政策的执行至关重要。

在会议基础上，新南威尔士大学 Helen Dickinson 教授、复旦大学教授敬义嘉教授和墨尔本大学 Janine O'Flynn 教授和新南威尔士大学 Anna Li 博士将共同在《澳大利亚公共行政》主编一期专刊。

第二届北大—复旦"国家治理深度论坛"
会议综述

李亚丁　吴纪远　陈　阳　供稿

　　2018 年 5 月 12 日至 13 日,第二届北大—复旦"国家治理深度论坛"在复旦大学举行,本次会议以"新时代的国家治理:新挑战与新机遇"为主题,论坛由复旦大学国际关系与公共事务学院、北京大学政府管理学院、复旦大学陈树渠比较政治发展研究中心共同主办。浙江大学、南京大学、吉林大学、同济大学、华东师范大学、山东大学、中国政法大学、上海大学、重庆大学、新加坡国立大学、多伦多大学以及北京大学、复旦大学等海内外 15 所高校的 40 余位学者参会。

会议开幕式由复旦大学政治学系主任刘建军教授主持,复旦大学副校长陈志敏教授、北京大学政府管理学院常务副院长燕继荣教授、复旦大学国际关系与公共事务学院执行院长苏长和教授作欢迎致辞。在基调发言环节,复旦大学的郭定平教授以"政党中心的国家治理——中国的经验"指出找回政党中心的研究视角对当代中国政治学的理论发展有着重要意义;北京大学的宋磊教授以"经济理念、政府结构与未完成的政策转移:产业政策的中国化过程"为题,探讨为何充满争议的产业转移政策在中国迅速被采纳而企业合理化政策却一直被忽视。开幕式最后,复旦大学国际关系与公共事务副院长敬乂嘉教授对本次会议的论文成果发表作了说明。

论坛第一单元由北京大学张长东副教授主持,中国政法大学庞金友教授以《后真相政治与现代国家治理》为题,探讨如何应对网络时代"后真相"政治的挑战;南京大学邓燕华教授结合 1997 年到 2003 年间六次全国性的调查数据,分析了《下海:中国的意识形态转变、制度环境与企业家精神》;复旦大学吴澄秋副教授以《比较视野下中国党治发展型国家的转型》为题,研究了"十八大"以来中国政治发展的两个主题:反腐败与权力集中;北京大学杨立华教授以中国北方的实证数据分析了《草原环境冲突的因子分析与解决路径》;浙江大学耿曙教授以及合作者陆媛静博士以《地方领导是怎么调动起来的?中国政府人事的"强激励制"》为题,围绕地方政府官员促进经济发展的激励机制展开论述。

会议的第二单元由复旦大学包刚升副教授主持,南京大学祁玲玲副教授以《总统制民主下的制度与腐败》为题,研究了总统制民主政体下的制度设计与腐败之间的关系;新加坡国立大学钱继伟研究员讨论了《谁在影响着中国社会保障政策的实施:地方政府、公司抑或是工人?》;吉林大学于君博教授基于东三省"地方留言板"的考察,分析了"数字政府治理的回应性陷阱";浙江大学高翔副教授以《地方干部的"徐庶化"现象及其成因》为题,针对基层治理中干部"懒政怠政"的现象进行了分析和解释;复旦大学张平副教授以《房地产税、房价与房租:理论模拟及其中国房地产说改革的启示》为题,研究了中国房地产税对房价和房租的影响,以及房地产税在房地产市场的长效机制中所起到的作用。

会议的第三单元由北京大学宋磊教授主持,复旦大学唐莉教授将跨国资本与"长江学者"入选计划的关系作为研究对象,研究海外留学经历对入选"长江学者"的影响效应;上海外国语大学郝诗楠副教授则分析了"香港政治的'台湾化'现象";同济大学翁士洪副教授以整体性治理视角讨论共享自行车公共治理创新中的问题;北京大学博士生章高荣以《慈善法》核心条款的实施为例,提出了"政治、行动与社会逻辑"的政策执行分析框架;上海大学汪庆华副教授以"中国高等院校'单位制'的残存与新发展"为题,研究了"单位制"在当代中国高等院校的现状和发展;复旦大学博士生王姝黛利用 2002 年世界范围内 178 个国家以及 2002—2015 年 45 个国家的数据开展实证分析,试图发现各国政府治理能力与经济发展间的匹配关系。

第二天上午的会议第一专场系"政体与政党治理"主题,分别由复旦大学王正绪教授和浙江大学高翔副教授主持,复旦大学左才副教授以《当代中国媒体对群体性抗争事件报道的覆盖情况》为题,研究认为媒体竞争和政治环境是影响媒体选择性报道群体抗争事件的两个重要因素;北京大学马啸博士以《与国家交朋友? 中国的社会主义遗产、地方国企和外资》为题,研究了计划经济时期的遗产对长三角地区吸引外资的影响;复旦大学王中原博士讨论了《再造政治联结:中国共产党新时代的联结建设》;复旦大学曾庆捷博士以《中国官僚体制与扶贫攻坚战:运动式治理与官僚制度的聚合》为题,研究了当代中国运动式治理与韦伯式官僚制度之间的关系;华东师范大学陶逸骏博士立足东北 T区的基层治理实践,研究了"老工业基地的规制渗透治理机制";北京大学博士生黎斌基于中国广州与俄罗斯圣彼得堡的比较研究,分析了威权韧性在城市空间再生产过程的体现和变化。

第二天上午的会议第二专场系"抗争政治与政治信任"分别由浙江大学的耿曙教授和吉林大学的于君博教授主持,山东大学王军洋博士以《军转安置政策与转业军官抗议》为题,着重探讨了当下军转安置政策存在的不足及其原因;南京财经大学黄建伟教授由京沈高铁而引发的抗争事件进行了关于社会抗争与政治回应性的讨论;多伦多大学博士生温尧围绕中国在治理模式方面的输出策略选择展开研究;重庆大学游宇博士以"自然灾害与政治信任:基于'汶川大地震'的准实验设计"为题,分析了自然灾害与公众政治信任之间关系,探讨其作用的因果机制;北京大学博士生季程远以2015股票牛市为例,来揭示短期的经济表现对公众政治态度的影响;中央民族大学毕业生、即将赴海外就读的魏必研究了"中国政治信任对非制度化政治参与的影响"。

会议闭幕式邀请复旦大学陈晓原教授做闭幕演讲,主办方代表复旦大学国际关系与公共事务学院副院长敬乂嘉教授、主办方代表北京大学政府管理学院的张长东副教授分别做了会议总结。本次会议的论文和讨论涉及国家治理领域多角度和多层面的诸多问题,有助于丰富国家治理理论的内涵。此外,本次会议延续了论坛的传统,积极接受和鼓励年轻人参会,推动了青年华人学者的交流和进步,与会代表一同期待2019年5月于北大开展的第三届"国家治理深度论坛"。

稿　约

1.《复旦公共行政评论》为学术性与思想性并重的公共行政研究类系列出版物,由复旦大学国际关系与公共事务学院主办,每年出版1—2辑。《复旦公共行政评论》坚持学术自由之方针,以推动中国公共行政研究的发展为目标。欢迎海内外学者赐稿。

2.《复旦公共行政评论》每辑专题由编辑委员会确立,除专题论文外,还刊载其他中文研究性论文,兼及译稿、研究评论、书评及其他相关撰述。译稿请注明原文语种及出处。稿件需为未在任何报章、刊物、书籍或出版物发表的作品,会议论文以未出论文集为限。

3.研究性论文一般以一万字至二万字为宜,其他类型的文字可在一万字上下。

4.来稿可为打印稿,也可为电子文本。来稿须符合《复旦公共行政评论》文稿体例。

5.《复旦公共行政评论》实行匿名审稿制度,由学术委员会审定稿件。收到稿件后三个月内,《复旦公共行政评论》编辑部即通知作者关于稿件的处理意见。文字打印稿恕不退还。

6.凡在《复旦公共行政评论》发表的文字并不代表《复旦公共行政评论》的观点,作者文责自负。

7.凡在《复旦公共行政评论》发表的文字,著作权归复旦大学国际关系与公共事务学院所有。未经书面允许,不得转载。

8.《复旦公共行政评论》编辑部有权对来稿按稿例进行修改。不同意修改者请在投稿时注明。由每辑执行主编负责具体工作。

9.来稿请附作者署名、真实姓名、所属机构、职称学位、学术简介、通讯地址、电话、电子邮箱地址,以便联络。

10.打印稿请寄:复旦大学国际关系与公共事务学院《复旦公共行政评论》编辑部(邮政编码:200433,地址:上海市邯郸路 220 号)。电子文本请寄:Chinapa@fudan.edu.cn。

稿　　例

一、稿件第一页请放入论文题目、作者姓名、单位、通讯地址、电子邮件、个人介绍（150 字以内）。

二、第二页开始请放入文章内容，依次序包括：题目、中文提要（300 字以内）、关键词（3—5 个）、正文、文献、英文提要。

三、注释均用页下脚注。

四、节次或内容编号请按一、（一）、1、（1）……之顺序排列。文字采用宋体小四字号。

五、正文每段段首空两格。独立引文左右各缩进两格，上下各空一行，不必另加引号。

六、正文或注释中出现的中、日文书籍、期刊、报纸之名称，请以书名号《 》表示；文章篇名请以双引号《 》表示。西文著作、期刊、报纸之名称，请以斜体表示；文章篇名请以双引号""表示。古籍书名与篇名连用时，可用・将书名与篇名分开，如《论语・述尔》。

七、正文或注释中出现的页码及出版年月日，请以公元纪年并以阿拉伯数字表示。页码置于页面右下角。

八、文献引用的格式，均采取在文章内引用文献处的句末进行标识，加括号，括号内放入作者姓名、逗号与著作年份。多个作者间用顿号隔开，或采取某某等。如果人名已经出现在句中，则人名后加括号，括号内放入著作的年份。例如：生产力决定生产关系（马克思，1856）。

九、英文文献采取 APA（美国心理学会）的格式。

杂志文章示例：

Devine，P.G.，& Sherman，S.J.（1992）．"Intuitive versus rational judgment and the role of stereotyping in the human condition：Kirk or Spock？" *Psychological Inquiry*，3（2）：153—159.

专著示例：

Okuda，M.，& Okuda，D.（1993）. *Star trek chronology*：*The history of the future*. New York，NY：Pocket Books.

格式详见 http://www.liunet. edu/cwis/CWP/library/workshop/ citapa.htm。

十、中文文献格式见下：

（一）书籍

（1）专/编著：王沪宁主编：《政治的逻辑：马克思主义政治学原理》，上海人民出版社 2004 年版。

（2）译著：罗伯特·吉尔平：《国际关系政治经济学》，杨宇光等译，经济科学出版社 1989 年版。

（3）文集中的文章：黄仁伟：《关于中国和平崛起道路的再思考》，载上海市社会科学界社联合会编：《人文社会科学与当代中国——上海市社会科学界 2003 年度学术年会文集》，上海人民出版社 2003 年版，第 164—175 页。

（二）论文

（1）期刊论文：竺乾威：《从新公共管理到整体性治理》，《中国行政管理》2008 年第 10 期，第 52—58 页。

（2）报纸文章：丁刚：《多边合作求安全》，《人民日报》2005 年 3 月 23 日，第三版。

（三）互联网上下载的资料除应注明作者、题目、发表时间等信息外，还应注明完整网址以及投稿者登录日期。

复旦大学国际关系与公共事务学院

系列出版物已出书目

《复旦国际关系评论》已出版书目

第 1 辑　《世纪之交的国际关系》／徐以骅　主编　蒋昌建　副主编

第 2 辑　《国际关系研究:理论、视角与方法》／包霞琴　苏长和　主编

第 3 辑　《大国外交:理论·决策·挑战》(上、下)／肖佳灵　唐贤兴　主编

第 4 辑　《超越威斯特伐利亚》／陈玉刚　袁建华　主编

第 5 辑　《国际关系与认同政治》／何佩群　俞沂暄　主编

第 6 辑　《多边治理与国际秩序》／潘忠岐　主编

第 7 辑　《环境问题与国际关系》／薄燕　主编

第 8 辑　《国际责任与大国战略》／潘忠岐　主编

第 9 辑　《国际公共产品与地区合作》／张建新　主编

第 10 辑　《知识社群与主题意识》／唐世平　陈玉刚　主编

第 11 辑　《中国与诸大国关系》／陈玉刚　主编

第 12 辑　《中国话语与国际关系》／苏长和　俞沂暄　主编

第 13 辑　《国际体系变革与新型大国关系》／张建新　主编

第 14 辑　《国际秩序与国际秩序观》／陈玉刚　主编

第 15 辑　《中美贸易:失衡与摩擦》／张建新　主编

第 16 辑　《一带一路与国际合作》／黄河　主编

第 17 辑　《网络安全与网络秩序》／沈逸　主编

第18辑　《金砖国家与全球经济治理》／朱杰进　主编

第19辑　《国际发展合作新方向》／郑宇　李小云　主编

第20辑　《一带一路倡议与国际关系》／宋国友　主编

第21辑　《国际法治与全球治理》／秦倩　主编

第22辑　《"一带一路"与区域性公共产品》／黄河　贺平　主编

《复旦政治学评论》已出版书目

第1辑　《革命后社会的政治与现代化》／陈明明　主编

第2辑　《制度建设与国家成长》／刘建军　主编

第3辑　《执政的逻辑：政党、国家与社会》／刘建军　陈超群　主编

第4辑　《权利、责任与国家》／陈明明　主编

第5辑　《历史与理性》／洪涛　主编

第6辑　《中国民主的制度结构》／陈明明　何俊志　主编

第7辑　《共和国制度成长的政治基础》／陈明明　主编

第8辑　《文化与民主》／郭定平　主编

第9辑　《转型危机与国家治理》／陈明明　主编

第10辑　《集体行动的中国逻辑》／陈周旺　刘春荣　主编

第11辑　《中国模式建构与政治发展》／陈明明　主编

第12辑　《治理与制度创新》／陈明明　主编

第13辑　《比较视野中的现代国家建设》／陈明明　主编

《复旦政治哲学评论》已出版书目

《复旦政治哲学评论　第1辑》／邓正来　主编

《复旦政治哲学评论　第2辑》／邓正来　主编

《复旦政治哲学评论　第3辑》／邓正来　主编

《复旦政治哲学评论 第4辑》/邓正来 主编

《马基雅维利与古人:复旦政治哲学评论 第5辑》/洪涛 主编

《世俗与后世俗:复旦政治哲学评论 第6辑》/洪涛 主编

《康德的法哲学:复旦政治哲学评论 第7辑》/洪涛 主编

《历史境遇中的自由主义:复旦政治哲学评论 第8辑》/洪涛 主编

《卢梭的难题:复旦政治哲学评论 第9辑》/洪涛 主编

《寻找马克思:复旦政治哲学评论 第10辑》/洪涛 主编

《复旦公共行政评论》已出版书目

第1辑 《城市治理与公共权力:边界、责任与合法性》/刘晔 主编

第2辑 《公共政策与政府治理》/顾丽梅 主编

第3辑 《危机、安全与公共治理》/李瑞昌 主编

第4辑 《公共财政与政府改革》/朱春奎 侯一麟 马骏 主编

第5辑 《知识增长与治理创新》/敬乂嘉 主编

第6辑 《观念与治理》/李春成 主编

第7辑 《网络时代的公共管理》/敬乂嘉 主编

第8辑 《政府间关系与管理》/敬乂嘉 主编

第9辑 《公共管理的未来十年》/敬乂嘉 主编

第10辑 《公共应急管理:发展与比较》/敬乂嘉 主编

第11辑 《公共行政发展:寻找决定性力量》/敬乂嘉 公婷 苏彩足
       主编

第12辑 《科技创新与城市治理》/敬乂嘉 主编

第13辑 《全球公共行政:发展、趋势与展望》/Jose A. Puppim de
       Oliveira 敬乂嘉 Paul Collins 主编

第14辑 《多中心治理:分权、合作与创新》/敬乂嘉 主编

第15辑 《购买服务与社会治理》/敬乂嘉 主编

第 16 辑　《数据治理与政府能力》／刘淑华　敬乂嘉　主编

第 17 辑　《金砖国家对治理模式的探索》／敬乂嘉　主编

第 18 辑　《公民资产与财政国家》／张平　敬乂嘉　主编

《复旦城市治理评论》已出版书目

第 1 辑　《世界城市群与大都市治理》／唐亚林　陈水生　主编

第 2 辑　《城市公共服务创新研究》／唐亚林　陈水生　主编

第 3 辑　《城市精细化治理研究》／唐亚林　陈水生　主编

图书在版编目(CIP)数据

公民资产与财政国家/张平,敬乂嘉主编.—上海:
上海人民出版社,2018
(复旦公共行政评论;第18辑)
ISBN 978-7-208-15404-9

Ⅰ.①公… Ⅱ.①张… ②敬… Ⅲ.①财政学-文集
Ⅳ.①F810-53

中国版本图书馆 CIP 数据核字(2018)第 202053 号

责任编辑 赵荔红
封面设计 王小阳 夏 芳

复旦公共行政评论 第十八辑

公民资产与财政国家

张 平 敬乂嘉 主编

出 版 上海人民出版社
(200001 上海福建中路 193 号)
发 行 上海人民出版社发行中心
印 刷 上海商务联西印刷有限公司
开 本 635×965 1/16
印 张 14.75
插 页 4
字 数 201,000
版 次 2018 年 9 月第 1 版
印 次 2018 年 9 月第 1 次印刷
ISBN 978-7-208-15404-9/D·3273
定 价 45.00 元